Propuesta de acuerdo sobre el lenguaje inclusivo

Álex Grijelmo

Propuesta de acuerdo sobre el lenguaje inclusivo
Una argumentación documentada
para acercar posturas muy distantes

taurus

Papel certificado por el Forest Stewardship Council®

Primera edición: noviembre de 2019

© 2019, Álex Grijelmo
© 2019, Penguin Random House Grupo Editorial, S. A. U.
Travessera de Gràcia, 47-49. 08021 Barcelona

Printed in Spain – Impreso en España

ISBN: 978-84-306-1902-3
Depósito legal: B-22490-2019

Compuesto en Arca Edinet, S. L.
Impreso en Unigraf
Móstoles (Madrid)

TA 1 9 0 2 A

Penguin
Random House
Grupo Editorial

ÍNDICE

INTRODUCCIÓN

Este libro pretende ofrecer una argumentación razonable que conduzca a un eventual acuerdo general para expresarse en español sin discriminación hacia la mujer y, al mismo tiempo, con respeto a la historia, la estructura y la economía de la lengua, así como al uso más cómodo para los hablantes.

Con este fin, los primeros capítulos intentan explicar y desmontar algunos mitos que se han construido sobre el origen patriarcal del genérico masculino y sobre la supuesta ocultación de la mujer, mientras que los restantes están dedicados a describir la creación del léxico identitario del feminismo. La obra se cierra con un borrador de propuestas concretas que parten de los razonamientos desarrollados a lo largo del texto.

El autor no pretende tener la última palabra, ni mucho menos. Por tanto, se trata de un documento abierto a sugerencias, enmiendas y correcciones, incluso a ser desechado en su totalidad.

Todo el texto se ha concebido con tono conciliador, sin que ello suponga dar por buenos algunos tópicos que se han ido imponiendo a fuerza de repetirse y que sin embargo no responden a bases ciertas.

Asimismo, el libro combate frontalmente los contenidos machistas y vejatorios que se han hecho fuertes en el refranero, en los dichos populares y en la mala formación de algunos términos, entre otros aspectos.

Todo lo que se expone a continuación lo conocen de sobra los especialistas. Lo que intentan aportar estas líneas es una argumentación y un orden, mediante la articulación de algunos elementos que los lectores habrán venido recibiendo, quizá de manera dispersa, a través de los medios de comunicación. De hecho, las ideas de este libro han sido manejadas por el autor en artículos publicados en el diario *El País* durante los últimos años.

Ojalá sirva este empeño para serenar alguna discusión y aunar las voluntades de quienes deseen terciar en este espinoso asunto, origen de tantos conflictos diarios, sin descalificar las posiciones de los demás y escuchando todas las opiniones.

Las propuestas aquí contenidas se acompañan de razonamientos y documentación, como mejor manera de contribuir al debate. Porque, según señalaba el filósofo Gustavo Bueno en una entrevista televisiva, una opinión no vale de nada si no va seguida de un argumento.

Advertencia ortográfica: En la presente obra se han acentuado el adverbio *sólo* y los pronombres demostrativos, opción permitida por las Academias. Asimismo, no se ha situado una coma delante de *pero* cuando se ha considerado que ello interrumpiría el ritmo de la frase.

1

EL ORIGEN DE LOS GÉNEROS

La maestra pidió a los alumnos que dibujaran en su cuaderno escolar una persona. Lo hicieron con facilidad y con ilusión infantil. Trazaron un redondel a modo de cabeza, una línea vertical que constituyese el tronco, dos líneas horizontales que salían de él a uno y otro lado para formar los brazos, y otras dos líneas verticales, más abajo y en dirección oblicua, que representaran las piernas.

Resolvieron con éxito el reto, porque cualquiera que observara los dibujos entendería que coincidían con el concepto *persona*, como lo hacen, por ejemplo, los diseños básicos de los semáforos para peatones que se ven en las calles de todo el mundo.

El dibujo contaba, pues, con dos brazos y dos piernas. ¿Significaba eso en la mente de los alumnos que quienes careciesen de alguna de esas extremidades quedarían excluidos de la idea de *persona*? Desde luego que no.

Todos los seres humanos, fueran los que fuesen sus rasgos y características, quedaban englobados en ese dibujo del mismo modo que los cojos o los mancos deben esperar ante un semáforo en rojo sin que puedan pretextar que se saltan la señal porque el muñeco iluminado no los representa. Y lo mismo los blancos que los negros, los cobrizos que los amarillos, los mestizos o los mulatos.

Aquel muñeco dibujado en el colegio ejercía el papel de prototipo, una idea que sirve a las personas para facilitar sus comunicaciones. Usamos los prototipos a diario en la imaginación, y vemos a menudo en nuestro entorno los equivalentes de *casa*, de *árbol*, de *automóvil*... También al hablar nos manejamos con ellos para resumir nuestras ideas, porque de otro modo el lenguaje constituiría un engorro inútil.

La señal de tráfico que significa "Animales sueltos" muestra en España un ciervo o una vaca, y con ella se advierte a los conductores de que en la zona pueden encontrarse con individuos de diversas especies que crucen la carretera, incluidos los zorros o los caballos. Los dibujos que representan a esos animales en concreto invisibilizan a los otros en el significante (el signo) pero no en el significado (la idea o función que ese signo representa).[1] Se trata también de prototipos.

Un padre anima a su hija veinteañera a salir más para conocer a los solteros del barrio. Nadie pensaría que entre los solteros del barrio pretendiera incluir a los curas de la zona. Tampoco imaginaría que la palabra *solteros* abarca a los niños y las niñas o los bebés y las bebés, aunque ninguno de ellos haya contraído matrimonio.

Del mismo modo, cuando un amigo nos cuenta que se ha comprado un pájaro, nunca imaginaremos, hasta que lo veamos ante nosotros, que se refería a un pingüino.

Si nos preguntan qué vehículo con ruedas es capaz de circular a 1.000 kilómetros por hora, tardaremos un tiempo en adivinar el acertijo, porque se trata de una velocidad descomunal. Las palabras *vehículo* y *circular* nos remiten a *coches*, a *bicicletas* y a *motos*. Y eso dificultará que encontremos la respuesta correcta: un vehículo con ruedas capaz de circular a una velocidad de 1.000 kilómetros por hora es un avión.

---

[1]   Conviene al lector no familiarizado con estos términos (significante y significado) entender la diferencia entre ellos, porque se emplearán reiteradamente a lo largo de esta obra. El lingüista suizo Ferdinand de Saussure desarrolló a principios del siglo xx el concepto de *significante* para diferenciarlo de *significado*. El significante es, para entendernos, la palabra misma, el conjunto de letras o de fonemas (o de sonidos) que separamos con un espacio en blanco en el papel o mediante las entonaciones de nuestra articulación. Por tanto, el *significante* es la representación gráfica o fónica de una palabra. Es decir, la palabra como símbolo. Por su parte, *significado* evoca el concepto al que apunta el significante, el contenido del mensaje. Así, el significante *casa* nos evoca la idea de una casa, con sus ventanas, sus puertas o su chimenea. Recuérdese el cuadro de René Magritte que representa una pipa (utensilio para fumar) y se titula *Esto no es una pipa*. Y en verdad no lo es. No es una pipa (con la que podemos fumar) sino el dibujo de una pipa. Es el *significante* de una pipa. El dibujo funciona como representación gráfica que activa la idea de una pipa real en la que sí se deposita el tabaco.

El manejo mental de los prototipos sirve para toda clase de juegos, adivinanzas y crucigramas con truco. Y la trampa consiste precisamente en mostrar primero un prototipo y hacer ver después al interlocutor que éste no incluye las características exactas de todos los ejemplares a los que representa.

Nuestra mente se dirige al prototipo como una forma de resolver con sencillez la representación de conceptos. Y los prototipos funcionan, por tanto, como una herramienta sencilla de comunicación. Sencilla pero no exacta.

Pues bien, aquel día en la clase ya tenían los alumnos el dibujo infantil de una persona como se les había pedido. Un prototipo. Aunque ellos no sabían que se trataba de un prototipo.

Otro día, la maestra les indicó que debían representar el dibujo de una mujer. Enseguida se aprestaron con su pulso inseguro a repetir el redondel a modo de cabeza, el tronco vertical, los brazos horizontales…, y añadieron una falda en forma de triángulo. Su vértice superior enlazaba con el tronco, y de su base colgaban dos delgadas piernas.

La idea de *mujer* difería notablemente del concepto de *persona* que habían trazado antes, porque incorporaba un rasgo específico que la definía como tal. Para ello, usaron el prototipo de la falda, lo que no significa que deje de ser mujer la que vista pantalones, ni tampoco la que carezca de un brazo o de una pierna, o de las dos piernas y los dos brazos.

Y en el momento de terminar la segunda obra, ocurrió algo curioso. La aparición del prototipo de mujer en aquella hoja del cuaderno escolar había convertido el primer dibujo, el prototipo de persona, en la representación de un hombre. Los trazos de la falda, prototípicos del sexo femenino, sólo podían representar a una mujer. Y el dibujo original, que antes representaba a cualquier persona, pasó a significar también, al encontrarse al lado de esa nueva figura con falda que se había añadido, el concepto de hombre, aunque unos minutos antes abarcara a su vez a las mujeres.

Aquella página que desaparecería en algún lugar del pasado tenía dibujada una pareja: tal vez de hermanos, tal vez un matrimonio. En todo caso, el prototipo de una pareja.

Quienes estudian los orígenes remotos de las lenguas actuales saben que con el género femenino sucedió lo mismo: su aparición como género específico creó, en realidad, el género masculino. Nadie cometió una apropiación masculina de la clase absoluta de los seres humanos, sino que todo se debió a la creación del género femenino.[2]

Pero la alegoría bíblica de la costilla de Adán no nos sirve en este sentido; al menos, no exactamente. El género femenino no es la costilla que salió del masculino, sino la costilla que salió del genérico. Y éste, al nacer el femenino de una costilla suya, tuvo que desdoblarse y servir a partir de entonces no sólo para el genérico, que ya representaba, sino también para el masculino, que se oponía al nuevo género.

El masculino genérico nació, pues, como consecuencia de la importancia de la mujer y de la hembra en las antiguas sociedades humanas. No se creó como fruto de la dominación de los varones, sino como consecuencia de la visibilidad femenina.

EL INDOEUROPEO COMO CUNA DEL FEMENINO

La mayoría de las lenguas occidentales de hoy proceden del indoeuropeo, y más de la mitad de los habitantes de la Tierra hablan en la actualidad algún idioma que tiene su origen en él.

Aquella protolengua que se usaba hace miles de años constaba en un principio de dos géneros: uno para los seres animados y otro para los inanimados. Esos antepasados nuestros consideraron importante diferenciar entre lo que se movía (*bisonte, niño, hombre*) y lo que se estaba quieto (*casa, escalera, piedra, árbol*).[3]

Hoy en día nos resulta extraña esa distinción. Pero algo de aquello sigue entre nosotros. Por ejemplo, apreciamos esa misma diferencia en la preposición *a* cuando distingue en los complementos

---

[2]   Rodríguez Adrados, Francisco, "Estudien gramática, señoras y señores", *Abc*, 6 de junio de 2008. Allí el profesor Adrados afirma: "No es que el masculino 'invada' al femenino, es que hay un masculino general, indiferente al sexo, y un masculino sexuado, que históricamente procede de una polarización frente al sexo femenino. Este es el nuevo género-sexo que se creó: el femenino fue el verdadero invento, el punto de partida para oponerle un masculino. En el tercer milenio antes de Cristo. Perdura en español y en muchas lenguas".

[3]   Calero, María Ángeles (1999), *Sexismo lingüístico*, Madrid, Narcea, pág. 88.

directos entre personas y cosas. Decimos "la obra dividió *el* Parlamento" (lo partió por la mitad para establecer físicamente dos zonas) y "la obra dividió *al* Parlamento" (los diputados discutieron entre sí respecto a la opinión que tenían sobre la oportunidad de acometerla). En el primer caso reificamos (o cosificamos) el término "*el* Parlamento" para mirarlo como *inanimado*; y en el segundo lo personalizamos ("*al* Parlamento") y así lo convertimos en *animado*.

También diferenciamos entre *quien* (que referimos solamente a los seres humanos) y *que* (un relativo que podemos utilizar con antecedente de cosa): "Fue Prisciliano *quien* los mató"; "fue la montaña la *que* hizo difícil la carrera ciclista de ayer".

Sin embargo, siglos y siglos después de aquella lejana división primitiva y básica en indoeuropeo, al género particular de los seres animados se le sumó un *dibujo*: el género femenino.

Los seres inteligentes de la Antigüedad no tuvieron suficiente con el concepto de *persona* o *animal* en general (ambos grupos como integrantes de la categoría de entes animados). Necesitaban marcar una diferencia clave: el sexo femenino.

Al principio lo hicieron con perífrasis (del tipo "mujer niño", "hembra perro"). Pero este mecanismo "no guardó ninguna relación con el origen del género gramatical femenino",[4] sino que operó como una forma independiente, yuxtapuesta, de nombrar lo que luego llamaríamos *hembras* y *mujeres*.

Los hablantes de aquel idioma empezaron a considerar trascendental en algún momento la diferencia de sexos entre personas y animales, seguramente por la capacidad de uno de ellos para alumbrar descendencia. Las vacas parían terneros; y las yeguas, potrillos; mientras que los toros y los caballos ofrecían a la vista un papel remoto y secundario en esa reproducción.

Desde que milenios atrás, con la revolución agrícola del Neolítico, sus antepasados hubieran comenzado a domesticar animales, parece lógico, en efecto, que importara bastante más disponer de hembras que de machos, pues un solo macho servía para fecundar a muchas hembras, mientras que la relación inversa (una hembra

---

[4]   Ledo-Lemos, Francisco José (2003), *Femininum Genus. Un estudio sobre los orígenes del género gramatical femenino en las lenguas indoeuropeas*, Múnich, Lincom-Europa. Me apoyaré varias veces en este trabajo del profesor Ledo-Lemos.

y numerosos machos) resultaba menos productiva. Así pues, el sexo femenino empezó probablemente a cobrar más relevancia que el masculino.

Por tanto, quien disponía de reses o de equinos valoraba la diferencia entre el número de machos y el de hembras; pues quien poseía ocho machos y dos hembras obtenía menos rendimiento que aquella familia que tuviera dos machos y diez hembras. No se presumía igual diciendo "tengo veinte caballos" que "tengo dos caballos y dieciocho yeguas".

Y otro tanto ocurría entre las personas: las mujeres ofrecían la descendencia, y su función en la tribu adquiría un valor esencial para la continuación de la especie. O así debieron de verlo los hablantes de la época, porque realmente decidieron añadir el género femenino a su idioma. No sabemos si primero lo recibieron los animales o sucedió antes con las personas; pero las hembras y las mujeres irrumpieron en la lengua con un género exclusivo para ellas. Sin embargo, ay, la aparición del femenino con rasgos propios y específicos hizo que el genérico y el masculino coincidieran, igual que sucedía con aquel dibujo infantil. Y se creó así la división del viejo género animado en tres subdivisiones: el genérico, que englobaba a varones y mujeres, a machos y a hembras; el masculino y el femenino.

En efecto, cuando se incorporaron a la lengua palabras expresadas en femenino, el genérico primigenio no tuvo más remedio que convertirse, por exclusión, en masculino, sin por ello abandonar la representación de *persona* (el genérico) que siempre había desempeñado.

Este orden de aparición (es decir, el genérico fue primero; y el femenino se inventó después, lo que derivó en la visión de aquél como masculino, de forma ambivalente) se manifiesta en el hecho de que a menudo la forma femenina derive de la inicialmente genérica.

Ahora bien, el surgimiento del género femenino no provocó una creación simétrica del masculino. Así, a partir del genérico para seres animados que existió en el indoeuropeo se añadió una marca para el femenino, mientras que el masculino se quedó la *marca cero* (o *morfema cero*). Aportaré un ejemplo anacrónico con la intención de ilustrar esa idea. De la palabra genérica *trabajador* sale *trabajadora*, pero ello no obliga a crear *trabajadoro*. El masculino y el genérico se quedaron con ese morfema cero que fue ocupado por una -*a* para el femenino.

La profesora Lola Pons relataba en 2018 un fenómeno similar ocurrido con *señor*. En los textos castellanos más antiguos, esta palabra valía para hombre y para mujer. Por ejemplo, en *El libro del buen amor*, del siglo XIV, se lee que un enamorado quiere cumplir "el mandado de aquesta mi señor" (es decir, su amada).

Cuando apareció el femenino *señora*, la voz *señor* (un comparativo en principio, igual que *superior*) se convirtió en masculina… sin dejar de ser genérica para el plural. ("¿Quieren más vino los señores?").

Y así se podría sostener que el masculino en realidad no existe, que opera como un engaño de los sentidos porque las palabras que ahora consideramos de ese género, incluidas las que terminan en -*o*, fueron el término general que en los orígenes del idioma abarcaba a seres animados machos (o varones) y hembras (o mujeres), y cuyo ámbito se redujo al surgir el femenino.

Podemos suponer que los ancestrohablantes entendieron que no había necesidad de más, puesto que se podían entender sin problemas gracias a los contextos; y aplicaron una ley universal que todavía rige en cualquier actividad humana: la economía del esfuerzo.

Por tanto, como señala la filóloga María Ángeles Calero, hay que inculcar en quienes estudian la asignatura de Lenguaje o Lengua Española "un concepto global del accidente gramatical, no la imagen de que el género por excelencia es el masculino, del cual brota el femenino",[5] ya que esta visión supedita una vez más el papel de la mujer al protagonismo inicial del varón.

LA HISTORIA RECONSTRUIDA

Ninguno de los presentes nos hallábamos sobre la Tierra hace 70.000 años, cuando nació el lenguaje tal como lo entendemos hoy. No obstante, hemos podido deducir qué pasó en aquellos tiempos, del mismo modo que la ciencia ha reconstruido el nacimiento de

---

[5]   Calero (1999), pág. 174.

la Tierra ocurrido a partir de una gran explosión originaria y ha conocido su evolución geológica.

Por otro lado, es de suponer que aquellos seres que crearon los géneros con un lenguaje todavía en formación no estarían pensando en la visibilidad o invisibilidad de las mujeres, ni en arrinconarlas mediante el lenguaje, sino en comunicarse para comer ese día.[6] Seguro que no tenían en su cabeza abstracciones como *géneros*, *concordancias* o *sustantivos*, que llegarían miles de años después, cuando nacieron las gramáticas. La del español, en 1492.

La primera pista sobre el origen más remoto de las lenguas actuales la ofreció, según diversos autores, un inglés que residía en Calcuta, donde había sido nombrado juez. Corría el siglo XVIII (el año 1783, para ser exactos), y sir William Jones se vio obligado a estudiarse las leyes de aquel país, la India, colonizado por el gobierno de Su Majestad británica. Leyes que se habían escrito en sánscrito, como era de suponer.[7] Lo hizo muy a gusto, porque desde su llegada quedó fascinado por la cultura y las costumbres de la India.[8]

El bueno de William Jones descubrió, gracias a su conocimiento de las lenguas clásicas, que se producían llamativas coincidencias entre algunas palabras del sánscrito y los términos correspondientes del griego antiguo y el latín. Así, comprobó que la palabra *madre*, que en sánscrito se decía *mātár*, presentaba un extraordinario parecido con *mḗtēr* del griego clásico y *mater* del latín. La constatación de éstas y otras muchas semejanzas igualmente significativas le movió a concebir su libro *The sanskrit language*, considerado el texto fundacional de la ciencia de la lingüística comparada.

---

[6]   El profesor Villar, uno de los grandes especialistas españoles en indoeuropeo, junto con el académico Rodríguez Adrados, señala que en aquella lengua, del mismo modo que el masculino operaba como genérico cuando se trataba de abarcar a hombres y mujeres, el género inanimado ejercía el mismo papel en situaciones similares de neutralización entre lo animado y lo inanimado (es decir, el inanimado se imponía al animado), "sin que ello suponga que la lengua refleje una mayor estima o aprecio de los hablantes hacia los seres inertes o una preterición o menosprecio de los seres vivos". Villar, Francisco (1996), *Los indoeuropeos y los orígenes de Europa*, Madrid, Cátedra, pág. 240.

[7]   Altmann, Gerry T. M. (1999), *La ascensión de Babel*, Barcelona, Ariel, pág. 212.

[8]   Harari, Yuval Noah (2015), *Sapiens. De animales a dioses*, Barcelona, Debate, pág. 330.

Pero a medida que los conocimientos sobre el indoeuropeo se ampliaron, fueron cada vez más también las lenguas que se iban sumando a la primitiva comparación.

Por eso no nos puede extrañar que el parecido se observara también en *madre* (español, italiano), *mère* (francés), *Mutter* (alemán), *mother* (inglés), *matka* (polaco), *módir* (islandés), *mathir* (celta antiguo)... Parecía claro que algo común relacionaba a todas esas palabras que nombran a la madre, como también a otras muchas que se fueron añadiendo a la lista progresivamente: *mātar* en avéstico, *mair* en armenio; en lituano *mótė*, en letón *mate*, en tocario *mācar*...[9]

Y así fue como mediante el análisis de similitudes entre lenguas tan distantes (parecidos que eran no sólo léxicos, sino también gramaticales) se llegó a reconstruir el dibujo de las distintas familias que, a modo de ramas, forman parte de ese árbol común que es la lengua indoeuropea.

Se podía haber pensado en algo mágico, como tantas veces hicieron los seres humanos al observar fenómenos cuya explicación desconocían. Pero no. No había un dios de las palabras que dictase las coincidencias que presentaba la palabra *madre* con arreglo a un origen divino. Ni las de *padre*, por supuesto: *fader* en gótico, *patěr* en griego, *pater* en latín... ¡y *pitar* en sánscrito!

Sin embargo, el indoeuropeo original no disponía de una palabra como *mar* (*sea* en inglés, *jūra* en lituano, θάλασσα o *zálassa* en griego actual), de lo cual se deduce que aquel protoidioma nació en algún lugar sin costas, se calcula que hace más de 5.000 años; y que la raíz indoeuropea **mori-* se extendió más tarde, cuando ya no podía influir en el griego o el lituano, lenguas que se habían desgajado antes del tronco inicial.

Las investigaciones de los especialistas han conducido a saber que existió un pueblo con una lengua común entre el quinto y el segundo milenio antes de Jesucristo. Y que luego ese pueblo se fue disgregando, lo que dio lugar a otros idiomas derivados.[10]

Por alguna razón, en efecto, miles de años antes de Cristo los hablantes del indoeuropeo empezaron a disgregarse por los conti-

---

[9]   Roberts, Edward A., y Pastor, Bárbara (1996), *Diccionario etimológico indoeuropeo de la lengua española*, Madrid, Alianza, pág. 102.
[10] Marcolongo, Andrea (2017), *La lengua de los dioses*, Barcelona, Taurus, pág. 169.

nentes asiático y europeo, y esa emigración formó así la base de otras muchas lenguas.

Los filólogos han tenido que recomponer con mucho estudio y gran capacidad de deducción aquella lengua origen de otras, entre ellas el español (y antes el latín), además del alemán, el inglés, el armenio, el griego, el persa, el sueco, el francés, el hetita, el avéstico, el tocario, el anatolio…, y han deducido sus normas de derivación. ¿Cómo lo hicieron? Para empezar, dándose cuenta de la gran coincidencia de rasgos entre todas ellas: fonéticos, léxicos, gramaticales, sintácticos… Dibujaron ramas y troncos y llegaron así hasta la raíz que los alimentó.

Descubrieron el origen indoeuropeo del grupo de lenguas indoiranias (sánscrito, persa, védico, urdu, avéstico); el grupo baltoeslavo (serbio, bosnio, esloveno, búlgaro, ruso, polaco); el grupo de lenguas romances o latinas (español, francés, italiano, catalán, rumano, portugués); el grupo germánico (inglés, alemán, holandés, noruego, islandés, danés); el grupo celta (bretón, galés, irlandés)…

Unas lenguas se desgajaron del tronco indoeuropeo antes y otras después. Entre las más primitivas figura el anatolio (ya desaparecida), que carecía de género femenino (y, por tanto, tampoco tenía género masculino). Y entre las posteriores encontramos el latín (que sí cuenta con esa diferencia).

La rama lingüística del anatolio se quedó aislada al sur del Cáucaso, separada del resto del pueblo indoeuropeo, y no compartió ya las innovaciones de fecha posterior a su aislamiento; entre ellas, la oposición de masculino y femenino y los grados de comparación del adjetivo.[11]

Si algunas lenguas desgajadas tempranamente no tienen masculino y femenino (como acabamos de señalar respecto al anatolio), pero sí disponen de esa diferencia las que se convirtieron en ramas más tarde, cabe deducir que en un principio el indoeuropeo no contó con géneros, y que formó el femenino con posterioridad.

Por su parte, el griego antiguo innovó también, respecto al indoeuropeo primitivo, con la introducción del artículo masculino y

---

[11]   Rodríguez Adrados, Francisco (1988), *Nuevos estudios de lingüística indoeuropea*, Madrid, CSIC, pág. 359.

el femenino, y, como también ocurre en latín, conservó la oposición de los géneros inanimado (o neutro) y animado.[12]

Obviamente, ésta es una explicación muy resumida. Los especialistas en indoeuropeo y sus lenguas derivadas aportarían muchísimos más datos y razones, pero reproducirlos aquí nos llevaría a un excurso inconveniente para la estructura del libro.

Porque el propósito de este capítulo inicial, en cualquier caso, consiste en argumentar que no se puede afirmar que el uso del genérico masculino provenga de un dominio de los hombres en la sociedad y que naciera para mayor gloria de ellos. Esto es "una hipótesis científicamente indemostrable", como señala la profesora María Márquez Guerrero.[13] Y además, probablemente falsa.

La sociedad de hace 5.000 años, en la que se formó el indoeuropeo sin géneros masculino y femenino, no debía de ser muy diferente en su estructura de poder de la que creó siglos después el género destinado a mujeres y hembras. Sin embargo, parece probable que en algún momento sí sintieran sus individuos la necesidad de nombrar a personas y animales del sexo femenino, como acabamos de reseñar, una vez consolidadas las primitivas sociedades ganaderas y agrícolas.

La influencia del factor reproductivo en los animales y su relevancia para el ser humano queda patente en que los nombres de muchas especies próximas a nosotros ofrecen los dos géneros; mientras que los de aquellas indiferentes históricamente para la vida humana forman parte de los epicenos[14] (es decir, sustantivos que no ofrecen cambio morfológico, sino que se mantienen invariables y sirven para nombrar a seres de uno y otro sexos), como sucede con *jirafa* o *ballena*.

Es importante el sexo de toros y vacas, caballos y yeguas, perros y perras, cerdos y cerdas, gatos y gatas, gallos y gallinas..., de los animales domésticos en general. En cambio, no nos cambia la vida el diferente sexo de los delfines, los leopardos, los cocodrilos, los

[12]   Ledo-Lemos (2003), pág. 33.
[13]   Márquez Guerrero, María (2016), *Bases epistemológicas del debate sobre el sexismo lingüístico*, disponible en Internet.
[14]   La palabra griega *epíkoinos*, de la que deriva nuestro *epiceno*, literalmente significa 'común'.

mosquitos, las moscas, las cucarachas o las garzas, pongamos por caso, y por eso históricamente no hemos dedicado especial interés a distinguirlos según sus atributos.

Así pues, el epiceno se da casi siempre en especies cuya diferencia sexual nos trae sin cuidado (el besugo, la merluza, el cachalote, la pantera), porque no los tenemos en la granja para utilizar sus servicios; y si los tuviéramos, tampoco nos resultaría fácil distinguir su sexo en la mayoría de los casos: en los peces, porque no se observa a simple vista (a diferencia de lo que pasa con leones y leonas, por ejemplo); y en los animales salvajes, porque no convenía acercarse mucho a ellos para comprobarlo.

Y si en algún momento nos interesa resaltar el sexo de estos animales, optaremos por decir "una pantera macho" o "un besugo hembra".

Por todo ello, la formación del femenino vino a trastrocar la idea de *persona* o *animal* como simple representación genérica, a fin de añadir al catálogo de designaciones una característica muy particular. Y es probable que el genérico que abarcaba a hombres y mujeres (y luego también solamente a hombres) se especializara como fruto no de una dominación masculina, sino, por el contrario, de la importancia que todos los hablantes dieron a la condición femenina. No en el sentido que ahora emplearíamos, desde luego, pero sí con una visión práctica y descriptiva de la vida.

En realidad, la creación del femenino no supuso sólo la creación del femenino: supuso la formación de los géneros tal como los conocemos hoy.

Ahora diríamos que la *visibilización* de las mujeres y las hembras obligó a dotarlas de un género propio distinto del común hasta entonces. Y así, sucedió que el género femenino se fue formando a partir del preexistente, mediante la adición de un morfema específico a la palabra original.

Un proceso que no se ha completado aún, tantos siglos después (por ejemplo, del comparativo original *señor* salió *señora*; pero el proceso de *superior* a *superiora* camina con lentitud, todavía no adaptado totalmente).

Aquella aparición del femenino que se produjo en la evolución del indoeuropeo no ocurrió en otras lenguas. De hecho, la mayor parte de los idiomas del mundo carece de género gramatical.[15] Eso nos puede extrañar, porque los más próximos a la cultura latina sí lo manejan, aunque la presencia del femenino se verifica de muy diferente manera en ellos. En unos casos, por ejemplo en inglés, no incluye a los adjetivos y afecta a muy pocos pronombres; y en otros, como ocurre en español y otras lenguas romances, unos adjetivos admiten la flexión (*bueno* y *buena, estupendo* y *estupenda, horroroso* y *horrorosa*), y otros no (*imposible, difícil, fácil, triste*).

GÉNERO Y PATRIARCADO

En los tiempos actuales, y sin tener en cuenta la historia de las lenguas, se ha establecido en algunos ámbitos como un hecho indiscutido la relación causa-efecto entre el patriarcado histórico que se ha dado en la mayoría de las sociedades y el dominio del masculino genérico frente al femenino. Sin embargo, eso, dicho sea con todo el respeto, forma parte de la misma conjetura que alumbró dioses y religiones.

Se trata de dos hechos yuxtapuestos que invitan a deducir una relación causal entre ellos. Pero hay que cuidarse de tales razonamientos, porque pueden conducir a error.

Si llegamos a una isla desierta agarrados a una tabla y vemos de repente un león negro, lo primero que hacemos es salir corriendo. Cuando, una vez puestos a refugio, observamos que por el otro lado llegan dos leones negros más, deduciremos que en esa isla desconocida todos los leones son negros, aunque hayamos visto a los únicos tres leones negros de todo el lugar. Así funcionamos en nuestras deducciones, y lo hacemos porque en una inmensa mayoría de los casos resolvemos los problemas con acierto. Veamos estas dos afirmaciones:

"Juana no aceptó. Le pagaban poco".

Esa yuxtaposición invita a que deduzcamos que Juana no aceptó el trabajo *porque* le pagaban poco, aunque tal relación causal no esté expresada en nexo alguno entre las dos oraciones. Nuestro

---

[15] Ledo-Lemos (2003), pág. 12.

"juicio de probabilidad" (que aplicamos continuamente en nuestra vida cotidiana, casi siempre con acierto) nos conduce a deducirlo.

Analicemos este segundo ejemplo:

"Manuela se fue de casa. Luis se quedó llorando".

Seguramente quien lo lea obtendrá la impresión a primera vista de que Luis se quedó llorando *porque* Manuela se fue de casa. El sentido pragmático del lenguaje invita a ello, y también los modelos mentales que solemos construir intuitivamente.

Pero bien podría ocurrir que Luis estuviera llorando por la muerte de un hermano suyo y que Manuela saliera de la casa para encargar una corona en la floristería de la esquina. En esas situaciones, unas veces se acierta (en la mayoría) y otras se falla.

Queremos mostrar con tales ejemplos que la exposición sucesiva de hechos no indica siempre que estén relacionados. Es decir, que *hechos correlativos no son hechos relativos...* Al menos, no lo son siempre. Estamos así ante la famosa falacia llamada *post hoc ergo propter hoc* (después de esto, luego a consecuencia de esto), que conecta causalmente dos fenómenos que simplemente son consecutivos en el tiempo.

Como señala Steven Pinker, las personas comprendemos (aunque no lo apliquemos siempre) el principio de que la correlación no siempre entraña causalidad. Sin embargo, "nuestras intuiciones causales, allá en lo profundo, no son más que expectativas acuñadas por la experiencia".[16] Son epifenómenos, productos secundarios de las causas reales.

Estamos, pues, ante la trampa de "afirmar el consecuente": la verdad del consecuente no demuestra la verdad del antecedente. Podemos decir que "comer verduras es sano". Y construir este razonamiento: "Tú estás sano. Luego comes verduras". O que "fumar acorta la vida": Y añadir: "Tú tienes 96 años, luego no has fumado". Pero la verdad del consecuente no demuestra la verdad del antecedente.

Del mismo modo, puede resultar errónea la relación que establecemos intuitivamente ante estas dos ideas: "El masculino genérico se impone en el lenguaje sobre el femenino. En nuestra sociedad, los

---

[16] Pinker, Steven (2007), *El mundo de las palabras*, Barcelona, Paidós, págs. 282-283.

hombres se imponen sobre las mujeres. Por tanto, el masculino genérico es fruto de la imposición de los hombres sobre las mujeres".

Esa relación de causa-efecto (es decir, el dominio social de los hombres provoca el predominio masculino en el lenguaje) puede parecerse a la teoría de los dos relojes formulada (con otro propósito) por el holandés Arnold Geulincx.[17] Dos relojes de pared marchan perfectamente. Uno marca la hora y el otro da las campanadas, de modo que si miramos al uno y oímos al de al lado podría pensarse que el primero hace sonar al segundo.

Dicho de un modo más rural: sabemos que el canto de los gallos no hace que salga el sol. El gallo canta, y después amanece. Por ello, se podría establecer cabalmente que el quiquiriquí del ave despierta al astro para que disponga un nuevo día.

Aristóteles se refería también a la "causa falsa", que consiste en tomar como tal lo que no es más que un antecedente o un simple hecho previo en la sucesión temporal.

Ése ha sido el sino de la humanidad. Como señala el ensayista chileno Rafael Echeverría, "cada vez que vemos una flecha volando, debe haber un arquero que la disparó. [...] Gran parte de los dioses que los seres humanos se han dado en el curso de la historia fueron inventados a partir de este supuesto".[18] Así que debemos poner en cuestión, por rigor intelectual, la fácil creencia que se aplica del mismo modo al supuesto origen del genérico masculino.

Y eso concierne tanto a la afirmación "el genérico masculino es fruto del patriarcado" como al aserto según el cual la forma masculina tiene preponderancia sobre la femenina por ser más noble, postura que defendía el gramático francés Claude Favre de Vaugelas en el siglo XVII.[19]

Sin duda, la dominación del hombre sobre la mujer se produjo en las sociedades antiguas. Desde la revolución agrícola al menos, los seres humanos han vivido en organizaciones patriarcales, que

---

[17]   Russell, Bertrand (2010), *Historia de la filosofía occidental*, t. II, Madrid, Austral, pág. 215.

[18]   Echeverría, Rafael (2008), *Ontología del lenguaje*, Buenos Aires, Granica, pág. 153.

[19]   Vaugelas, Claude Favre de (1647), *Remarques sur la langue françoise, utiles à ceux qui veulent bien parler et bien écrire*, París, Vve. J. Camusat et P. Le Petit. En el francés de la época: "Le genre masculin est le plus noble, il prévaut tout seul contre deux féminins, mesme [sic] quand ils sont plus proches du régime".

valoraban mucho más a los hombres que a las mujeres.[20] En 1492, cuando se produce el encuentro de dos mundos que habían estado aislados durante miles de años (subdivididos en pueblos y tribus muy diferentes, y separados entre sí por miles de kilómetros), puede comprobarse que tanto en el uno como en el otro la mayoría de los asentamientos humanos se habían organizado patriarcalmente. Incas y aztecas, españoles o ingleses… Todos estaban articulados con un predominio masculino.

A partir de ahí se establece una deducción sencilla y tal vez falsa: el varón lo dominaba todo, y también el lenguaje.

Para empezar, si el dominio masculino en la sociedad fuera causa inequívoca del predominio masculino en el idioma, esa regla por fuerza habría de ejecutarse en todo tipo de condiciones, del mismo modo que dos y dos son cuatro en cualquier clase de problema.

Todos podemos observar, sin embargo, que en el ámbito de una misma lengua se dan sociedades machistas y sociedades más próximas a la igualdad. Unos idiomas tan extendidos geográficamente como el español o el inglés ofrecen muchas posibilidades al respecto.

Se suele considerar al inglés un idioma más igualitario que el español, pues la mayoría de sus sustantivos y adjetivos calificativos carecen de género; no así los pronombres personales o los posesivos; ni los sustantivos que se forman con el elemento compositivo *man*, como sucede con el reproductor de sonido portátil llamado *walkman* (marca registrada que se convirtió en nombre común) o con términos como *wachtman* ('vigilante') o *fireman* ('bombero': literalmente, 'hombre del fuego'), que se está intentando sustituir por *firefighter* ('luchador o luchadora contra el fuego'). Son solamente algunos ejemplos.

Sin embargo, esa misma sociedad anglosajona que pasa por ser más igualitaria que la hispana mantiene la costumbre de que las mujeres luzcan el apellido de su esposo (Hillary Clinton, pongamos por caso; o la gran filóloga feminista Robin Lakoff, que se casó con George Lakoff, prestigioso psicolingüista), algo que ha entrado en el camino del desuso en muchas de las sociedades hispanas.

---

[20]   Harari (2015), pág. 174.

Un idioma que se supone más inclusivo con los géneros debería convivir mal con una colectividad que anula los apellidos de las mujeres y las hace pertenecer gramaticalmente a un hombre cuando se casan. Y sin embargo no ocurre así. Se trata de costumbres sociales que no influyen en comportamientos sexistas.

Como curiosidad, Robin Lakoff es autora del siguiente párrafo: "En todas las situaciones de la vida, se define a la mujer según los hombres con que se relacione. No suele ser cierto lo contrario para el hombre: éstos operan en el mundo como individuos autónomos, mientras las mujeres no son más que 'la mujer de John' o 'la novia de Harry".[21]

Y aunque queda claro que los varones no asumen en el mundo anglosajón el apellido de la esposa sino al revés, no hacemos esta apostilla con ánimo crítico, pues lo que intentamos defender es que el hecho de que una sociedad obligue a las mujeres a adoptar el apellido del marido (por costumbre social o por ley) no la convierte científicamente en más o menos machista que otra que no lo haga, del mismo modo que sucede con el masculino genérico en sociedades cuya lengua lo incluye o lo excluye. Por otro lado, Robin Lakoff sería, en su caso, una víctima de esa tradición anglosajona, no la culpable. Y, en definitiva, el haber firmado sus obras con el mismo apellido que su esposo no ha impedido que ejerza como una influyente feminista estudiosa del lenguaje.

Si se cumpliera esa relación entre el predominio social masculino y el idioma, las sociedades que hablan lenguas notoriamente inclusivas deberían ser menos machistas. Por ejemplo, el idioma magiar (lengua urálica en la que se expresan más de nueve millones de personas) no tiene género ni en los nombres, ni en los pronombres, ni en los adjetivos, y usa un artículo definido invariable que se coloca ante el nombre.[22] De ello debe deducirse que la sociedad húngara es más igualitaria que la sociedad española, cuyo idioma (el castellano o español, además del gallego, el catalán y el euskera) dispone de género en los nombres, en los pronombres y en los artículos, y en una parte de los adjetivos.

---

[21] Lakoff, Robin (1995), *El lenguaje y el lugar de la mujer*, Barcelona, Hacer, trad. de María Milagros Rivera, pág. 72.

[22] Del Moral, Rafael (2002), *Lenguas del mundo*, Madrid, Espasa-Calpe, pág. 239.

También la lengua turca cuenta con escasísimas palabras dotadas de género. La hablan unos 60 millones de personas repartidas por Turquía, Chipre o Alemania, entre otros países,[23] pero la sociedad que alumbró ese idioma no es precisamente más igualitaria que las de Italia o Francia.

Y otro tanto ocurre con el farsi (o persa), que se habla en Irán (28 millones de personas) y en otros países (entre ellos, los 8,3 millones que lo usan en Afganistán). El farsi carece también de distinción de género.[24] Lo mismo que el finés, como indicábamos.[25] Pero no cabe establecer razonablemente semejanzas sociales entre los afganos y los finlandeses.

Si la sociedad iraní no ha dado lugar a una lengua de predominio masculino, eso habría de estar relacionado con la supuesta realidad de una sociedad menos masculina que la española. No parece ser el caso.

En quechua, la lengua indígena más importante en Perú y Ecuador (y que cuenta con unos 10 millones de hablantes), tampoco existe el género morfológico. Cuando sus hablantes desean marcar que se trata de un hombre o una mujer, dicen *qari-* o *warmi-* delante del sustantivo si se trata de personas; y *tschina-* ('hembra') y *urqu-* ('macho') si se refieren a un animal (algo parecido a lo que sucedía en el indoeuropeo).

Sin embargo, la sociedad que creó esa lengua amerindia no era menos patriarcal que la española: todos los cargos directivos los desempeñaban varones, desde el consejo de ancianos del *ayllu*, mínima célula social, hasta el mandatario o inca del imperio; entre la nobleza existía la poligamia, y el inca o soberano daba ejemplo al contar con grandes harenes elegidos entre las muchachas más bellas de los *ayllus*, junto con la *coya* o emperatriz.[26]

Hasta aquí los ejemplos de lenguas en las que, como sucedía en el indoeuropeo primitivo, no hay géneros.

---

23   Del Moral (2002), pág. 444.
24   Del Moral (2002), pág. 364.
25   Altmann (1999), pág. 214.
26   López Serena, Araceli (2011), "Usos lingüísticos sexistas y medios de comunicación. En torno al denostado masculino genérico", en Rosalba Mancinas Chávez (coord.), *La mujer en el espejo mediático, II Jornadas Universitarias:. Sexo, género y comunicación*, Sevilla, Asociación Universitaria Comunicación y Cultura, págs. 92-112 (pág. 99).

Pero también se hablan idiomas en el mundo con el femenino como genérico: varias lenguas caribeñas, entre ellas el guajiro; además del koyra en Malí y el afaro en Etiopía. Y esos idiomas no se corresponden con sociedades igualitarias ni matriarcales. Como tampoco el zaise o zayse, usado por 30.000 etíopes que forman una marcada organización patriarcal donde los varones combatían a muerte hasta hace unos pocos años para asentar su liderazgo y cuya celebración más importante coincide con el momento en que las niñas están preparadas para el casamiento.[27]

En goajiro, una lengua indígena de Venezuela, el femenino funciona también como término genérico, de forma que *amasiku* ('buenas'), vale por *bueno* y *buena*; pero los que mandan, como en el resto del país que sólo habla español, son ellos y no ellas.[28]

Sin embargo, otros idiomas con femenino genérico, como el mohawk o mohaqués (lengua iroquesa con 2.000 hablantes en Estados Unidos y Canadá actualmente[29]), sí se hablaron en sociedades con notables rasgos matriarcales.

Del mismo modo, si lleváramos al extremo la relación de causa-efecto en el uso de los géneros, deberían pertenecer a sociedades más igualitarias aquellas tierras hispanas donde se incurre en laísmo ("la dije" a ella, "le dije" a él), en vez regir el correcto uso general ("le dije" tanto para ella como para él). Sin embargo, muchas feministas rechazarían esa fórmula castellana como un golpe a su oído, y defenderían "le dije a Manuel" y "le dije a Manuela" aunque esos pronombres no indiquen la diferencia de sexos y oculten el femenino ("le dije eso" frente a "la dije eso").

Esa supuesta relación de causa-efecto entre un idioma y la sociedad que lo habla debería llevarnos a concluir también que las lenguas que no disponen de la diferencia entre el tuteo y el ustedeo (como el inglés) corresponden a hablantes que desprecian las formalidades y los tratamientos de cortesía o respeto. No obstante, constituiría una tarea ímproba demostrar que las sociedades anglo-

---

[27]   Marqueta, Bárbara (2016), "El concepto de género en la teoría lingüística", en Miguel Ángel Cañete (coord.), *Algunas formas de violencia. Mujer, conflicto y género*, Zaragoza, Universidad de Zaragoza, págs. 167-192 (pág. 179).

[28]   López Serena (2011), pág. 99.

[29]   Moreno Cabrera, Juan Carlos (1990), *Lenguas del mundo*, Madrid, Visor, págs. 61 y 62.

sajonas, y especialmente la británica, se comportan por eso de una manera menos formal que la española, la argentina o la mexicana.

Por tanto, la vinculación entre el masculino o el femenino genéricos y las sociedades patriarcales o matriarcales necesitaría más pruebas para que pudiéramos darla por sentada, y para no tomarla como fruto de una deducción basada en la aparente relación causa-efecto.

Mientras no lleguen esas demostraciones, nos inclinaremos por creer que el masculino genérico se da en sociedades machistas, pero no a causa de ello. Porque los idiomas con ausencia de masculino genérico o con presencia del genérico femenino se hablan en sociedades tan patriarcales como las demás.

ESTRATEGIA CON FISURAS

Por otro lado, debemos plantear si las reglas supuestamente implantadas por los varones se presentan incontrovertidas y sin fisuras como correspondería a una estrategia firmemente definida y dictada. Porque si el supuesto dominio masculino del idioma español hubiera respondido a un impulso machista o patriarcal, éste habría dominado todos los aspectos de la lengua, y no solamente algunos.

Sin embargo, el mismo sistema que no activó durante siglos *juez* y *jueza*, ni *corresponsal* y *corresponsala* o *mártir* y *mártira* sí permitió *bailarín* y *bailarina*, o *benjamín* y *benjamina*, o *capitán* y *capitana* y *ladrón* y *ladrona*.

Lo cual indica que la formación de femeninos en palabras que terminan en determinadas consonantes no responde a una decisión estratégicamente masculina. Simplemente, unas terminaciones de palabra se adaptan mejor que otras a esa flexión, por razones que los hablantes han venido aplicando intuitivamente.

De igual manera, los masculinos genéricos suelen funcionar bien con los dobletes morfológicos (*niños* puede englobar a "niños y niñas"), pero no tanto con los dobletes léxicos. Porque así como, en efecto, el genérico *hermanos* puede englobar a "hermanos y hermanas", el masculino *yernos* no engloba a las "nueras"; ni *curas* incluye a las "monjas". Por eso no podemos decir correctamente "mañana vienen mis yernos" si en el grupo hay nueras, y habría de especificarse, por tanto "mañana vienen mis yernos y mis nueras"; ni nos referiríamos a una reunión de curas y monjas como "reunión de curas".

Se puede hablar de "una reunión de profesores" y entender por el contexto que en ella participan profesores y profesoras. Pero el sistema tampoco nos autoriza a hablar de "una reunión de varones" si en ella participan mujeres; porque varón se opone a mujer y no abarca al sexo femenino. De igual forma, una reunión de esposas y esposos será "una reunión de esposos", pero no se puede desarrollar el mismo proceso en una reunión de mujeres y maridos (que no llamaríamos "una reunión de maridos"); y no se denominará "rebaño de carneros" al que agrupa a carneros y ovejas.

También es cierto que en una "carrera de caballos" pueden participar las yeguas, y eso demuestra lo aleatorio de la lengua en estas cuestiones.

Si hubiera existido algún día esa directriz machista que tanto se invoca, el mismo masculino que se impone en los dobletes morfológicos (es decir, *alumnos* para nombrar a "alumnos" y "alumnas") se habría impuesto también al femenino en todos los dobletes que no son de carácter morfológico sino léxico (*toro, vaca; marido, esposa...*).

Y eso no sucede, como señala Victoria Escandell,[30] cuando la referencia a varones y mujeres, o machos y hembras, está lexicalizada. Así pues, añade esta autora, la oposición masculino-femenino se neutraliza en unos casos, pero no en otros.

Y todo esto refuerza la fundada teoría que recogíamos al principio: fue la aparición del género femenino lo que hizo que el masculino genérico coincidiera con el masculino específico. Pero allá donde se da una diferencia léxica y no morfológica, el masculino genérico no funciona con la misma facilidad.[31] Seguramente, la diferencia entre las dos palabras (*jinete, amazona; dama, caballero*) las aleja intuitivamente en la mente de los hablantes de la validez que el genérico mantiene como masculino a raíz de la derivación del femenino a partir de aquél, proceso que no se da en los dobletes léxicos.

---

[30] Escandell, M. Victoria (2018), *Reflexiones sobre el género como categoría gramatical. Cambio ecológico y tipología lingüística*. Disponible en Internet.
[31] Escandell (2018), apartado 5.

En resumen, entendemos que todos los datos y los argumentos desarrollados hasta aquí permiten apoyar la teoría de que no existe una relación comprobada entre el predominio masculino en la sociedad y el del genérico masculino en la lengua. Por tanto, no cabe establecer una relación fija y constante de la presencia del masculino como abarcador de hombres y mujeres (en realidad, el genérico primitivo) con la mayor o menor igualdad en la vida real.

La lucha de una parte del feminismo por señalar a la lengua y al genérico masculino como símbolo de la opresión machista se basa, pues, en proyectar sobre el idioma algunos problemas y discriminaciones que se dan en ámbitos ajenos a él. El primer paso para llegar a un acuerdo sobre el lenguaje igualitario debe consistir quizá en mirar al idioma español sin prejuicios, como expresión cultural, como un amigo íntimo dispuesto a ayudarnos y no como un enemigo que nos oprime.

2

LAS DUPLICACIONES *INCLUSIVAS*

Muchas mujeres con acceso a expresarse en los medios de comunicación dicen no sentirse incluidas en los masculinos genéricos ("los abogados mexicanos", "los arquitectos llegados al congreso de urbanismo", "los militantes de ese partido"). Y propugnan por ello lo que denominan *lenguaje inclusivo*: "los abogados mexicanos y las abogadas mexicanas", "los arquitectos y las arquitectas llegados y llegadas al congreso de urbanismo", "los militantes y las militantes de ese partido").

Se aprecian en sus razones planteamientos basados en desigualdades históricas que han llegado a nuestros días y que cualquiera puede ver, a nada que desee mirar.

Esa forma de hablar mediante duplicaciones se usa sobre todo en el lenguaje de la comunicación general, ya sea periodística o política, y se centra en sustantivos que reflejan profesiones o condición de ciudadanía (así como sus pronombres representativos: "nosotros y nosotras"; "todos y todas"). Por tanto, se asienta en términos prestigiosos: "diputados y diputadas", "abogados y abogadas", "ingenieros e ingenieras". Es decir, palabras de baja frecuencia en la vida cotidiana de la gente.

Como consecuencia del agobiante dominio masculino que se ha vive en la sociedad, la mujer se ha incorporado sólo recientemente a esos colectivos profesionales. En los últimos cuarenta años hemos conocido en España y otros países de habla hispana a la primera juez[1], la primera comandante de avión o la primera general del Ejército.

---

[1] Me detendré más adelante en el conflicto "la juez-la jueza".

Por tanto, un grupo importante de las personas que hablan en público ha sentido la necesidad de duplicar esos sustantivos, para reseñar así esta nueva realidad. Sin embargo, ni antes ni ahora se han considerado necesarios los dobletes en la vida cotidiana de la gente, que sigue diciendo "hay pocos pasajeros en el tren", "ya he conocido a los primos de Tudela" o "mañana vienen los veraneantes". O "nosotros" dicho por una mujer para referirse a una colectividad de varones y mujeres. El día a día está lleno de masculinos genéricos que no chirrían a nadie. Pero el lenguaje público muestra otras tendencias.

Las duplicaciones en el ámbito político y periodístico se concentran en determinadas y escasas palabras, y se expresan, al menos hasta ahora, en lo que el profesor Juan Carlos Moreno Cabrera ha llamado *lengua cultivada*.[2] "En todas las comunidades humanas conocidas", señala Moreno, "se pueden modificar las lenguas naturales con diversas finalidades estéticas, rituales, mágicas, religiosas o políticas (por ejemplo, las lenguas estándar escritas de las sociedades occidentales industrializadas). Estas lenguas han de ser aprendidas y enseñadas mediante instrucción específica por parte de los que las dominan y no pueden ser adquiridas de modo natural por los infantes como ocurre en el caso de las lenguas naturales".[3]

Entendemos que esa *lengua cultivada* se usa habitualmente en público y requiere de un esfuerzo a cargo de quien habla o escribe. Algo que no ocurre en las conversaciones entre amigos, compañeros o familiares. Por eso mismo, quienes en el lenguaje político dicen "españoles y españolas", "argentinos y argentinas", "chilenos y chilenas" o "amigos y amigas" suelen apearse de esas exigencias cuando salen del escenario y se refieren a los "invitados" que llegarán a cenar o a la reunión de su comunidad de "vecinos".

---

[2]   Moreno Cabrera, Juan Carlos (2012), *Acerca de la discriminación de la mujer y de los lingüistas en la sociedad. Reflexiones críticas*, Madrid, Universidad Autónoma de Madrid. Disponible en Internet.

[3]   Moreno Cabrera, Juan Carlos (2011), *"Unifica, limpia y fija. La RAE y los mitos del nacionalismo lingüístico español"*, en Silvia Senz Bueno y Montserrat Alberte (eds.), *El dardo en la Academia. Esencia y vigencia de las academias de la lengua española*, Barcelona, Melusina, vol. I, págs. 157-314 (pág. 304).

Incluso abandonan los dobletes en sus intervenciones públicas cuando al hablar reducen su capacidad de concentración, o si han avanzado en su exposición y perciben como tediosas esas construcciones.

Se observaron muchos ejemplos así en la ceremonia de entrega de los Premios Goya de cine en enero de 2019. Las duplicaciones de buena voluntad no siempre se podían sostener una vez iniciada la fórmula. He aquí algunos de los muchos casos que se dieron:

Minuto 0.07 de la transmisión:
Silvia Abril, presentadora: "Buenas noches, amigas y amigos, y bienvenidos a los premios Goya". (Habría bastado con decir "Buenas noches". Así se habría evitado la incoherencia de "bienvenidos" sin "bienvenidas" tras haber dicho "amigas y amigos").
Andreu Buenafuente, presentador: "Estamos muy orgullosos, muy felices, de ser los anfitriones". (Para ser coherente, correspondía "Estamos muy orgulloso y orgullosa de ser el anfitrión y la anfitriona").
Minuto 0.08:
Silvia Abril: "Es una maravilla estar rodeada aquí de tantos compañeros y compañeras del cine". (Se escapó el masculino genérico en "tantos". La duplicación adecuada habría sido "tantos compañeros y tantas compañeras").
Minuto 1.07:
María Pedraza, actriz. "Buenas noches a todos y a todas. Los nominados a la mejor dirección artística son..." (Debería haber dicho "Los nominados y la nominada son").
Minuto 1.23:
Carolina Yuste, actriz. "Muchísimas gracias a todas las personas de la Academia. (...). Los nominados son...". ("Nominados y nominadas").
Minuto 1.53.52:
Mariano Barroso, director de cine y de la Academia del Cine: "Buenas noches, amigos, compañeros, queridas y queridos espectadores (...). Somos la Academia de todos y de todas los compañeros que nos han precedido". (Habría convenido

"queridas y queridos espectadores y espectadoras" y "de todos y de todas los compañeros y las compañeras"; o, mejor, "de todos los compañeros y todas las compañeras").

Como se ve, la elogiable intención de ésos y otros intervinientes al usar los dobletes sucumbía a la primera concordancia.

En un artículo contra las duplicaciones publicado el 30 y 31 de diciembre de 2006, en el suplemento *El Semanal*, revista que acompaña el sábado o el domingo a varios periódicos españoles, el académico Arturo Pérez-Reverte acudía al ejemplo de uno de los más conocidos poemas de Miguel Hernández, *Vientos del pueblo*, donde se leen estas estrofas:

> *(…) Asturianos de braveza,*
> *vascos de piedra blindada,*
> *valencianos de alegría*
> *y castellanos de alma,*
> *labrados como la tierra*
> *y airosos como las alas;*
> *andaluces de relámpago,*
> *nacidos entre guitarras*
> *y forjados en los yunques*
> *torrenciales de las lágrimas;*
> *extremeños de centeno,*
> *gallegos de lluvia y calma,*
> *catalanes de firmeza,*
> *aragoneses de casta,*
> *murcianos de dinamita*
> *frutalmente propagada,*
> *leoneses, navarros, dueños*
> *del hambre, el sudor y el hacha,*
> *reyes de la minería,*
> *señores de la labranza,*
> *hombres que entre las raíces,*
> *como raíces gallardas,*
> *vais de la vida a la muerte,*
> *vais de la nada a la nada (…).*

Todos esos gentilicios han de entenderse por fuerza inclusivos, y no admiten una duplicación. Tanto Miguel Hernández como sus lectores veían en ellos a hombres y mujeres. Y ni el más firme partidario de las duplicaciones propondría reescribir al poeta para expresar: "Catalanes y catalanas de firmeza, aragoneses y aragonesas de casta, murcianos y murcianas de dinamita…".

Porque seguir escrupulosamente las recomendaciones duplicativas lleva a construir frases inviables. Por ejemplo, la expresión común "como a todo hijo de vecino" (que usamos cuando queremos señalar que a alguien le ha sucedido algo que le pasa a todo el mundo) debería desdoblarse así: "Como a todo hijo de vecino o hijo de vecina o hija de vecino o hija de vecina".

El académico mexicano Gonzalo Celorio suele bromear en sus conferencias con la expresión "el perro es el mejor amigo del hombre", que habría de quedar como sigue: "El perro y la perra son el mejor amigo y la mejor amiga del hombre y de la mujer, indistinta, respectiva o excluyentemente".

¿Se debe llamar a eso *lenguaje inclusivo*? El filólogo y académico Pedro Álvarez de Miranda lo llama más bien *lenguaje duplicativo*[4] porque se puede considerar ya *inclusivo* el masculino genérico; que, recordemos, se convirtió en masculino específico por la simple razón de que hace algunos miles de años se inventó el género femenino.

La duplicación nace por lo general de una creencia según la cual usar el genérico masculino constituye un rasgo de machismo, aunque sea involuntario, que perpetúa unos esquemas de desigualdad debidos a una herencia patriarcal. Quienes sostienen esa teoría tal vez deberían tener más en cuenta los datos que conocemos hasta ahora sobre la historia de la lengua, y también todo lo que hemos mencionado sobre el indoeuropeo y su influencia natural en la mayoría de los idiomas que hablamos en Occidente y parte de los de Oriente. Por eso las filólogas feministas no suelen encontrarse en el grupo que ataca al idioma y aportan generalmente soluciones más acordes con el funcionamiento de la gramática. (Las ideas que relacionan el patriarcado y el genérico

---

[4] Álvarez de Miranda, Pedro (2018), *El género y la lengua*, Madrid, Turner, pág. 88.

masculino suelen aparecer expresadas por feministas abogadas, fiscales, filósofas, periodistas o sociólogas).

Desde esas posturas feministas se indica que miles de hablantes necesitan hacer un esfuerzo para entender cuándo un masculino representa a todas las personas del grupo que señala y cuándo lo hace solamente con los hombres o los machos. Y que el masculino genérico se inventó para invisibilizar a la mujer, silenciarla, menospreciarla; para perpetuar un patriarcado que conviene a los hombres.

Reproduzco algunas ideas al respecto, publicadas en un artículo que firmaba la activista del feminismo, periodista y profesora Isabel Muntané[5]: "El lenguaje, entendido como la capacidad humana que conforma el pensamiento, perpetúa este machismo. Y, sí, el lenguaje no sexista es un arma ideológica y política capaz de reflejar otra realidad y contribuir a la destrucción del poder patriarcal. Y claro, esto duele. Lo sabemos".

Coincidía con esos argumentos la también profesora feminista Isabel Cadenas, escritora y miembro de la Comisión 8-M (8 de marzo, en recuerdo del Día Internacional de la Mujer), según recogía *El País* el 23 de julio de 2018: "El idioma lo construye el poder, que históricamente han ostentado los hombres; por lo tanto, el español es machista". "El lenguaje", añadía Cadenas, "determina cómo las mujeres, desde niñas, aprenden la manera en la que el mundo está construido, en el que los hombres son más importantes".

El artículo de Muntané referido anteriormente, mostrando opiniones que se pueden escuchar con frecuencia en ese entorno (las expresa en plural), agregaba: "Nos dicen que el genérico masculino, en tanto que género no marcado, es inclusivo del femenino. Pues les decimos que no, que no lo incluye ni lo pretende. El masculino a veces es específico y a veces genérico. Requiere de un esfuerzo para entender cuando [*sic*] incluye a unos y otras o solo [*sic*] a unos, e incluso sólo [*sic*] a unas. Ya somos muchas las mujeres —y algunos hombres— que no nos sentimos incluidas —así, con *a*— en este masculino gramatical. Entendemos que este masculino es,

---

5   Muntané, Isabel (2018), "El lenguaje es política", *El País*, edición impresa, 16 de agosto.

sencillamente, un instrumento para invisibilizar, silenciar y menospreciar a las mujeres y así perpetuar un patriarcado que no nos quiere con voz, ni en el espacio público, ni en la toma de decisiones. Esta es la verdadera intención que subyace en el mal llamado masculino genérico".[6]

Confío en que la benevolencia de quienes lean este libro exculpe a su autor, en la portada firmante, de los graves propósitos que, por deducción o por extensión, se le atribuyen implícitamente en ese texto de Muntané. Porque aquí se entenderán compatibles, por un lado, la lucha feminista, con su justo deseo de lograr sociedades igualitarias que acaben para siempre con el machismo y el patriarcado, y, por otro, la explicación honrada de cómo funcionan los géneros en esta lengua que hablamos y que pone palabras a estas páginas.

Coincidimos con el feminismo, pues, en la necesidad de acabar con el sobrepoder masculino, defendemos que se aprueben leyes más duras o más pertinentes contra la violencia machista, acompañadas de medidas preventivas, y deseamos que se acaben los abusos sociales que amargan la vida a muchas mujeres, así como propugnamos la igualdad laboral y profesional, y las cuotas que favorezcan transitoriamente el acceso de la mujer a puestos de relevancia hasta que la equiparación plena se logre…, pero discrepamos en que al hacerlo se lleve hasta el calabozo al sistema de la lengua española, que no tiene ninguna culpa de las discriminaciones sociales, ni contribuye a ellas. Y así lo ha señalado la filóloga feminista Eulàlia Lledó: "La lengua es totalmente inocente de cualquier sesgo ideológico se mire como se mire". "Los contenidos sexistas son optativos, puesto que dependen de la mentalidad de quien habla (…). Los usos sexistas, por su propia naturaleza de usos, tampoco son obligatorios".[7]

Afirmar que el masculino genérico no incluye a las mujeres, como acabábamos de leer, daría la razón a aquel empresario aprovecha-

---

[6]   Es posible que los errores ortográficos no sean responsabilidad de la autora. Quienes trabajamos en los periódicos sabemos bien que a veces se introducen involuntariamente en los procesos de copiado, de reescritura o de edición.

[7]   Lledó Cunill, Eulàlia (2012), *Cambio lingüístico y prensa*, Barcelona, Laertes, págs. 17 y 207.

do o provocador que no aplicó una subida salarial a sus empleadas porque el convenio de su negocio hablaba de "los trabajadores".

En efecto, una empresa aceitera de Lucena (Córdoba), denominada Aceites y Energía Santa María, decidió en junio de 2018 abonar unos atrasos a sus trabajadores varones pero no a las tres mujeres de la plantilla, porque el punto correspondiente del convenio habla de "los trabajadores" y no de "los trabajadores y las trabajadoras".

Obviamente, los sindicatos sostuvieron que "los trabajadores" incluía a las trabajadoras, a pesar de que seguramente en sus proclamas, comunicados y panfletos duplican siempre ese tipo de sustantivos.

LOS NIÑOS Y LAS NIÑAS

También se suele sostener desde posiciones feministas que las niñas empiezan a no reconocerse en el genérico "los niños" cuando los usan sus docentes.

A esto debemos plantearle una primera consideración: los niños se demoran en dominar las implicaturas[8] del lenguaje. Por ejemplo, no son irónicos, y tardan años en crear sus primeras metáforas.

El 15 de agosto de 2011 escuché a las 10.55 horas en el programa *Hoy por hoy*, de la Cadena Ser, la llamada de una oyente que se comunicó con la emisora, en la cual se recopilaban en ese momento diversas anécdotas que aportaba su público. La mujer relató que un día iba con su hijo por la calle y que éste leyó en voz alta un cartel anunciador donde se decía: "Pisos sin entrada". Ante tal inscripción, el niño no tuvo más remedio que preguntar: "Mamá, ¿y por dónde entra la gente en esas casas?".

El muchacho carecía del contexto que nos habla de que, por lo común, para comprar una casa es preciso abonar una entrada del precio, dejando el resto a pagos aplazados. Pero, obviamente, el mensaje no estaba dirigido a él.

---

[8]   La palabra *implicatura* no ha entrado en el *Diccionario* cuando se escribe esta obra, pero se usa en los estudios de pragmática para referirla a aquello que se expresa implícitamente con el ánimo de que el receptor del mensaje lo interprete.

Según el profesor Alberto Anula,[9] el niño no muestra en la comprensión metafórica una competencia sólida hasta pasados los diez años. ¿A qué se debe eso? A que algunos de los recursos naturales y fáciles del idioma de los adultos requieren inteligencia, formación, contexto... y, sobre todo, experiencia en el uso; tanto pasivo como activo.

Por su parte, Victoria Escandell habla de la necesidad de unas "normas culturales específicas" cuando se refiere a la competencia para entender un mensaje.[10] Como los niños no han construido todavía el contexto que maneja un adulto, eso hace que en su percepción las palabras denoten más que connoten. Los niños necesitan algunos años más para entender los actos pragmáticos (los enunciados que han de entenderse con un sentido que va más allá de los significados exactos de las palabras pronunciadas).

La filóloga catalana Carme Junyent[11] lo indicaba con claridad en octubre de 2013 en la revista *Vilaweb*: "Esto ha hecho daño en el mundo de la enseñanza. Algunos maestros ya cuentan que cuando dicen 'Los niños que hayan terminado los trabajos pueden salir al patio', las niñas que los han acabado no se levantan porque no se sienten aludidas".

Se trata de un ejemplo repetido hasta la saciedad en artículos y conferencias, y que casi siempre le ha ocurrido a alguien cercano que conoce a una maestra que se lo ha contado.

El hecho de que se hable al alumnado en muchos colegios con continuas duplicaciones sólo sirve para añadir confusión, precisamente en las edades clave para el aprendizaje sólido de la lengua. En tales casos, valdría la pena dirigirse a los niños con naturalidad: "Quienes hayáis terminado el trabajo podéis salir al patio", o "los que hayáis terminado el trabajo podéis salir al patio". Ni siquiera en este segundo caso, en el que se emplea *los* como masculino genérico, las niñas entenderán que están excluidas.

---

[9] Anula, Alberto (1998), *El abecé de la psicolingüística*, Madrid, Arco Libros, pág. 42.
[10] Escandell, M. Victoria (2007), *Introducción a la pragmática*, Barcelona, Ariel, pág. 223.
[11] En catalán en el original. Entrevista titulada "*Carme Junyent: 'Que s'acabi aquesta comèdia de desdoblar en masculí i femení*", <https://www.vilaweb.cat/noticia/4153027/20131031/carme-junyent-sacabi-comedia-desdoblar-masculi-femeni.html>.

Porque la oración "los niños que hayan terminado el trabajo pueden salir al patio" requiere de un planteamiento estratégico previo antes de formularse. Es decir, se trata de una forma de hablar sofisticada y, por tanto, antinatural, casi concebida para provocar la confusión. Los profesores no suelen dirigirse a sus alumnos en tercera persona, sino con la segunda.

En efecto, la frase "Los niños pueden salir al recreo" (tan reiterada y criticada en los ejemplos favorables a la duplicación) sólo iría dirigida a los niños varones. Igual que si se dijera "los niños podéis salir al recreo". O sea, está bien aportado el ejemplo. Pero no es real, o al menos no es frecuente. Porque si la maestra hubiera querido referirse a toda la clase, habría dicho: "Podéis salir al recreo", en segunda persona del plural. Y tampoco encontraría ningún sentido la alternativa "Los niños y las niñas pueden salir al recreo", porque esa opción no constituye una manera natural de dirigirse a la colectividad infantil, ya que sobran elementos en la oración.[12]

Ante una oración como "Los niños y las niñas pueden salir al recreo", el sentido pragmático de quien recibe el enunciado le haría entender que la profesora está impidiendo a otros abandonar la clase: a aquellos o aquellas que no sean niños o niñas: tal vez alguna mascota, o algún adulto, quizá unos familiares que se hallaban en el recinto (y que llevaban la mascota). Porque esa forma de expresarse se entenderá normalmente como limitativa; es decir, igual que si anunciáramos "los socios y las socias tendrán un descuento", pues excluiría a quienes no reúnen esa condición; o si anunciáramos que "los pasajeros y pasajeras acompañados de niños o niñas pueden acceder al avión", donde se excluiría a quienes viajan solos o con adultos.

Los ejemplos con ese tipo de frases (casi siempre desprovistos de contexto y de datos concretos que permitan la verificación de que se trata de un hecho real) circulan con frecuencia entre los argumentos favorables a la duplicación. Es curiosamente el caso del ejemplo aportado por Inmaculada Montalbán, presidenta de la Comisión de Igualdad del Consejo General del Poder Judicial

---

[12] Lo normal es que se emplee para ello la segunda persona ("podéis") y no la tercera ("pueden"), si se trata de una hablante castellana (en el español de América y de otras regiones españolas se diría "Pueden salir al recreo").

español, en unas declaraciones a *El País* publicadas el 5 de marzo de 2012:

> La profesora sustituta llegó a la clase de música de primaria y animosa exclamó: "Ahora vamos a cantar todos los niños". La hija de mi amiga quedó callada como el resto de sus compañeras. No se dieron por aludidas. Su maestra de todos los días hablaba de niños y niñas. Es un ejemplo de la importancia del lenguaje en la formación de las personas y en sus actitudes. La utilización de un lenguaje no sexista es algo más que un asunto de corrección política, porque influye poderosamente en el comportamiento y en las percepciones.

Bueno, pues parece finalmente que los niños no paran de hacerse un lío. Al plantearles continuas duplicaciones, se les provoca la duda y se dificulta su captación intuitiva del principio de relevancia que rige toda conversación. Como han demostrado los especialistas en pragmática (rama de la lingüística que estudia el sentido de lo que se dice, más allá de la suma de significados de cada palabra), todo lo que expresamos ha de ser pertinente para el mensaje si queremos mantener una conversación clara y leal. Al añadir palabras innecesarias (y por tanto no pertinentes), obligamos a una descodificación más costosa. Así ocurriría si oyésemos "mi padre dedicó toda su vida a la extracción de carbón negro", pues eso incitaría a pensar que en el lugar al que se refiere implícitamente el emisor se extraen otros tipos de carbón y sólo uno de ellos es negro. Por esa razón, el buen estilo suele desechar y condenar este tipo de pleonasmos.

Algo así ocurre con la supuesta frase de la profesora "ahora vamos a cantar todos los niños". Porque las dos últimas palabras son innecesarias, igual que "negro" al lado de "carbón". Alguien que se expresara con más naturalidad invitaría a la clase diciendo "ahora vamos a cantar todos".

Carme Junyent añade en la referida entrevista con *Vilaweb* que estas duplicaciones se dan solamente en castellano, además de en catalán y gallego: "Ni en portugués, ni en italiano, ni en francés, ni en rumano, ni en ninguna otra lengua. Esto solo ya es para hacérselo mirar. Pero sobre todo hay que hacer entender que la lengua funciona así, que no tiene sentido que nosotros queramos controlarla".

La entrevista con Junyent se titula de este modo: "Que se acabe esta comedia de desdoblar en masculino y femenino".

En efecto, los niños aprenden a hablar... y luego a entender más allá de los significados primarios; lo mismo el masculino genérico que los dobles y triples sentidos de las palabras. No en vano el masculino genérico viene a ser también un segundo sentido. Como sucede tantas veces en el lenguaje, una palabra como *alumnos* adquiere dos valores: el relativo a los alumnos y las alumnas en su conjunto, y el relativo a los alumnos varones. El *Diccionario* está lleno de palabras con más de un sentido: *madre* (mujer que ha parido, cauce de un río...); *brazo* (miembro del cuerpo humano, rama de un árbol...); *pelota* (bola elástica, persona aduladora...); *guía* (un libro o una persona), y miles de ejemplos más. En cada caso, el contexto nos hace entender a la perfección de qué se nos está hablando.

Las palabras en masculino que se refieren a individuos o colectividades humanas o animales pueden adquirir también dos sentidos, y del mismo modo el contexto nos permite entenderlos: éste nos sirve para comprender cuál de ellos hay que activar en cada caso. Cualquier hablante competente en una lengua es capaz de hacerlo.

Por ejemplo, si encontramos la frase "El acto reunió a filósofas, sociólogas, historiadoras, abogadas y periodistas", el contexto nos hará pensar que *periodistas* significa ahí "mujeres periodistas". Y de ese modo, el hipotético masculino genérico se transforma en femenino.

LA SUPRESIÓN DEL CONTEXTO

Uno de los problemas del análisis sobre el lenguaje que se aborda desde el feminismo consiste precisamente en que se prescinde a menudo de la existencia del contexto. Se analizan las oraciones como si se hallaran en un tubo de ensayo y se les aplican técnicas de laboratorio.

Pero los contextos controlan el uso del lenguaje. El profesor barcelonés de origen holandés Teun van Dijk define el contexto como el "conjunto de propiedades relevantes de las situaciones comunicativas de la interacción verbal".[13] Es decir, la parte de la realidad ajena al texto o a la conversación que influye en ella.

El contexto se proyecta sobre lo que decimos y le añade significado. Una palabra como *ayer* no comunica nada si no sabemos qué día es hoy, o si la encontramos en una carta sin fecha. ¿Qué día fue ese *ayer*? Sólo el contexto compartido puede llenar de significado el adverbio.

Porque "cualquier unidad del discurso se deriva de un compromiso entre lo tácito y lo explícito",[14] y por tanto procede de una correcta proporción de ambos tipos de elementos.

En consecuencia, sostenemos que acometer un análisis de usos lingüísticos mediante ejemplos aislados de contexto suele conducir a conclusiones erróneas.

Porque los significados de las palabras varían en función del contexto y de la cultura compartidos. Hemos de insistir —profundizar— en ello.

EL CONTEXTO CAMBIA EL SIGNIFICADO

La lengua no es la realidad, sino una representación de la realidad. Una representación de la realidad influida por la realidad.

Tenemos la palabra *padre*, que representa a un varón, y también el término *madre*, que representa a una mujer. Pero si una amiga nos dice "mis padres no están" y yo sé que sus padres son un varón y una mujer, la palabra *padres* los representa a ambos, y no cabe en ese caso invisibilidad alguna de la madre: la realidad conocida influye en el lenguaje y lo modifica.

Sí podría darse confusión ante una realidad no conocida por el receptor del mensaje; es decir, en una situación en la que éste no disponga del contexto necesario. En tal caso, la realidad encuentra dificultades para ser representada con exactitud por las palabras.

---

[13] Van Dijk, Teun (2011), *Sociedad y discurso. Cómo influyen los contextos sociales sobre el texto y la conversación*, Barcelona, Gedisa, pág. 11.

[14] Belinchón, Mercedes, Igoa, José Manuel, y Rivière, Ángel (1998), *Psicología del lenguaje. Investigación y teoría*, Madrid, Trotta, pág. 471.

Por ejemplo, si alguien nos cuenta que "los novios estaban muy guapos en la ceremonia" puede pensarse que se trata de un varón y una mujer, pero también de dos varones (lo cual no sucedería en el caso de "las novias").[15] El contexto lo determinará en cada circunstancia. Y si falla el contexto, fallará también la comunicación. Y cuando eso ocurre, los hablantes se dan cuenta y, de forma intuitiva, añaden las palabras necesarias para evitar los equívocos. Y si aun así la confusión se produce, no se deberá a un problema de la lengua, sino de quienes la usan en ese instante.

Por tanto, parece desaconsejable emprender el análisis de un texto sin tener en cuenta el contexto o el ambiente en el que ese mensaje fue emitido. Y ahí radica uno de los problemas que se observan en las críticas al lenguaje por sus supuestas implicaciones machistas o antifeministas.

Álvaro García Meseguer (1934-2009) fue quizá la primera persona que reflexionó en España sobre el sexismo en el lenguaje.[16] Ingeniero de profesión (con una valiosa obra en su especialidad técnica), se adentró en el mundo de las discriminaciones lingüísticas con una gran intuición que le condujo a unos hallazgos que todavía celebramos; y con tal honradez que le permitió rectificar algunas de sus primeras aseveraciones.

En uno de sus brillantes planteamientos, García Meseguer denunciaría el *salto semántico* que se produce cuando el genérico masculino se refiere primero a un grupo de varones y mujeres pero deriva luego en la exclusión posterior de estas últimas. Trataremos sobre eso más adelante.

García Meseguer, respetado y seguido como se merecía por el primer feminismo español tras la Transición, se dio cuenta precisamente de cómo esos factores extralingüísticos (contexto, experiencia, cultura compartida, analogías…) se entrometen en la comprensión de un mensaje en el que se dan omisiones de significantes ("ocultaciones", "invisibilidad"…; llámese como se llame).

---

[15]   El matrimonio homosexual se legalizó en España en 2005, durante la presidencia del socialista José Luis Rodríguez Zapatero.

[16]   García Meseguer, Álvaro (1996), *¿Es sexista la lengua española?*, Barcelona, Paidós.

En uno de sus textos,[17] señalaba el error cometido en los inicios de la conciencia feminista sobre el lenguaje; una equivocación que todavía se arrastra en algunos planteamientos simples: "Se pensó que en el sexismo lingüístico jugaban sólo dos elementos, el hablante y la lengua como sistema, por lo que se dio por sentado que el origen del sexismo radicaba en ambos y no en ningún otro lugar". Es decir, no se reparó en la importancia del contexto que afecta en cómo el oyente entiende un mensaje.

García Meseguer interpretó ese tercer factor como "sexismo del oyente", pues éste procesa con sesgo sexista una expresión que no lo es. Pero no habría que culpar a quien interpretase un mensaje aplicando criterios discriminatorios, porque no nos hallamos ante una decisión personal, sino social: influida por la realidad. El propio autor lo viene a indicar más adelante: "La afirmación 'el género masculino oculta a la mujer' es un simplismo. Donde reside la cuestión no es en la lengua en sí, sino en el contexto del oyente".[18]

Aportaré dos ejemplos debidos a sus enseñanzas y en los que se supone que nos hallamos ante "sexismo del oyente".

Si cito un titular de periódico como "En el concurso de belleza de esta noche competirán veinte jóvenes", ¿han recreado ustedes en su mente a veinte varones o a veinte mujeres?

Al toparse con ese enunciado, el contexto y la experiencia que éste activa llevan a la mente concursos de belleza femeninos, por tratarse de los más publicitados y seguidos. Y por ello convertimos la palabra *jóvenes* (que no denota sexo) en *mujeres*. Una vez más, el significante y el significado *mujer* no se hallan visibles en el texto, y sin embargo forman parte del sentido. De ese modo, se aplica un sesgo sexista a una formulación que no lo contiene literalmente.

Por el contrario, si escribo "doce policías detuvieron a los dos terroristas", se activará en la mente la idea de doce policías varones. Y atención: de dos terroristas varones también.

Igualmente, podemos preguntarnos qué sucede al leer de forma desprevenida una afirmación como la siguiente:

---

[17]   García Meseguer, Álvaro (1996a), "Lenguaje y discriminación sexual en la lengua española", en VV. AA., *Jornadas: Las mujeres y los medios de comunicación*, Dirección General de la Mujer, Madrid, Comunidad de Madrid, pág. 140.
[18]   García Meseguer (1996a), pág. 147.

"Martínez es representante de España en la ONU y una estrella de la diplomacia".

¿Ha pensado usted en un hombre o en una mujer? Al encontrarnos de improviso con esa frase, pensaremos seguramente en un hombre, porque eso es lo que proyecta el contexto compartido, aunque no haya ninguna marca de género masculino en esa oración (al contrario, se cuentan más palabras en femenino). Si el conocimiento de la realidad nos permitiese saber que "Martínez" es una mujer, pese al predominio de diplomáticos varones, la interpretación habría sido la contraria incluso con esa misma frase. Por ello el sesgo sexista no se halla tanto en el oyente, sino en la realidad social que influye en él.

Por eso mismo, la primera reacción de cualquier lector ante el titular de prensa "Un hombre, detenido por matar a su pareja en Avilés", le hará *deducir* que la víctima fue una mujer. Pero si disponemos del contexto de que se trataba de un matrimonio homosexual, *sabremos* entonces que la persona asesinada era un varón.

Ahora bien, con este ejemplo incurro en lo que denunciaba: he ofrecido un caso de laboratorio, aunque la noticia fuera real y se publicase con ese titular en varios periódicos españoles el 17 de enero de 2016. He colocado esas palabras en el tubo de ensayo y las he sometido a experimento. Porque si en la realidad se hubiera tratado de un matrimonio homosexual, ningún periódico habría titulado "Un hombre, detenido por matar a su pareja", sino "Un hombre, detenido por matar a su marido" o, en su caso, "por matar a su novio". Porque, por razones pragmáticas, un titular periodístico no debe inducir a error o ambigüedad.

Mientras no se dispone de información precisa, se activan los contextos más habituales. Al decir "voy a ver un partido de fútbol", la mayoría de los hablantes pensarán en fútbol masculino de la misma manera que al oír "hemos ganado una medalla en sincronizada" visualizarán solamente nadadoras. Pero la percepción del sexo de las personas referidas no se relaciona con el género empleado en las oraciones (en esos ejemplos, ni siquiera se ha señalado), sino con la fuerza de los respectivos contextos.

¿Y cómo resuelve el cerebro humano las ambigüedades? Pues lo hace proyectando sobre ellas la experiencia más intensa. Si oímos la palabra *árboles*, pensaremos en los pinos que tenemos cerca y discriminaremos a los cipreses. Y si en nuestro entorno los diplomáticos, los policías y los terroristas son mayoritariamente hombres, y los concursos de belleza que vemos por televisión muestran por el contrario mayoritariamente a mujeres, igual que la natación sincronizada, ante ambigüedades provocadas por esas palabras reaccionaremos también proyectando sobre ellas el contexto en el que vivimos. Por tanto, en los casos confusos que se resuelven activando un contexto masculino no se debe echar la culpa ni al hablante, ni al receptor, ni a la lengua, sino a la realidad. La realidad que se debe cambiar.

Hallaremos muchos casos similares de la vida cotidiana en los cuales el contexto activa una percepción concreta sobre el sexo de las personas aludidas o referidas. Por ejemplo, si oímos "el gremio de telefonistas está en huelga", imaginaremos una mayoría de trabajadoras; lo mismo que si hablamos de "el sindicato de enfermeros" (o "de enfermería"). Mientras que cualquier mención de "el desembarco de Normandía" nos hará pensar en soldados varones. La *enciclopedia* que comparten el emisor y el receptor dota de sentido adicional a esas palabras.

Así pues, tanto *jóvenes* como *policías* y *terroristas*, tanto *pareja* y *Martínez* como *telefonistas* o *enfermeros* no dependen de sus significados genéricos para transmitir una idea sobre el sexo de las personas referidas, no se pueden analizar en una probeta. Sólo la evaluación conforme a un contexto nos dará la medida de su sentido. Y la buena noticia es que los contextos se pueden cambiar más fácilmente que la estructura de una lengua.

Sin embargo, la mayoría de las recomendaciones de uso no sexista promovidas por instituciones oficiales (en iniciativas elogiables por su propósito) prescinden del juego del contexto; y parecen centrar sus objetivos en los significantes, aislados del significado y del sentido.

Y de ese planteamiento salen afirmaciones como éstas, contenidas en una de esas guías:[19] "El sexismo lingüístico se produce cuando es el uso de la lengua lo que hace evidente la discriminación; en este caso lo que ocurre es que se utiliza el lenguaje ignorando la

---

[19] Marimón Llorca, Carmen, y Santamaría Pérez, Isabel (2010), *Guía para un discurso igualitario en la Universidad de Alicante*, Alicante, Universidad de Alicante, pág. 13.

presencia o visibilidad de las mujeres. Es el caso de textos como los siguientes que usan el género masculino con valor pretendidamente genérico pero que, en realidad, excluyen del texto, y, por lo tanto, de la realidad a la que se refieren, la presencia de las mujeres: 'Número total de *alumnos* matriculados'. '[Se necesita] disponer de *un responsable* para el asesoramiento y coordinación de los centros".

Esas afirmaciones nos parecerían indiscutibles si tras ellas se constatase, por ejemplo, que a la convocatoria para buscar "un responsable" se presentaron solamente hombres.

Con todo ello, podemos pensar si no será mejor actuar sobre la realidad que sobre el lenguaje, porque ya la realidad cambiará el lenguaje al proporcionar nuevos contextos que den otro sentido a los significantes. Cuando la realidad se transforme, el contexto alterará el significado de las palabras sin necesidad de alterar su expresión concreta.

Así ha sucedido en muchos casos. El vocablo *coche* mantiene su representación gráfica desde hace decenios, sus letras no se han modificado; pero ha evolucionado la representación mental que provoca (es decir, el significado). Hubo un tiempo en que los coches eran tirados por la potencia de los caballos, y hoy en día son caballos de potencia los que tiran de los coches. *Caballos, tirar, potencia...* vemos en esas palabras unas letras que también nombran ahora conceptos distintos de aquellos que llevaban a la mente de los seres humanos hace apenas unos decenios.

Prender o *encender* ya no significan en nuestra vida cotidiana iniciar un fuego, sino *conectar* un televisor o una lámpara. Lo mismo que *apagar* no obliga a echarles agua.

Cuando la realidad cambia, las mismas palabras que representaban la realidad anterior pasan a representar la siguiente. Si decimos *llave* en un ejercicio de laboratorio, pensaremos en un objeto de metal. Pero si pedimos la llave en el hotel esperamos que nos entreguen una tarjeta de plástico. En nada se parecen físicamente una y otra, sino sólo en que ambas sirven para abrir una puerta. El significante no se altera (sigue siendo *llave*) y, sin embargo, cambia la representación (el significado) que nos formamos en cada uno de los dos casos.

Lo apreciamos también al pensar en un término tan reciente como *mileurista*. Este vocablo apareció publicado por vez primera en español el año 2005, en una carta al director de *El País* escrita por la lectora Carolina Alguacil y titulada *Yo soy mileurista*. Se trataba de una carta de denuncia sobre las bajas retribuciones de los jóvenes españoles, que emplean más de un tercio de su sueldo en alquilar una vivienda (a menudo compartida con otros) y sobreviven a duras penas pese a su excelente preparación académica. Pues bien, sólo diez años después, como recuerda Milagros Pérez Oliva,[20] "la crisis ha convertido a los mileuristas en unos privilegiados". Los pobres mileuristas de otra época pasaron a despertar la envidia de quienes se encuentran peor que ellos.

Por tanto, es la realidad la que altera el valor de los significantes; la que cambia la percepción de las palabras. Y no al revés.

Así lo apreciamos en el caso de *mujer pública,* que antaño se refería a las prostitutas y hoy es aplicable con naturalidad y sin ofensa alguna a una diputada. Por ejemplo, la *Guía para un uso igualitario del lenguaje periodístico* editada por la Diputación de Málaga recoge este ejemplo tomado de la pregunta de un entrevistador: "Dígame algunos perfiles de mujeres públicas que le atraigan" (revista *Mujer de Hoy*, 4 al 10 de octubre de 1999).[21]

Una expresión como "se han acreditado 200 periodistas para la conferencia de prensa del presidente" puede, de igual manera, percibirse como sexista o no en función del contexto. De un contexto que sea sexista o no. Normalmente, en "200 periodistas" veremos a varones y mujeres, salvo que lo sexista sea la realidad.

---

[20] Pérez Oliva, Milagros, prólogo al libro de Estrella Montolío Durán (2019), *Tomar la palabra. Política, género y nuevas tecnologías en la comunicación*, Barcelona, Universitat de Barcelona, pág. 20.

[21] Algunos ejemplos más:

"Desde que empecé en esta lucha siempre dije que soy una mujer pública... he sido la cara de quienes no podían o no querían darla". Maria Antonia Pacheco, presidenta de Federación Andaluza de Endometriosis. En su Facebook. 8 de mayo de 2014 a las 6.30.

"Alguna vez me encuentro con los ministros, con dirigentes. Soy una mujer pública, por tanto mi relación tiene que ver con ese nivel". Marianela Paco, exministra de Evo Morales, en declaraciones al diario digital boliviano *EJU-TV.* 8 de diciembre de 2017.

"Soy una mujer pública, me es más fácil escribir y hablar con humor". Delia Giovanola de Ogando, abuela de un niño desaparecido en Argentina. Diario *La Capital,* Argentina. 11 de julio de 2016.

Cuando oímos "Congreso de los Diputados", el contexto nos hace saber que de esa institución forman parte hombres y mujeres; lo mismo que si se habla del "Estatuto de los Trabajadores" o de "la calidad de vida de los españoles". Desproveer de contexto a esas expresiones para analizarlas de forma aislada contribuye poco a lograr un buen juicio sobre ellas.

Y otro tanto sucede con "Consejo de Ministros", pues sabemos que en él se integran muchas ministras (en el caso de España, y en el momento de escribirse este libro, once mujeres y siete varones). Lo mismo que si nos referimos a "los profesores de la provincia", "los tenistas de este club", "los licenciados de la última promoción" o "los vecinos de mi barrio". El contexto (y los juicios de probabilidad) nos brindan una interpretación sobre el sexo de las personas aludidas.

Por eso una expresión como "han llegado tus huéspedes" puede enviar a la mente del receptor la idea de un grupo de mujeres exclusivamente, si conoce con anterioridad que se trata de sus primas. O de un grupo de hombres si le toca recibir a sus tíos varones. El contexto entra en el término *huéspedes* (que carece de género en esa oración) y lo modifica; convierte en preciso un vocablo ambiguo.

Por tanto, la información previa sabida por los hablantes y su conocimiento acerca del mundo consiguen que, aunque no se halle presente en una oración el significante femenino, se perciba con claridad la presencia de mujeres en esas expresiones. Salvo que las llevemos a un laboratorio y las aislemos de la realidad.

Por todo ello, creemos que se puede sostener que cuando la realidad cambie de verdad y se alcance la plena equiparación entre mujeres y hombres, los genéricos que hoy se sienten ocultadores del sexo femenino dejarán de percibirse como tales.

Es en la realidad donde debe actuarse, no en su reflejo. Si queremos vernos delgados y compramos un espejo que estiliza nuestra figura, habremos cambiado la representación de nuestra imagen, pero no la imagen misma. Si conseguimos adelgazar como deseamos, el espejo dejará de parecer importante. Porque la realidad cambia la imagen del espejo, no al revés.

La lengua no cambia la realidad. Eso sí, puede servir para que la realidad cambie. Y también tiene la capacidad de disfrazarla, esconderla; pero no de alterarla de inmediato por sus propios medios. Y, salvo que se dé una manipulación deliberada, la lengua tiende a representar fielmente la realidad. Con el masculino genérico entre sus elementos.

El contexto que interviene en la lectura y en la recepción y el entendimiento de los mensajes lingüísticos está formado tanto por las experiencias propias de cada uno de los interlocutores como por sus experiencias comunes. El especialista en programación neurolingüística Peter Young señala que, a medida que se despliega ante nosotros una narración, vamos evocando nuestra experiencia y extraemos de ella las imágenes adecuadas a las palabras que escuchamos. Comprendemos los elementos de la narrativa al incorporarlos en un patrón familiar.[22] El mensaje se inserta de ese modo en el pensamiento previo del receptor, con el recuerdo —a veces inconsciente— de las ocasiones en que se pronunció cada palabra, cada frase.

Pero también hace falta para el entendimiento de la realidad, y en un proceso cognitivo superior, imaginar los contextos en los que se desenvuelve el emisor del mensaje. Empezando por la época en que lo expresó.

EL FACTOR TIEMPO COMO CONTEXTO

Esa necesidad de participar de un contexto común se apreció con claridad cuando en 2018 una bienintencionada concursante de *Operación Triunfo* (TVE), llamada María, se negó a interpretar una canción del grupo Mecano, compuesta 30 años antes, en la que se incluía este pasaje: "Siempre los cariñitos me han parecido una mariconez". Llevada por el contexto actual, tan diferente del que amparó aquella composición, la cantante prefería sustituir esta última palabra por el vocablo *gilipollez*. Claro: es que eso significaba *mariconez* en el momento en que se lanzó la canción de Mecano.

El término *mariconez* estaba desprovisto entonces de cualquier carga negativa hacia la homosexualidad, y adquiría un valor cercano a *pejiguería, elemento prescindible* o *pequeñez*. Con el tiempo, la política del máximo respeto debido a los homosexuales (después de tanta discriminación y persecuciones como han sufrido, y en

---

[22]   Young, Peter (2002), *El nuevo paradigma de la PNL (Programación Neurolingüística). Metáforas y patrones para el cambio*, Barcelona, Urano, pág. 274.

justa actitud de reparación) convirtió esa palabra en sospechosa; pero no por el sentido que se le había dado antes, sino por cómo afloraba en la actualidad la etimología que en otro tiempo pasó inadvertida.

Con otras muchas canciones sucedió algo parecido. Los grupos de música tradicional que en los años setenta cantaban coplas picarescas para gran satisfacción del público lo hacían porque con ello combatían el puritanismo franquista y las prohibiciones de la dictadura. Las menciones explícitas o implícitas de cuestiones sexuales constituían una muestra de avance social, implicaban que se habían derruido las murallas del totalitarismo. Sin embargo, hoy en día esas agrupaciones musicales evitan aquellas letras de éxito porque ahora las consideran un ataque a la dignidad de las mujeres.

En los años setenta, implicaba complicidad progresista una vieja letra popular, impensable durante el franquismo, como ésta: "Es tanto lo que quiero yo a mi Bernarda, que si se vuelve burra me vuelvo albarda, sólo por ir encima de mi Bernarda". O esta otra: "Las mocitas de Hortigüela se han comprado una romana, para pesarse las tetas tres veces a la semana". En aquellos tiempos movían a la risa, a la participación contracultural, suponían molestar a la derecha y ridiculizar su visión religiosa de la vida. Esas letras se atrevían a mencionar o sugerir ideas que el franquismo consideraba pecaminosas. En definitiva, se trataba de llevar la contraria a lo establecido. Hoy vemos en ellas algunos reflejos machistas, y constituirían un escándalo para las personas que comparten, precisamente, las posiciones progresistas de quienes las cantaban entonces.

De hecho, el grupo Mecano (criticado de manera implícita por homofóbico en el caso de *mariconez*) había compuesto una de las más bellas canciones referidas a la homosexualidad *(Mujer contra mujer)*. ¿Cómo es posible ver intención antiprogresista en un grupo progresista? Pues por una simple razón: porque se prescinde del contexto.

Lo mismo pasa con las letras de otras canciones.

Por ejemplo, en *Yo soy aquél,* que Raphael cantaba en los años sesenta y aún mantiene en su repertorio, se decía, y se dice: "Yo soy aquel que cada noche te persigue"...

Millones de personas la han escuchado cientos de veces sin reparar en otra cosa que no fuera la obsesión enamorada del *yo* que canta eso (que ni siquiera ha de ser el mismo Raphael, pues éste actúa como mero intérprete); es decir, percibían solamente la emoción de alguien que persigue un sueño, una imagen, una idea de la persona a quien brinda su amor; en definitiva, una expresión metafórica de la pasión, sin que de tal formulación poética se esperasen mayores consecuencias. Quizá hoy se compondría de otro modo, no fuera a sospechar alguien que tal persecución implicaba procedimientos ilegales.

Hace ya un tiempo, Joaquín Sabina también recibió críticas por una canción en la que dice: "Y morirme contigo si te matas,/ y matarme contigo si te mueres./ Porque el amor cuando no muere mata,/ porque amores que matan nunca mueren".

Leída con nuestros ojos de hoy, hay quien puede apreciar rasgos machistas y violentos en ella. Pero eso sólo puede ocurrir a costa de prescindir de la intención poética del autor y de limitarse a la literalidad del mensaje para interpretarlo con las actuales varas de medir, que fijan la atención más en lo que el receptor hace decir a las palabras que escucha que en la intención que tuvo el emisor al proferirlas.

Eso nos lleva a deducir que no se han de observar los significantes de los mensajes (los vocablos en sí), a veces caprichosos, sino los sentidos que éstos pretendían comunicar en su momento; sobre todo si se conocen las intenciones de quienes se expresan.

Veo reflejados estos procesos en lo que cuenta María Milagros Rivera en el prólogo a la segunda edición de su brillante traducción del libro *El lenguaje y el lugar de la mujer*, de Robin Lakoff, al explicar los cambios introducidos en esa revisión: "Me ha sorprendido ver que no me molestaba nada entonces decir 'uno piensa' o 'uno escribe'. Este uso y otros parecidos los he corregido ahora".[23]

Del mismo modo, los masculinos genéricos que antes se sentían incluyentes de varones y mujeres están pasando a percibirse por algunas personas como exclusivos del varón, después de muchos años en los que eso no ocurría.

Ahora bien, los criterios de ahora no tienen por qué adquirir un valor universal, aplicable a cualquier lugar y tiempo: son simple-

---

[23]   Lakoff (1995), pág. 21.

mente los criterios actuales, que tarde o temprano se cambiarán por otros.

No pretendo con estos ejemplos expresar que los tiempos pasados fueran mejores, sino solamente explicar el fenómeno de los cambios de contexto cronológico que operan a su vez una transformación de las evocaciones activadas por determinadas palabras. Las sociedades se transforman, y por eso no se deben observar anacrónicamente sus actos, sino sincrónicamente. Debemos enmarcarlos en el contexto al que corresponden, y deducir así la intención verdadera y el significado que tenían entonces unas palabras determinadas.

Se hace difícil, por tanto, formular cualquier planteamiento sobre el uso social del lenguaje sin partir de alguna *teoría de los contextos*.

Una muestra de cómo el entorno o el ambiente llegan a alterar la percepción del mensaje se dio cuando el guardameta español del Oporto, Iker Casillas, sufrió un infarto en 2019. Como homenaje al portero internacional, *elpais.com* ofreció una recopilación de vídeos con sus mejores intervenciones, en un carrusel de imágenes de archivo titulado así: "Las paradas de Casillas". Teniendo en cuenta que el futbolista acababa de sufrir una parada cardiaca, la palabra *paradas* que presentaba aquel vídeo adquirió de repente, por el nuevo contexto, un sentido muy distinto para el receptor del mensaje. Parecía una irónica falta de respeto. De hecho, saltaron de inmediato las quejas de los lectores. Dos meses antes del infarto esto no habría sucedido.

En realidad, no puede haber comunicación eficaz sin contextos compartidos, por leves que resulten. Cuando el emisor se halla en un contexto y el receptor en otro, la comunicación flaquea. No puede entenderse cabalmente un mensaje si se prescinde del momento y la situación en que se emitió.

Y sin embargo abundan los ejemplos descontextualizados, sobre todo entre los que se suelen aportar con la intención de desvirtuar la eficacia de los masculinos genéricos. Desprovisto de contexto, o con un desenfoque artificial, todo masculino genérico se convierte en sospechoso, igual que *mariconez*.

ZONAS DE SOMBRA

La aplicación del lenguaje duplicativo presenta asimismo algunos problemas adicionales que en su conjunto vienen a persuadirnos de que la lengua no se deja alterar fácilmente. Sus cambios responden, por el contrario, a unas constantes vitales que suelen darse como condición inexorable para que la transformación se produzca a todos los efectos: la lentitud del proceso, el acuerdo general de los hablantes, su consagración en la literatura y en el uso esmerado... Y también contribuye a ellos que las nuevas formas sirvan para evitar la ambigüedad o las anfibologías (como sucedió en su día con el abandono de *siniestra*, de connotación negativa, para acoger el vasquismo *izquierda*), y que esas novedades funcionen correctamente al moverse por el resto del sistema (derivados, adición de prefijos o sufijos...).

Sin embargo, hoy por hoy el lenguaje duplicativo presenta zonas de sombra, señal a su vez de que su uso general se topa con dificultades para asentarse en el idioma y progresar por sus vericuetos.

En primer lugar, la duplicación obsesiva puede desatar un efecto opuesto a lo pretendido por sus impulsores. El exceso en los dobletes tiende a resultar contraproducente por agotador y artificial, y se corre el riesgo de que el receptor de los mensajes desconecte de su contenido.

Además, las soluciones que pretenden aumentar la presencia de significantes femeninos producen otros problemas de coherencia que repasaremos a continuación.

Todos y toda

Por ejemplo, el miembro varón de una banda de rock formada por cuatro instrumentistas y una cantante debería decir en sus comunicaciones en el grupo de WhatsApp del conjunto: "Hola a todos y a toda".

En condiciones normales, ese integrante varón del grupo rockero dirá "Hola a todos", sin más. Y la cantante estará incluida en la expresión, porque el contexto se presenta lo suficientemente fuerte como para deducirlo.

Del mismo modo, si los miembros de ese grupo musical se plantean desplazarse a la siguiente actuación en el mismo vehículo podrán decir "iremos juntos" con un masculino genérico, porque no les queda la opción de ir "juntos y junta".

Cuando ocurre al revés, y el grupo consta de cuatro mujeres y un hombre, se usará normalmente la forma natural "hola a todos", y se resolverá así la situación del mismo modo en que podemos hacerlo ante el dilema de tratar de tú o de usted a los integrantes de un grupo donde se juntan tres personas a las que tuteamos y una sola a la que ustedeamos. "Quisiera pedirles...".

Pero, en cualquier caso, la duplicación entra aquí en una zona de sombra que no se producía con el genérico masculino natural.

Femenino genérico singular

La voluntad de equilibrar con femeninos la abrumadora presencia de masculinos en función abarcadora de los dos géneros nos muestra igualmente zonas sombrías.

Al disertar sobre cualquier materia que nos obligue a mostrar ejemplos (reales o imaginarios), solemos acudir al masculino genérico en plural, pero también cabe plantearlo en singular. Cuando alguien habla sobre los problemas de la enseñanza puede afirmar, por ejemplo: "Un estudiante que aprueba no es necesariamente un buen estudiante". Y en esa oración el masculino singular "un estudiante" se entenderá (por el contexto) como abarcador de hombres y mujeres.

Pero si el ejemplo se expresase en femenino, para no insistir siempre en los prototipos genéricos masculinos, el mensaje alternativo reflejaría a su vez otras implicaturas. Por ejemplo, podríamos leer en un periódico esta oración escrita por alguien que desease huir del masculino genérico: *"Una estudiante* que aprueba no es necesariamente *una buena estudiante".* Pero entonces surgiría en el lector, quizá, una pregunta consecuente: ¿A qué viene esa particularización de las estudiantes? ¿Acaso sólo sucede eso con ellas y no con los varones?

En efecto, podrían levantarse contra el autor (o autora) sensatas sospechas de sexismo... por haber intentado evitarlo. Y podrían reclamársele explicaciones tras haberse referido sólo a las estudiantes, como si la afirmación no fuera válida también para los chicos.

Y si una pareja acaba de saber que ella se halla embarazada y desea anunciárselo a sus amigos, sus integrantes les dirán que están "esperando un hijo" si todavía desconocen su sexo, pero no podrían pasar ese genérico singular al femenino ("estamos esperando una hija"), porque entonces todos entenderían que ya saben con certeza que será una niña.[24] Hace muchos siglos que el español funciona así, y no se dejará cambiar con facilidad.

Desde luego, para esos casos de sombra se dispone de fórmulas genéricas neutrales, como el uso del epiceno en "estamos esperando una criatura"; o "estamos esperando descendencia".

Lo que se quiere mostrar aquí es que el femenino genérico no funcionaría igual que el masculino. Y que incorpora contraindicaciones.

Un ejemplo más, en este caso real. Joan Manuel Serrat compuso una canción titulada *Cada loco con su tema*, recogiendo un dicho popular que se refiere a las características y obsesiones propias de cada persona. Se trata de una locución que, según el *Diccionario* académico (en la entrada *loco*), se usa "para comentar la excesiva insistencia de alguien sobre algo". Por supuesto, el masculino *loco* engloba como genérico a cualquier ser humano. Pero su conversión al femenino puede implicar consecuencias diferentes.

En agosto de 2019, se armó una polémica en Venezuela porque el político Henrique Capriles respondió así tras ser preguntado acerca de unas palabras de su rival María Corina Machado:[25] "Cada loca con su tema". De inmediato, el exalcalde Antonio Ledezma le instó a pedir disculpas por haber llamado "loca" a Machado. ¿Lo hizo realmente? Parece claro que si hubiera mantenido el masculino genérico singular no habría desatado duda alguna. Y, por tanto, el femenino *loca* se convertía en relevante... y dotado de significado específico.

---

[24]　Adapto este ejemplo a partir de una reflexión del profesor José Antonio Martínez, catedrático de la Universidad de Oviedo, disponible en Internet y correspondiente a su lección inaugural del Curso 2006-2007: <http://www.pensamientocritico. org/josmar1106.html>.

[25]　<https://www.eltiempo.com/mundo/venezuela/cada-loca-con-su-tema-henrique-capriles-a-maria-corina-machado-398520>.

Unir o separar

La sobrepresencia del femenino en las duplicaciones ofrece otra vertiente de dificultades de comunicación: cuando el masculino y el femenino se pueden entender como desiguales entre sí.

Una conferencia titulada *Los derechos de los españoles y de las españolas* no ofrecería las mismas implicaturas que la denominada *Los derechos de los argelinos y de las argelinas*. En el primer caso, hablamos de los mismos derechos para hombres y mujeres, y se supone que sobre eso versará la conferencia: tal vez los derechos de los españoles (y españolas) en cotejo con los de otras sociedades; pero en el segundo caso (merced a la fuerza del contexto y de aquello que los interlocutores saben sobre el mundo), el enunciado nos estaría señalando las diferencias entre los mayores derechos de los argelinos varones respecto de las argelinas, no la igualdad entre ellos.

Así pues, una misma estructura sintáctica da resultados distintos. ¿Por qué? Por culpa de la realidad. Es decir, por culpa del contexto. Y por eso conviene cambiar la realidad (los contextos) para que con esa transformación cambien inmediatamente los significados de las palabras.

Estamos aquí ante una muestra más de que la gramática, como obra colectiva que es, no se deja dominar tan fácilmente por la voluntad de un individuo en concreto, por muy justas que consideren las duplicaciones.

(Y en el párrafo anterior hemos utilizado *individuo* como genérico. De haber elegido *individua* para evitar ese efecto y dar visibilidad a la mujer, la interpretación pragmática habría convertido nuevamente el aserto en sospechoso de machismo).

Estos fallos de las duplicaciones (debidos a que nos hallamos ante fórmulas nuevas que no han recibido la sanción favorable de los hablantes y de los años, y que por tanto muestran eventuales desajustes) afloraron también en una frase del líder socialista español Pedro Sánchez cuando dijo varias veces en 2017: "Hay que evitar una fractura interna entre catalanes y catalanas".

Obviamente, pretendía huir del masculino genérico y a la vez expresar que se debe impedir un enfrentamiento interno en la sociedad catalana, entre unos catalanes independentistas y otros catalanes partidarios de que esa comunidad se mantenga como territorio español. Pero expresó una duplicación que no se halla asentada en el sistema de la lengua salvo para deshacer ambigüedades y para determinados casos que suelen coincidir con el inicio de un discurso (damas y caballeros, señoras y señores). Y por ello el significado de sus palabras se alejaba de su intención al expresarlas.

Cuando el sustantivo actúa como genérico ("impedir el enfrentamiento entre catalanes", "evitar una fractura entre catalanes"), significa que no se deben producir divisiones y oposición social entre los habitantes de esa comunidad, tanto varones como mujeres. Sin embargo, "enfrentamiento entre catalanes y catalanas" significa que los varones se sitúan en una de las partes enfrentadas, y las catalanas en la otra. Es decir, significa "hay que evitar la división entre los varones y las mujeres de Cataluña", como si la fractura que sufre la comunidad catalana se debiese a una cuestión de sexos.

Según vamos viendo, el armazón del lenguaje está tan conseguido que cualquier vulneración puede convertirse en significativa de una idea imprevista. Y no hay que olvidar que la gramática no dice cómo se debe hablar, sino cómo se habla; y que los gramáticos no crean las reglas, sino que las deducen.

Duplicaciones selectivas

Otro efecto imprevisto en las duplicaciones consiste en que éstas se van haciendo muy selectivas en el lenguaje público. Y corren el riesgo de que se produzca una discriminación cuando se intenta evitar otra.

Porque se suele decir en la *lengua cultivada* de la política "los ciudadanos y las ciudadanas", "los militantes y las militantes", "los magistrados y las magistradas"... Pero rarísima vez "los poderosos y las poderosas", "los empresarios y las empresarias", "los corruptos y las corruptas", "los ladrones y las ladronas", "los imbéciles y las imbéciles".

Así, se defienden "los derechos de los trabajadores y las trabajadoras", pero no se proclama que "hay que subir los impuestos a los empresarios y a las empresarias", o "a los ricos y a las ricas", o que "estamos contra los poderosos y las poderosas"... Ni tampoco se oye "debemos detener a quienes sean los asesinos o las asesinas".

El pálpito de la duplicación llega, pues, en los momentos en que se va a referir un sustantivo prestigioso o al menos neutral, pero no cuando se deben mencionar nombres comunes que el hablante interpreta como peyorativos o que lo son objetivamente.

La supuesta búsqueda de la visibilidad femenina se da entonces cuando el cañón de luz ilumina los méritos sociales, no cuando el foco destaca las miserias humanas.

Así lo percibimos continuamente en el discurso político. Pero también entenderíamos asimétrico que los autores que por lo regular no eligen la duplicación acudan a ella cuando se trata de usar términos despectivos (*golfos y golfas, analfabeto* o *analfabeta*). Eulàlia Lledó ha denunciado esa práctica, con distintos ejemplos reales de artículos de prensa, en su libro *Cambio lingüístico y prensa.*[26]

Argumentos inversos

Las asimetrías se pueden conjeturar también como perjudiciales para el varón en determinados casos de uso del masculino genérico. Esos supuestos (que planteamos aquí a efectos dialécticos, y por tanto sin defenderlos) darían pie a que unas supuestas (y absurdas) organizaciones masculinistas presentaran argumentos (o falacias) para culpar al lenguaje. Es decir, podrían plantear sus propios relojes de Geulincx.

Tal visión desenfocada daría lugar a hipotéticas razones como éstas (que serían en realidad unas cuantas sinrazones):

1. La percepción del masculino genérico como indebido abarcador de hombres y mujeres impide en la práctica plantearse si también se da con él una *invisibilidad* de los varones en ciertos casos. La circunstancia de que un mismo significante sirva para el genérico masculino y también para el masculino específico (del mismo modo que el significante *día* abarca el significado del día y de la noche) priva a los hombres de un género propio e individualizado como sí tienen las mujeres. Los hombres deben compartir su género, pero las mujeres no.

---

[26] Lledó Cunill (2012), pág. 181.

Veamos este ejemplo que recogen las investigadoras feministas del lenguaje Aguas Vivas Catalá y Enriqueta García Pascual, según el cual John Major era (en un texto tomado de *El País* del 15 de diciembre de 1990) "el primer representante varón del Reino Unido en una cumbre comunitaria desde hace 11 años".[27]

El término *varón* hace falta ahí porque el masculino no se basta a sí mismo para identificar a un hombre si el contexto implica que se incluye a mujeres (como sucedía claramente en ese caso, pues en aquellas fechas era de general conocimiento que Margaret Thatcher había precedido a Major).

Si en esa noticia se suprimiera el término *varón*, Major quedaría como "el primer representante del Reino Unido en una cumbre comunitaria desde hace 11 años", lo que resultaría falso (pues no era la primera vez que el Reino Unido estaba representado ahí). Así pues, la necesidad de añadir *varón* demuestra que el genérico masculino incluye objetivamente a las mujeres.

Supongamos a continuación que los papeles se hubiesen invertido, y que Thatcher hubiera sucedido a Major en esa representación. En tal caso, no se habría construido la oración de forma simétrica; es decir, no se habría escrito que Margaret Thatcher es "la primera representante mujer del Reino Unido en una cumbre comunitaria desde hace 11 años". Porque entonces el vocablo "mujer" resultaría innecesario para la comprensión objetiva del mensaje, y se habría incurrido en pleonasmo, pues el femenino "la primera representante" sí se basta a sí mismo para nombrar a una mujer.

Con ello, la sinrazón masculinista podría argumentar que en el genérico no se da tanto una apropiación del conjunto por parte de los varones como una invasión del género masculino por parte de las mujeres. Que es más o menos lo que ocurrió en el indoeuropeo, como vimos al principio.

Así ocurre en una oración como ésta: "Frida Khalo es el más cotizado artista latinoamericano".[28] Aquí una mujer invade el mascu-

---

[27] Catalá Gonzálvez, Aguas Vivas, y García Pascual, Enriqueta (1995), *Ideología sexista y lenguaje*, Barcelona, Galàxia y Octaedro, pág. 30.

[28] Tomo este ejemplo de la obra de Catalá Gonzálvez y García Pascual (1995), pág. 20. El texto sobre Frida Khalo se publicó en *El País* el 10 de septiembre de 1991.

lino genérico ("el más cotizado artista"), para sobreponer su género femenino a todos los masculinos posibles que haya en aquél. Por el contrario, la oración simétrica "Diego Rivera es el más cotizado artista latinoamericano" nos dejaría sin saber si la colectividad a la que se sobrepone incluye sólo a los hombres o también a las mujeres. (Por tanto, habría que decir en su caso "Diego Rivera es el más cotizado artista varón latinoamericano...", lo que demuestra insuficiente, de nuevo, el masculino específico).

2. Por otro lado, se supone que el genérico masculino excluye a las mujeres de las acciones meliorativas (aquellas en las que se suele pretender la visibilidad), pero también de las peyorativas. Veamos esta afirmación: "Han entrado unos ladrones y se lo llevaron todo". Siguiendo las teorías del feminismo lingüístico, con esa afirmación se excluye la posibilidad de unas ladronas; a pesar de que se desconoce la autoría del latrocinio.

Una noticia de *El País* que recogen Catalá y García Pascual se titula así: "Un loco sin escrúpulos envenena a 100 palomas". Desde una perspectiva masculinista (insistimos, todo esto se expone solamente a efectos dialécticos), bien se podría protestar por la posibilidad de que el envenenamiento se entendiera como obra de un varón, porque también pudo cometerlo una mujer.

Un sistema lingüístico construido para beneficiar a los hombres habría impedido eso. Y en una hipotética situación de inferioridad social masculina, esta circunstancia gramatical habría podido usarse para reforzar (absurdamente) sus reivindicaciones.

Por tanto, el masculino genérico hace sospechosos a los varones en caso de duda. Pero se trata de un simple funcionamiento gramatical, como muestra esta frase que dice Isaac, un personaje de la serie *El secreto de Puente Viejo*, en el capítulo 2108, emitido el 27 de junio de 2019: "Creo que sé quién es el culpable. Ha sido Antolina".

Así pues, en caso de duda el masculino asume todo. Lo bueno y lo malo. Si el idioma hubiera sido organizado de una forma machista y patriarcal, este detalle no se les habría escapado a sus perpetradores.

LA SUPUESTA INVISIBILIDAD

El motivo que se suele aducir para la insistencia en las duplicaciones consiste en una supuesta invisibilidad de la mujer. Y una vez más, se acude a frases de laboratorio (ajenas a todo contexto: prescindiendo de las situaciones que se dan en la vida real) para defender la imaginaria ocultación, debida a que en tales ejemplos se aprecia con claridad la ausencia de una palabra concreta en femenino. Ahora bien, ello no implica que en el contexto no se reconstruya esa supresión. Es decir, la ocultación no se produce en el plano del significado, sino sólo en el del significante.

Pero el significante importa poco en este aspecto. Lo que a fin de cuentas adquiere trascendencia en la comunicación es la idea que se transmite.

La lengua española está llena de engranajes como el del masculino genérico, en los cuales el significado concreto que se comunica en el mensaje va más allá de la definición de cada una de las palabras emitidas, para constituirse en un sentido fácil de deducir gracias al contexto y al uso consolidado.

Repasaremos algunos de esos mecanismos para explicar el juego de visibilidades en el significado y el sentido que se manifiestan a pesar de la ausencia concreta que se dé en los significantes. Lo que intentamos demostrar a continuación es que la proyección del masculino sobre el femenino opera con la misma fórmula psicolingüística que la proyección del singular sobre el plural, la del plural sobre el singular, la parte sobre el todo, el significado sobre el sentido…

El significante no silencia el significado

El significante *árbol* (es decir, la palabra *árbol* pronunciada o escrita) nos hace pensar en la imagen (el significado) de una planta de cierta altura, con un tronco y unas ramas, tal vez también con unas frondosas hojas verdes.

Al leer o escuchar el término *árbol*, cada destinatario recreará en su mente la idea que le resulte más próxima, más reciente o más familiar de un árbol. Unos pueden idear un roble; otros, un pino;

los de más allá, una secuoya. Eso dependerá, una vez más, del contexto de cada cual, del ambiente (o lugar) en el que viva.

Cuando se pronuncia el significante *árbol* no se expresan *rama*, *raíz*, *tronco*, *corteza* y *hojas*; sin embargo, tales conceptos vienen a nuestra mente en el significado cuando oímos o leemos esa palabra *árbol*. La ideación activada por el significante incluye esos elementos porque están en nuestra memoria de un árbol. Por tanto, el significante son unas letras o unos sonidos. Y el significado es la idea que tenemos a partir de ese signo. Las ramas y las raíces no están en el significante, pero sí en el significado. No podríamos asegurar que quedan invisibilizadas.

Lo mismo sucede con expresiones como *Estatuto de los Trabajadores* o *Congreso de los Diputados*, según señalábamos más arriba. Los significantes femeninos *trabajadoras* y *diputadas* no se hallan presentes ahí, pero sí se activan sus significados. Porque, igual que al oír árbol pensamos en sus ramas, conocemos que la legislación laboral afecta del mismo modo a las trabajadoras y que en los escaños se sientan también las diputadas, aunque ni unas ni otras se mencionen. Los contextos compartidos completan, pues, los significados que son activados por los significantes.

Por todo ello, no hay que identificar ausencia con invisibilidad. Es decir, no se debe confundir "ausencia del género femenino" en el significante con "invisibilidad de las mujeres" en el significado.

El significado no silencia el sentido

Una segunda diferencia imprescindible nos lleva a distinguir entre significado y sentido. A menudo, usamos ambas palabras como sinónimas. Pero podemos delimitar matices.

Pensemos en el significado de una expresión como "¿Me puede decir por dónde se va a la plaza Mayor?" cuando la plantea un paseante despistado o perdido a un transeúnte con el que se cruza. La persona abordada puede responderle "Lo siento, no soy de aquí". El significado de esta contestación nos informa de que esa persona no vive en la ciudad, pero con ello no da razón exacta de si le puede indicar el camino, que es lo que se le había preguntado. Eso sí, quien preguntó lo deducirá enseguida porque quien no vive en un lugar no suele conocer sus calles y vericuetos. El *significado* es, por tanto, "no soy de aquí"; pero el *sentido* dice "no sé por dónde se va". Para llegar a éste, el forastero perdido hará el siguiente razonamiento: "Como no vive aquí, no conoce la ciudad, y por tanto no puede decirme por dónde se va a la plaza Mayor".

Si salgo de casa y le digo a mi hermano "Mira la sopa", y al regresar me encuentro el caldo rebosando la olla sobre el fuego y a mi hermano observando la acción atentamente, está claro que sólo entendió el significado de lo que dije, pero no su sentido[29].

Parece evidente, pues, la distinta especialización entre *significado* y *sentido*, por un lado, y *significante* y *significado* por otro. Es posible establecer incluso una gradación entre esos términos: el significante puede comunicar un significado, que a su vez puede comunicar un sentido. Por tanto, cabe entender aquí el sentido como "el significado más el contexto".

El significado es el contenido de cada palabra (el concepto o función que se vincula a cada significante); y un conjunto de significados forma un sentido. Pero éste puede ser —suele ser— superior a la suma de todos los significados. Como hemos visto, el significado de las palabras *no, soy, de* y *aquí* ("no soy de aquí") adquiere el sentido de "no sé por dónde se va" que nos viene proporcionado por el contexto.

Para que ello resulte posible, hace falta que el interlocutor aporte una interpretación de lo que se ha dicho… y, sobre todo, que perciba lo que no se ha expresado.[30]

El *Diccionario* de las Academias da como sinónimos *significado* y *sentido*, pero Alfredo Fierro, profesor de Psicología en la Universidad de Málaga, escribía: "El efecto de sentido se produce porque la palabra humana no reside o permanece estática en sí misma; antes bien, sale de sí, en movimiento o éxtasis, hacia otras realidades asimismo humanas […]. En esos mismos movimientos yace la posible significación del silencio", porque el silencio remite "a contenidos y procesos mentales que la palabra no es capaz de tomar a su cargo".[31]

[29]   Williams, Bernard (2006), *Verdad y veracidad*, Barcelona, Ensayo Tusquets, pág. 104.
[30]   Muchas de las cuestiones que se tratan a lo largo de este capítulo las desarrollo de forma más exhaustiva en el libro *La información del silencio* (2012), Madrid, Taurus.
[31]   Fierro Bardají, Alfredo (1992), "La conducta del silencio", en Carlos Castilla del Pino (ed.), *El silencio* (1992), Madrid, Alianza, págs. 51 y 55.

El filólogo y traductor español Valentín García Yebra se preguntaba por su parte qué es el sentido de un texto, y respondía: "Lo que el texto quiere decir, aunque esto no coincida con las designaciones ni con los significados".[32]

Podemos llevar esto a la práctica con ejemplos relativos a refranes, porque en ellos el hablante que disponga de una competencia mínima en el idioma deduce con facilidad una intención.

Un traductor del alemán al español puede encontrarse con el refrán "Das pfeifen die Spatzen von den Dächern". El significado exacto de cada palabra es "eso lo silban los gorriones desde los tejados". Pero llevar todos esos términos al texto en castellano no iluminaría mucho a los lectores. "No tiene sentido", nos podríamos decir, precisamente. El significado exacto no comunicaría apenas nada; pero sí el sentido exacto: "Eso es un secreto a voces".

Los significantes y los significados serían diferentes en cada uno de los dos idiomas, pero coincidiría el sentido.

Lo mismo sucedería en inglés con "Two heads are better than one" ("Dos cabezas son mejor que una"), que indudablemente traduciríamos como "Cuatro ojos ven más que dos".

Por tanto, caemos en un error de interpretación al aislar las palabras, una a una, y radiografiar sus significados como si fueran microbios. Porque un microbio aislado en un tubo de ensayo no alcanza ningún efecto. Sólo consigue algo si actúa en sociedad. Igual que las palabras. No se pueden analizar vocablos, frases o discursos si los aislamos de su contexto. Sólo actúan en contexto.

Siguiendo la exposición del académico Salvador Gutiérrez Ordóñez, diremos que los significados forman parte de una información codificada (podemos hallarla en el *Diccionario*), pero el sentido forma parte de lo no codificado: lo que se deduce con facilidad aunque no está en el *Diccionario*.[33]

---

[32] García Yebra, Valentín (2006), *Experiencias de un traductor*, Madrid, Gredos, pág. 15.
[33] Gutiérrez Ordóñez, Salvador (2002), *De pragmática y semántica*, Madrid, Arco Libros, pág. 32.

Como han escrito Luisa Santamaría y María Jesús Casals, "hay dos niveles de lenguaje: el que se exhibe y el que subyace. Está lo que se dice y paralelamente lo que se quiere decir".[34]

Jacques Derrida lo indicaba también: "La palabra es un cuerpo que necesita una intención que le dé alma y la traslade del estado de sonoridad inerte al estado de cuerpo animado, que sólo se expresa por el acto de un *querer decir* que lo transforma en carne espiritual".[35]

Por todo ello, al analizar el significado de un vocablo, un sintagma o una oración conviene observar a la vez su sentido.

Veamos. La palabra *copa* se vincula a bote pronto en una conversación familiar con la idea de un recipiente dotado de un pie y generalmente de cristal, que sirve para beber de él; pero se relacionará con un trofeo en la conversación entre futbolistas, o con la parte superior de un árbol si habla un grupo de ingenieros forestales. El contexto de cada caso influye en el sentido que activa el significante en nuestra mente. Ahora bien, la palabra *copa* aislada en un papel conducirá difícilmente a pensar en un árbol o en un trofeo, porque el contexto más habitual nos hará elegir la primera opción: el recipiente de cristal. En ausencia de un contexto concreto, acudimos al más habitual para cada uno.

Al oír la expresión *los ciudadanos*, tenemos la opción de pensar en hombres y mujeres o solamente en hombres. Pero esa decisión no se puede adoptar ante un ejemplo aislado, sino con el sintagma situado en un lugar y una situación concretas, que es como usamos las palabras. Y el fenómeno de la visibilidad o invisibilidad se da por tanto en el juego de contextos, no en la expresión en sí misma.

Los ejemplos que se suelen aportar contra el masculino genérico adquieren cierto valor de prueba ante quien los lee porque se presentan, como decíamos, en una probeta, carentes de todo contexto. Y sin contexto no hay comunicación precisa. El contexto llena de significado las palabras. Incluidos los masculinos genéricos cuando se llenan de mujeres.

---

[34] Santamaría, Luisa, y Casals, María Jesús (2000), *La opinión periodística. Argumentos y géneros para la persuasión*, Madrid, Fragua, pág. 110.

[35] Derrida, Jacques (2010), *La Voix et le Phénomène*, París, Quadrige-Presses Universitaires de France (PUF), pág. 91. Traducción del autor. [Hay traducción al castellano: *La voz y el fenómeno* (1993), Valencia, Pre-Textos, trad. de Patricio Peñalver].

El singular no silencia el plural

Dentro de ese sistema de proyecciones que pone en funcionamiento el idioma, otro de los fenómenos similares al del masculino genérico nos lo brinda el singular que representa al plural.

Por ejemplo, el singular representa al plural del mismo modo que el masculino representa al femenino. Si hablamos de que "este año se ha dado mal la patata en mi pueblo",[36] el significante *la patata* se expresa en singular, pero la representación mental nos hace imaginar una pluralidad de patatas, porque resultaría poco verosímil sembrar una sola.

Lo mismo sucedería con "los problemas de la mujer" (pues no se refieren solamente a una de ellas) o con "el jubilado necesita más atención que el joven" (pues tanto uno como otro representan a sus respectivas colectividades).

El plural no silencia el singular

De igual modo que el singular ha adquirido la capacidad de expresar el plural y que el masculino puede contener un femenino, un objeto singular puede expresarse en plural.

Decimos "pásame las gafas" para referirnos a un solo objeto; "estoy hasta las narices", cuando solamente olemos por una; o "me compré unos pantalones", sin necesidad de que el gasto ascendiera a más de una prenda. Otro tanto sucede con *prismáticos, tenazas, tijeras* y más objetos que cualquier hablante identifica de inmediato como singulares, y que incluso en algunos casos disponen de esa opción, expresada con el artículo correspondiente: *la nariz, la tijera, el pantalón...*

La parte no silencia el todo

También sabemos que el planeta que habitamos está constituido por una gran parte de agua y otra de tierra, pero al denominarlo "la

---

[36]   "La papa" en casi todo el ámbito del idioma español, exceptuada la mayor parte de la península Ibérica.

Tierra" no se invisibiliza el agua. Simplemente, ésta sólo se halla ausente en el significante; y aparece con claridad en el significado.

Victoria Escandell, una de los grandes especialistas españoles en pragmática, compara el caso del genérico masculino con ejemplos como *noche* y *día*.[37] Es decir, hablamos de lo que los filólogos llaman "automerónimos".

Cuando decimos que alguien "tardó seis días en llegar", en ese periodo se sucedieron la noche y el día durante seis fechas. El término *noches* no ha figurado en el significante, *días*, pero esa idea no está ausente de lo que se entiende al oír "seis días". Así pues, *día* engloba *noche* y *día*, del mismo modo que "los trabajadores de la empresa" engloba a los trabajadores y a las trabajadoras. *Día* se opone a *noche*, pero también la contiene; igual que una palabra que concuerda en masculino (un genérico) puede oponerse al femenino y a la vez contenerlo.

El idioma ofrece otras posibilidades similares, que las personas competentes en una lengua (en nuestro caso, millones de hablantes de todos los estratos culturales) manejan sin dificultad alguna cuando los términos se hallan asentados y se interpretan automáticamente sus sentidos según el contexto.

Por tanto, una palabra puede abarcar a su opuesta conjuntamente o sólo a sí misma por separado. El contexto lo descifra con facilidad. Igual que en el genérico masculino.

La materia no silencia el objeto

Lo mismo sucedería en las figuras retóricas denominadas "sinécdoques" y "metonimias". En ellas se expresa también un significante parcial que permite reconstruir un significado total.

Si un futbolista anuncia que defenderá con ahínco "la camiseta del equipo", entendemos que no se refiere a la tela con la que está fabricada, sino a lo que esa prenda representa. Y si promete ser fiel a "los colores del club", comprenderemos que su pundonor no tendrá límites incluso si juega con la equipación suplente.

---

[37] Escandell (2018).

Y otro tanto ocurre con una oración como "Tiene mucha afición al jarro" (ante la cual nadie imagina que la persona aludida experimente tal inclinación por un recipiente en concreto).

Por tanto, y en resumen, el idioma nos ha entrenado para completar los sentidos a partir de significados insuficientes; y no solemos ver elementos discriminatorios en esa manera de funcionamiento.

LO QUE NO SE NOMBRA SÍ EXISTE

Una de las frases recurrentes de quienes defienden el lenguaje inclusivo (o duplicativo) señala que "Lo que no se nombra no existe", cita atribuida a menudo al ensayista francoestadounidense George Steiner[38] y reconducida ahora hacia el lenguaje no sexista.[39]

¿Es cierto que no existe lo que no se nombra? La respuesta es "depende".

Las trampas de lenguaje mediante la omisión de palabras o de ideas se conocen (y se ejecutan) desde hace mucho tiempo. Algunas de ellas, por supuesto, pretenden ocultar algo por el hecho de no mencionarlo. Pero en otras ocasiones lo que no se nombra queda disponible para el receptor del mensaje, y a ello contribuyen, paradójicamente, los vocablos que sí se han usado. Digamos que en ese caso aquello que se ha dicho empuja a recibir con toda nitidez lo que no se ha dicho.

Englobaremos en tres clases los supuestos de silenciación de palabras o de ideas:

1. La ocultación eufemística.

2. La ocultación mentirosa.

3. La ocultación deducible.

La afirmación "lo que no se nombra no existe" es verdadera en la segunda posibilidad y parcialmente en la primera; pero no así en la tercera.

---

[38] No he logrado encontrar la cita con obra y año. A veces también se ha atribuido a Wittgeinstein y Foucault, igualmente de forma imprecisa.

[39] La *Guía* de la Universidad del País Vasco abunda en esa idea: "Cuando hablamos en masculino, tendemos a pensar en masculino, y viceversa: hablar en masculino contribuye a alimentar los imaginarios en masculino". Fernández Casete, June, y otros (2018), *Uso inclusivo del castellano*, Bilbao, Universidad del País Vasco, pág. 13.

La ocultación eufemística

Divido los eufemismos en dos tipos: los de significante y los de significado. En los de significante se cambia simplemente una palabra por otra. Si decimos "Le dio una patada en el trasero", se evita la voz considerada malsonante *culo*. Pero no por ello se altera la imagen que el receptor del mensaje se hace del hecho narrado. Sabe que el trasero es el culo, y en su mente se representa con claridad dónde le dieron la patada. En cambio, si en vez de "Subirán los impuestos" se anuncia "Vamos a acometer una reforma fiscal", en ese caso el eufemismo "reforma fiscal" cambia el significado porque una reforma fiscal no equivale exactamente a una subida de impuestos. Digamos que no se trata del mismo culo. Por tanto, con este segundo supuesto no se pretende evitar una palabra tenida por fea, sino un concepto tenido por feo. Lo mismo sucede, ya fuera de la política, si en vez de "películas pornográficas" se habla de "películas para adultos". Tanto esta opción como "reforma fiscal" abarcan un campo mayor que las expresiones ocultadas, pues hay películas para adultos (es decir, vedadas a los niños) que no son pornográficas. Con ello se desvía el significado que se percibe: no vamos a ver una proyección que muchos considerarán inmoral, o al menos vergonzante, sino simplemente una película *no apta para menores* (cuando se trata de una película pornográfica).

Ahora bien, los eufemismos están llamados siempre al cambio continuo. En un principio sí pueden lograr que no exista lo que no se nombra, y quizá el desavisado contribuyente no perciba al oír "reforma fiscal" que le van a subir los impuestos, sino tal vez que los van a reordenar, a reorganizar, a cambiar los plazos… Pero ese truco no durará mucho.

Las manipulaciones mediante eufemismos o suplantación de términos como las que hemos citado surten efecto si el receptor del mensaje no activa la palabra o el concepto que se pretenden ocultar. Y cuando sí lo hace y se da cuenta por tanto de que unos vocablos ocupan indebidamente el lugar que corresponde a otros, la maniobra salta por los aires y se vuelve contra quien la urdió. En ese momento, el concepto *omitido* se convierte en concepto *emitido*, y por lo tanto en concepto que aflora. Por eso en los eufemismos se da el *efecto dominó* que describió Dwight Bolinger.[40] Unos son sustituidos y desplazados sucesivamente por otros, pues con el tiempo dejan de esconder lo que evitaban nombrar. Y pasan a nombrarlo directamente. Desaparece así el principio de "Lo que no se nombra no existe", porque los eufemismos de significado acaban resultando ineficaces. Y una buena parte de ellos se transforma entonces en eufemismo de significante, que sí nombra lo que en otro tiempo ocultó.

Baste recordar que la palabra *puta* (en latín, *putta*) fue hace siglos un eufemismo, que desplazó a *mujer pública*.[41] De tal forma, su significado original de "niña" o "muchacha" desapareció para contaminarse con el que pretendía reemplazar. Los *países subdesarrollados* (eufemismo en su día de "países pobres") se convirtieron luego en *países del Tercer Mundo* o *tercermundistas*, hasta que eso se consideró un insulto. Así que pasaron a llamarse *países en vías de desarrollo*, locución que se empieza sustituir ahora por *países emergentes*. El vocablo *viejos* dejó su sitio a *ancianos*, que a su vez se volvió negativo. Llegó entonces *personas de la tercera edad*, que se bate en retirada en favor de *personas mayores*. Los *mongólicos* recibieron con esa palabra una designación descriptiva, incluso cariñosa, que se tornó perversa. Surgió entonces *subnormales*. Años más tarde se debió sustituir en el lenguaje políticamente correcto por *retrasados* o por *deficientes*, luego por *insuficientes mentales* o *discapacitados psíquicos*, y finalmente por *persona con síndrome de Down* o, ahora, *un Down*. Los *tullidos* y *lisiados* se denominarían con el tiempo *inválidos*, pero el *efecto dominó* aportó *minusválidos*, y luego *disminuidos* y más tarde *discapacitados*, para terminar en *personas con discapacidad* y otras fórmulas.

Los eufemismos de significante construidos con palabras suaves o metafóricas que han venido nombrando a los órganos sexuales (*nabo, almeja, concha…*) se han ido contaminando también con el

---

[40]   Bolinger, Dwight (1980), *Language. The Loaded Weapon*, Nueva York, Longman, pág. 74.
[41]   Casas Gómez, Miguel (1986), *La interdicción lingüística*, Cádiz, Universidad de Cádiz, págs. 65 y 222.

concepto ocultado, que acaba aflorando con fuerza y se apodera del eufemismo hasta destruirlo como tal.[42]

Por todo ello, la afirmación "Lo que no se nombra no existe" nos parece sólo parcialmente cierta en el caso de los eufemismos, y siempre con fecha de caducidad.

La ocultación mentirosa

En este segundo apartado encuadramos las omisiones deliberadas de información relevante que incumplen las *máximas de Grice* basadas en el *principio de cooperación* entre los interlocutores. Por no extendernos y abrir una rama excesivamente larga en la argumentación, diremos que las máximas formuladas en 1975 por el filósofo británico Herbert Paul Grice (1913-1988)[43] se resumen en que una conversación leal, basada en el propósito de los interlocutores de cooperar entre sí, no puede suprimir los datos relevantes de lo que se trata, ni ofrecer como relevantes aquellos que no lo son.

Con todo ello, la afirmación "Lo que no se nombra no existe" sí puede responder a la realidad cuando la referimos a un escenario en el que no se respeta la obligación de la relevancia: es decir, cuando deliberadamente se ocultan datos importantes. De esa forma, se engaña al interlocutor.

Si contamos a un amigo "Eustaquio sufrió ayer un accidente y se rompió la clavícula", nuestro interlocutor entenderá que eso es lo más grave que le pasó a Eustaquio. Si además Eustaquio murió en el accidente, habremos engañado al amigo sin decirle un solo

---

[42] Y en este asunto actúa también lo que mencionábamos anteriormente: no se puede juzgar el uso de un término sin considerar el ambiente en que eso sucedía. Ahora la palabra *subnormal* se entiende inadecuada, pero hace 40 años las propias asociaciones que defendían los derechos de estas personas usaban ese vocablo para definirse: "Asociación de Familiares de Niños y Adultos Subnormales" (Afanias), "Asociación de Padres y Niños y Adultos Subnormales" (Aspanias).

[43] Grice, H. Paul (1975), "Logic and Conversation", en Peter Cole y Jerry L. Morgan (eds.), *Syntax and Semantics. Speech Acts*, vol. 3, Cambridge (Massachusetts), Academic Press. [Hay traducción al castellano: "Lógica y conversación", en *La búsqueda del significado* (2005), Madrid, Tecnos, traducción y compendio de Luis M. Valdés Villanueva].

dato falso, y desataremos su desconfianza futura en nuestra cooperación al hablar. En ese supuesto, sí, lo que no se había nombrado no existió para quien nos escuchaba…, hasta que conoció la
realidad por otras fuentes.

Entendemos que esta aplicación de "Lo que no se nombra no
existe" no guarda ni puede guardar ninguna relación con los supuestos en que se produce una conversación leal que sí cumple el
principio de cooperación formulado por Grice.

La ocultación deducible: el juego de las implicaturas

Frente a esas dos ocultaciones tramposas (el eufemismo y la falta
de cooperación con el interlocutor), existe una tercera que nace de
la sinceridad y del uso natural de los mecanismos de comunicación
de la lengua; en la cual se ocultan realmente significantes, pero
éstos se recuperan por el lado del significado y del sentido. Es más:
se recuperarían aunque no se quisiera.

Cuando la comunicación sí es leal y se cumplen las *máximas de
Grice* (cosa que todos hacemos normalmente sin darnos cuenta), lo
que no se menciona sí existe; y sí se comunica. Y creemos que tal es
el caso del masculino genérico, como explicaremos a continuación.

Según Robert Henry Robins,[44] lo determinante en una conversación son las ideas "que subyacen o se supone que subyacen". Para
esa comunicación pragmática resultan cruciales el conocimiento
mutuo de los hablantes y, por tanto, el contexto o la cultura que
comparten.

Si en el uso del masculino genérico son transparentes los contextos y la situación en que los interlocutores se desenvuelven, la
comunicación no pierde detalles en el camino. Es decir, si el receptor puede recrear en su mente la realidad que se le pretende transmitir con lealtad (sin manipulaciones), la invisibilidad de la mujer
no se dará, salvo error ocasional.

Sin embargo, la afirmación "Lo que no se nombra no existe"
se aplica erróneamente, a mi entender, cuando se refiere al uso del

---

[44] Robins, Robert Henry (2000), *Breve historia de la lingüística*, Madrid, Cátedra,
pág. 327.

genérico masculino en conversaciones leales y en el lenguaje común que emplean cada día millones de personas. Y tan acientífico aserto se oye a menudo en boca de representantes de la izquierda. Por ejemplo, una dirigente socialista española lo usaba textualmente el 23 de julio de 2018.[45] También se reproduce en muchos manuales de lenguaje no sexista; por cierto, siempre sin la cita exacta y sin el contexto en que supuestamente lo expresó Steiner.

Pero cualquier experto en lenguaje (y más si se trata de un estudioso de la pragmática) sabe que eso es falso si se expresa en términos absolutos, y también si se refiere al lenguaje habitual y cooperativo. No sólo lo que no se nombra sí existe, sino que además se percibe a través de los mecanismos de comprensión del propio lenguaje. Más exactamente, a través de los silencios insertos en los mensajes. Porque lo silenciado también se comunica.

Steiner escribió varias obras sobre el lenguaje, y expresó ideas que contradicen, o al menos matizan, esa afirmación que se le atribuye (al menos, esa afirmación descontextualizada). Porque este ensayista nacido en París recogió precisamente esa capacidad del lenguaje y del silencio: "Sólo en los textos triviales o de circunstancias, la suma del significado es la suma de las partes".[46] Al sostener eso, Steiner no está pensando, desde luego, en el *lenguaje inclusivo*, sino en el lenguaje literario, pero en ese pasaje se aprecia su intuición sobre los mensajes que no se agotan en sí mismos, sino que proyectan sobre el receptor unas ideas o conceptos adicionales que no se han emitido. Lo cual resulta difícilmente compatible con la afirmación universal y descontextualizada de que "Lo que no se nombra no existe".

El planteamiento de Steiner se basa aquí, pues, en demostrar que el silencio entre elementos informativos adquiere un valor superior a cero. Lo que equivale a decir que "Lo que no se nombra

---

[45] *39 académicos y 7 académicas velarán por la Constitución,* <https://elpais.com/elpais/2018/07/19/masterdeperiodismo/1532020920_016517.html>.

[46] En inglés en el original: "Only in trivial or opportunistic texts is the sum of significance that of the parts", Steiner, George (1988), *Le Sens du Sens. Présences Réelles. Real Presences. Realpräsenz,* París, Librairie Philosophique J. Vrin, pág. 86. [Hay traducción al castellano: *Presencias reales. ¿Hay algo en lo que decimos?* (1991), Barcelona, Destino, trad. de Juan Gabriel López Guix].

sí existe". A bote pronto, el silencio es simplemente cero. Pero se trata de una sensación falsa.[47]

Porque el uso de la lengua ha creado las insinuaciones, los sobrentendidos, las presuposiciones, las implicaturas... Maneras de decir sin decir, de nombrar sin nombrar. Por ejemplo: "Esta noche viene a cenar Clodoaldo. Esconde el whisky".

No ha hecho falta usar términos como *borracho* o *caradura* (que el contexto descifrará mejor) para transmitir una idea sobre Clodoaldo que, sin embargo, no se ha explicitado. Sí que se transmitió lo que no se había nombrado.

Del mismo modo, el nombre de Gabriel García Márquez se puede ocultar, al no mencionarse, en la expresión "El autor de *Cien años de soledad*". Pero si alguien la profiere, su interlocutor reconstruirá de inmediato las palabras silenciadas. "El autor de *Cien años de soledad* era colombiano" equivale a "García Márquez era colombiano". Para entenderlo, sólo hace falta que quien escucha el mensaje sepa que Gabriel García Márquez escribió esa novela. Es decir, que disponga del contexto y la experiencia necesarios.

Algunos estudiosos de los procesos cognitivos (Nisbett y Wilson, en 1977, citados por Alcántara;[48] y Hunt y Ellis, en 2007[49]) han demostrado esos funcionamientos incluso en casos más sutiles.

No solemos recordar cada palabra individual que alguien nos comunica, pero sí el sentido que nos transmiten los vocablos que haya empleado. Cuando nos cuentan un chiste y más tarde lo reproducimos ante terceros, jamás utilizaremos las mismas palabras con que se nos narró. El mensaje y el efecto sorpresa o la situación graciosa sí coincidirán, pero no los términos exactos. Trasladaremos el mismo sentido, no los mismos significados.

---

[47] He explicado ampliamente estos aspectos, aquí muy resumidos, en el ya citado *La información del silencio.*

[48] Alcántara Iglesias, Felipe (1998), "El otro lenguaje de la persuasión. Un enfoque pragmático hacia una retórica de lo no consciente", en VV. AA. (1998), *Quintiliano. Historia y actualidad de la retórica*, Logroño, Instituto de Estudios Riojanos, t. II, págs. 443-462 (pág. 450).

[49] Hunt, R. Reed, y Ellis, Henry C. (2007), *Fundamentos de psicología cognitiva*, México, Manual Moderno, pág. 317.

Si decimos "Me acerqué al árbol y tomé una manzana del suelo", nuestro interlocutor interpretará nuestra voluntad de comunicarnos lealmente y entenderá que nos habíamos acercado a un manzano. Si alguien le pregunta luego a qué árbol se refería el hablante, responderá sin duda que a un manzano, aunque la palabra *manzano* no figurase en el mensaje.

El investigador universitario español José Antonio Téllez cita por su parte un estudio elaborado en 1973 por Johnson, Bransford y Solomon que consistía en mostrar a un grupo de alumnos un texto donde se explicaba, entre otros detalles, que una persona estaba clavando una punta para arreglar una jaula. Al preguntar más tarde a los integrantes de ese grupo si "Juan estaba usando el martillo para arreglar la jaula", contestaban que sí, aunque la palabra *martillo* no hubiera aparecido en el texto. No había sido nombrada, y sin embargo existía.[50]

Se han elaborado estudios similares (Duffy, Shinjo y Myeres, 1990)[51] con situaciones parecidas: A un grupo de individuos se les dio a leer la frase "El atleta recortó el artículo del periódico para su amigo". Y, a otro grupo similar, la frase "El atleta recortó el artículo con las tijeras para su amigo". Transcurrido un tiempo, se pudo comprobar que todos los integrantes de ambos grupos habían procesado por igual el concepto *tijeras*.

Así pues, un término silenciado, ocultado, omitido…, entre los significantes, y por tanto ausente del significado, aparecía de forma indudable en el sentido.

Todo esto cuestiona la aseveración que suele hacerse contra el masculino genérico: es decir, que la ausencia de un femenino implica la ausencia de la mujer. Tal afirmación no se puede sostener como principio inamovible del lenguaje. Por el contrario, la ausencia de una palabra no implica siempre la invisibilidad del concepto asociado a ella.

Imaginemos que alguien nos cuenta: "Mi hermana se presentó a las oposiciones. Pero en cuanto empezó a trabajar, cayó enferma".

50 Téllez, José A. (2005), *La comprensión de los textos escritos y la psicología cognitiva*, Madrid, Dykinson, pág. 260.
51 Gutiérrez Calvo, Manuel (1999), "Inferencias en la comprensión del lenguaje", en Manuel de Vega y Fernando Cuetos (coords.), *Psicolingüística del español*, Madrid, Trotta, págs. 231-270 (pág. 241).

Ahí no se dice que las aprobó, y sin embargo lo deducimos al creer que el hablante no pretende engañarnos, porque coopera con nosotros.

En toda narración contamos una parte y ocultamos otra; bien porque ésta es irrelevante o bien porque se va a deducir con facilidad. Y los receptores del mensaje procuran entender generalmente qué queremos decir, más allá de lo que decimos exactamente.

En estos casos, lo que no se nombra sí existe; y aunque no se nombre, se puede comunicar. Y, por tanto, se ve. (En el lenguaje de hoy: "se *visibiliza*").

Como indica el filósofo francés Clément Rosset, palabra y concepto pueden estar disociados. Este autor se burla incluso de la tesis que vincula estrechamente a ambos: una cosa, sostiene, es que no recordemos o no encontremos una palabra, y otra que no tengamos en la mente aquello que tal término encarna; una cosa es que hayamos olvidado el nombre de un niño cuyo cuidado se nos ha confiado, y otra que se nos haya perdido el niño mismo.[52]

Por supuesto, las palabras llevan en sí la capacidad de disfrazar las realidades, enmascararlas, lograr una manipulación de nuestros interlocutores; situarnos incluso en una posición diferente en función de qué términos intervienen en el diálogo.

La empleada de la sucursal bancaria responsable de los créditos al público nos atenderá de distinta manera si en vez de presentarnos diciendo que vamos a *pedir* un crédito le anunciamos que deseamos *contratarlo*. Del mismo modo, el trabajo que encomendamos a alguien en la empresa se cumplirá de distinta forma si en vez de *solicitarlo* lo *encargamos*.

Eso sucede también con una expresión como *gestación subrogada* para referirse a la acción de quien se presta a parir un hijo destinado a otra persona. Porque no se comunica lo mismo con *gestación subrogada* que con *vientre de alquiler*. Como escribe la periodista Milagros Pérez Oliva, "el primero es un término pretendidamente aséptico, que se limita a describir, con términos técnicos cultos y bastante crípticos para la mayoría de la población, la na-

---

52   Rosset, Clément (2009), *Le choix des mots*, París, Les Éditions de Minuit, pág. 44. [Hay traducción al castellano: *La elección de las palabras* (2010), Santiago de Chile, Hueders, trad. de Santiago Espinosa].

turaleza del proceso médico. El segundo, en cambio, incluye la gran carga social que acompaña a este fenómeno".[53]

Las palabras influyen, pues, en la percepción de la realidad, por supuesto; pero no en la realidad misma. Y no se pueden equiparar los procesos de silenciación que pretenden el engaño con los incorporados naturalmente al idioma.

En la comunicación habitual y leal entre seres humanos, lo que no se nombra sí existe y, además, puede percibirse si se dan en la oración elementos que permitan extraerlo del contexto que los interlocutores conocen, gracias a las palabras pronunciadas. Y eso es lo que sucede con los masculinos genéricos.

Afirmar que con ellos se produce una ocultación de la mujer equivale a acusar a quienes los usan (es decir, a cientos de millones de personas) de incumplir voluntariamente las *máximas de Grice* y de no mantener una conversación cooperativa.

Se podrá oponer que eso no lo hace nadie de forma consciente. Y responderemos que entonces se les está llamando torpes. Porque estos mecanismos del lenguaje han funcionado durante siglos sin fallos de comunicación entre las personas que se comunican en situaciones reales.

Como apuntan el profesor Sperber y la profesora Wilson, el ser humano busca continuamente el contexto.[54] Y lo normal es que lo encuentre. La comunicación funciona como un reloj (con algún equívoco, pero insignificante desde el punto de vista estadístico si analizamos la cantidad de palabras que pronunciamos cada día), y eso no ocurriría con insistentes maniobras de *invisibilización* destinadas a ocultar una parte de la realidad.

Para que un contexto se active en nuestra mente, influyen nuestros prejuicios, nuestra experiencia, la cultura compartida, las analogías, la ausencia de contradicción, las connotaciones de las palabras que figuran en el contexto.

En diciembre de 2017, el actor independentista catalán Toni Albà escribió este tuit: "Cuando la Inés va en ruta, las pelotas

53 Pérez Oliva (2019), pág. 17.
54 Sperber, Dan, y Wilson, Deirdre (2005), "Resumen de 'Relevance: Communication and Cognition", en VV. AA. (2005), *La búsqueda del significado*, Madrid, Tecnos, trad. y comp. de Luis M. Valdés Villanueva, pág. 684.

fuera chuta [...], se disfraza en la gruta, en demócrata se transmuta, sueña que votos escruta y exclama ¡míos!, la mala puta".

Cualquier español que estuviera al tanto de la actualidad política dedujo sin problemas que Albà estaba insultando a Inés Arrimadas, entonces dirigente en Cataluña del partido Ciudadanos. El nombre de esta política no aparece en el tuit, y en eso se escudó el actor para evadir su responsabilidad tras las críticas recibidas. Pero las referencias al escrutinio de los sufragios y el hecho de que Inés Arrimadas hubiese aparecido pocos días antes en las encuestas como la candidata más apoyada activaron también un contexto que se relacionaba de inmediato con el texto de Albà.

Y además entraba en juego ahí el "juicio de probabilidad": ¿qué otras personas llamadas Inés podían ser relevantes en relación con ese tuit?

En definitiva, no cabe defender que en todos esos casos examinados acude a nuestra mente lo que no se ha nombrado, y que sin embargo eso no ocurre con el genérico masculino, cuando se trata además de un mecanismo asentadísimo en la lengua y que el hablante aprende desde la infancia. Que funciona mediante un juego de contextos conocido por los interlocutores. Y que lo hace de manera infalible si se cumplen las máximas de Grice: si no se omite información relevante y pertinente para la conversación.

La lengua no tiene especial interés en ocultar a nadie ni conseguir por arte de magia que deje de existir. Nuestro idioma (a diferencia de otros) no dispone de una palabra con la que sí contaba el latín para nombrar a la tía por parte de padre (*amita*) a fin de diferenciarla de la tía por parte de madre (*matertera*). Y lo mismo sucede con el hermano de la madre (*avunculus*) y el hermano del padre (*patruus*). El español no ha acuñado vocablo alguno para esas precisiones entre tíos y sobrinos, pero no se debe ver ahí una voluntad de invisibilizar a esas personas, sino una falta de interés durante siglos por nombrarlas, seguramente porque no se ha necesitado. Nos basta con decir "mi tía" para reflejar un grado de parentesco igualmente cercano tanto si se trata de la hermana del padre como de la hermana de la madre. Y si en algún momento resultara relevante el lado de la familia al que corresponde esa tía, nada impediría añadir las palabras necesarias, como *tía paterna* o *tía materna*; *tío materno* o *tío paterno*.

Se podría argüir, además, que, lejos de invisibilizar algo, no diferenciar entre tíos y tías maternos o paternos constituye un claro ejemplo de visión de igualdad.

De cualquier forma, la mejor prueba de que los genéricos masculinos no invisibilizan a la mujer consiste en examinar qué sucede con las convocatorias que lo usan: "Los compradores de este frigorífico recibirán un iPad de regalo", "Se crean diez vacantes de técnicos sanitarios", "La entrada será gratuita para los menores acompañados", pongamos por caso. Como señalábamos antes, habría que preocuparse al respecto el día en que a todos esos reclamos se presentaran solamente varones.

Apropiarse del genérico

Parte de los mensajes procedentes del feminismo señalan que, aunque los genéricos masculinos no excluyan a las mujeres, ellas sí deben sentirse fuera. Cada cual es libre de actuar al respecto como mejor considere; pero quizá resultaría más eficaz optar por la propuesta que han formulado las ya mencionadas profesoras feministas Catalá y García Pascual, y que consiste en todo lo contrario: que las mujeres se apropien de los genéricos, en vez de excluirse de ellos.

Hay precedentes exitosos. Por ejemplo, nadie piensa hoy en día que la palabra *homenaje* esté reservada a los hombres porque dentro de tal vocablo se encuentra la raíz *home* ("hombre", en el occitano de origen). Una mujer puede recibir un "homenaje" porque las mujeres se han apropiado de esa palabra a lo largo de los años. Ha dejado de ser masculina y acoge también cualquier tributo rendido a una mujer.

Igualmente, en catalán se ha perdido la pista masculina de una palabra como *tothom* ("todo hombre" etimológicamente, "todo el mundo" en traducción actual). Y resulta incluso que algunas guías catalanas de uso no sexista lo recomiendan en lugar de *tots*.

Del mismo modo, una ministra o una artista pueden *apadrinar* la botadura de un barco sin necesidad de *amadrinarla;* y las mujeres tienen *patrimonio* y *patria potestad;* incluso *patria* (originariamente, "la tierra del padre", pero ya se dice incluso "madre patria");

porque también se han apropiado de esos términos de raíz masculina *(pater)* en vez de sentirse excluidas de ellos.

Y otro tanto han conseguido a su vez los homosexuales varones con la palabra *matrimonio* (de *mater*), de la que también se han apropiado, afortunadamente.

García Meseguer escribió al respecto: "La mujer es tan dueña del género masculino como el varón".[55] Y más adelante: "La mujer que, con carácter general, asocie el género gramatical masculino al varón estará perjudicando su propia causa".

Y quizá la lucha de las mujeres por apropiarse de las palabras que consideran masculinas muestre mejores tintes revolucionarios que lo opuesto. Si se expulsa a alguien injustamente de un territorio, valdrá la pena que pelee por entrar en él cuanto antes. Y en realidad, eso está sucediendo (aunque silenciosamente). La mujer sigue apropiándose de espacios de los que, en teoría, ya era propietaria; entre ellos, el genérico masculino.

Si dijésemos (tomo un ejemplo que aporta Escandell) "Margarita ganó la plaza de catedrática", eso implicaría que sólo podían presentarse mujeres. Pero si Margarita gana la plaza de catedrático, en ese momento invade felizmente el ámbito del genérico masculino. Se apropia de él.

Por otra parte, el tan denostado genérico masculino ofrece sus compensaciones en ese sentido. La final de Copa de rugby masculino disputada el 30 de abril de 2017 fue arbitrada por la granadina Alhambra Nievas, considerada entonces (se retiró en 2019) "el mejor árbitro del mundo". Y al decir "Alhambra Nievas es el mejor árbitro del mundo", estamos dándole un papel preponderante no sólo entre las mujeres sino también entre los hombres. El masculino genérico no la hace desaparecer, sino que agranda su importancia. Y Alhambra Nievas se apropió de él.

Si las mujeres se adueñan de los genéricos *trabajadores* o *mineros*, o *policías*, o de *la diplomacia*, porque el contexto activa tal ideación, se estarán apropiando de los significados y del sentido del discurso, para dejar a los significantes en su papel residual de sim-

---

[55] García Meseguer (1996), págs. 240 y 243.

ples "accidentes gramaticales",[56] portadores de conceptos que van cambiando sin alterar por ello la palabra que los nombra.

Y si las mujeres se apropian del genérico, las duplicaciones carecerán de sentido.

CÓMO REDACTAR UNA CONSTITUCIÓN

La presión por las duplicaciones y el lenguaje inclusivo ha llegado a los legisladores para que modifiquen las normas aprobadas en otras épocas.

En España, el Consejo de Ministros solicitó a la Real Academia en 2018 un informe sobre estos aspectos en la Constitución; pero las sucesivas crisis políticas (con un Gobierno en funciones y una larga situación de provisionalidad) retrasaron la entrega y, en el momento de darse estos folios a la imprenta, en septiembre de 2019, aún no se había entregado el documento (si bien el texto estaba ya redactado, a tenor de las declaraciones de distintos académicos).

No obstante, la operación de legislar con lenguaje duplicativo ya se había puesto en práctica en la Constitución de Venezuela, y por tanto se pueden observar los resultados.

El caso de Venezuela

La Constitución de Venezuela, llamada también "bolivariana", se ha puesto con frecuencia como ejemplo de texto *inclusivo*. Y se ha ofrecido como muestra ridícula su artículo 41:

> Sólo los venezolanos y venezolanas por nacimiento y sin otra nacionalidad podrán ejercer los cargos de Presidente o Presidenta de la República, Vicepresidente Ejecutivo o Vicepresidenta Ejecutiva, Presidente o Presidenta y Vicepresidentes o Vicepresidentas de la Asamblea Nacional, magistrados o magistradas del Tribunal Supre-

---

[56] Calero (1999), pág. 174.

mo de Justicia, Presidente o Presidenta del Consejo Nacional Electoral, Procurador o Procuradora General de la República, Contralor o Contralora General de la República, Fiscal General de la República [no se duplica en *fiscala*], Defensor o Defensora del Pueblo, Ministros o Ministras de los despachos relacionados con la seguridad de la Nación, finanzas, energía y minas, educación; Gobernadores o Gobernadoras y Alcaldes o Alcaldesas de los Estados y Municipios fronterizos y aquellos contemplados en la ley orgánica de la Fuerza Armada Nacional. Para ejercer los cargos de Diputados o Diputadas a la Asamblea Nacional, Ministros o Ministras, Gobernadores o Gobernadoras y Alcaldes o Alcaldesas de Estados y Municipios no fronterizos, los venezolanos y venezolanas por naturalización deben tener domicilio con residencia ininterrumpida en Venezuela no menor de quince años y cumplir los requisitos de aptitud previstos en la ley.

Un poco más adelante, el artículo 44 indica:

Toda persona detenida tiene derecho a comunicarse de inmediato con sus familiares, abogado o abogada o persona de su confianza, y éstos o éstas, a su vez, tienen el derecho a ser informados o informadas sobre el lugar donde se encuentra la persona detenida, a ser notificados o notificadas inmediatamente de los motivos de la detención y a que dejen constancia escrita en el expediente sobre el estado físico y psíquico de la persona detenida, ya sea por sí mismos o por sí mismas, o con el auxilio de especialistas.

Sin embargo, esas duplicaciones no garantizan nada, ni la igualdad de derechos ni siquiera la coherencia.

Para empezar, ya el preámbulo de esa Constitución se escapó de la mirilla de quienes emprendieron la caza de masculinos no marcados. En efecto, sus primeras líneas hablan del heroísmo y del sacrificio de los "antepasados aborígenes" y de "los precursores forjadores de una patria libre y soberana", sin mención por tanto a las antepasadas precursoras y forjadoras.

También se produce un descuido en el artículo 56: "Toda persona tiene derecho a un nombre propio, al apellido del padre y al de la madre, y a conocer la identidad *de los mismos*". En este caso, "los mismos" se presenta como genérico masculino que incluye a la madre y al padre, y por tanto quizá habría procedido escribir "conocer la identidad del mismo y de la misma"; o, mejor, "a conocer su identidad".

Y, para seguir, ese texto tan igualitario y progresista no ampara el matrimonio entre homosexuales, sino que discrimina esas uniones. Su artículo 77 señala: "Se protege el matrimonio entre un hombre y una mujer, fundado en el libre consentimiento y en la igualdad absoluta de los derechos y deberes de los cónyuges [aquí tampoco se duplica en 'los cónyuges y las cónyuges', que daría lugar a deducir la posibilidad de un matrimonio homosexual]. Las uniones estables de hecho entre un hombre y una mujer que cumplan los requisitos establecidos en la ley producirán los mismos efectos que el matrimonio".

La palabra *mujer* aparece cuatro veces en todo el texto, dos más que en la Constitución española, y ésa es una de ellas. Pero habría sido mejor, en aras de la igualdad, que en este caso se suprimiera, para decir solamente "se protege el matrimonio fundado en el libre consentimiento" y, en la segunda frase, "las uniones estables que cumplan los requisitos".

Por tanto, esa Constitución supuestamente igualitaria fija una desigualdad de las parejas de hombres con hombres y de mujeres con mujeres, que no serán protegidas legalmente. Y la duplicación "entre un hombre y una mujer" sólo sirve para que no queden bajo protección constitucional los matrimonios entre hombres y entre mujeres.

El 1 de julio de 2019 miles de personas se manifestaron en Caracas a fin de exigir el matrimonio entre personas del mismo sexo. Para ello parece imprescindible retocar la Constitución si se desea que reconozca esas uniones en pie de igualdad con los matrimonios heterosexuales. Además, en Venezuela los transexuales ni siquiera pueden cambiarse el nombre de pila.

Al margen de eso, los efectos que causa la duplicación en ese texto se vuelven imprevisibles a menudo, como dijimos. Veamos la redacción del artículo 33, donde se indica que "son venezolanos y venezolanas por naturalización [...] los extranjeros o extranjeras que contraigan matrimonio con venezolano o venezolana desde que declaren su voluntad de serlo, transcurridos por lo menos cinco años a partir de la fecha del matrimonio".

Según eso, los extranjeros o extranjeras pueden casarse con "venezolano o venezolana", lo cual implicaría que un extranjero varón tuviera la libertad de elegir para casarse a un venezolano, y una extranjera a una venezolana. Y eso, paradójicamente, entraría en teórica colisión con el artículo anterior sobre el matrimonio.

Por el mismo camino circula el apartado inmediato, que otorga igualmente la nacionalidad de ese país a "los extranjeros o extranjeras menores de edad para la fecha de la naturalización del padre o de la madre que ejerza sobre ellos la patria potestad, siempre que declaren su voluntad de ser venezolanos o venezolanas antes de cumplir los veintiún años de edad [...]".

En consecuencia, un extranjero puede elegir entre ser venezolano y ser venezolana, privilegio que no figura previsto para los que nazcan allí.

Asimismo, la duplicación de géneros en el artículo 76 puede conducir a deducciones eventualmente contradictorias con lo que se desea expresar (todo es posible cuando un caso llega a los tribunales y los jueces aplican su libérrima interpretación de los textos normativos). Porque ese apartado indica que "las parejas tienen derecho a decidir libre y responsablemente el número de hijos o hijas que deseen concebir". Y eso permite deducir que en Venezuela se autoriza concebir adrede, por ejemplo, un hijo y dos hijas o bien dos hijas y un hijo, pongamos por caso; o dos hijos en vez de dos hijas, puesto que las parejas decidirán "el número de hijos o hijas". La discutible determinación artificial del sexo estaría así protegida en Venezuela, según el tenor literal de la Constitución.

Ese mismo artículo ofrece a renglón seguido un castillo de duplicaciones: "El padre y la madre tienen el deber compartido e irrenunciable de criar, formar, educar, mantener y asistir a sus hijos o hijas, y éstos o éstas tienen el deber de asistirlos o asistirlas cuando aquel o aquella no puedan hacerlo por sí mismos o por sí mismas".

La tendencia que hemos apuntado sobre la desigual duplicación según se trate de términos meliorativos o peyorativos se cuela aquí en el artículo 30: "El Estado protegerá a las víctimas de delitos comunes y procurará que los culpables reparen los daños causados". La palabra *víctima* no precisa duplicación, porque se trata de un epiceno (como *bebé* o *criatura*) y nombra por consiguiente a seres de los dos sexos; pero llama la atención que "los culpables" se quede en su mera enunciación masculina.

La integridad del lenguaje inclusivo se ve afectada también por lo que recoge el artículo 94 en relación con otro término poco prestigioso, como lo es *intermediario*: "La ley determinará la responsabilidad que corresponda a la persona natural o jurídica en cuyo provecho se presta el servicio mediante intermediario o contratista, sin perjuicio de la responsabilidad solidaria de éstos". Quien leyese el texto con atención esperaría la duplicación "intermediario o intermediaria o contratista" (puesto que se ha hablado de "persona natural o jurídica"), seguido de "sin perjuicio de la responsabilidad solidaria de éstos o éstas" (o bien "sin perjuicio de sus responsabilidades respectivas"). Pero, una vez más, los dobletes evitan abarcar oficios o cometidos que no forman parte del imaginario de prestigio de la izquierda. Entre ellos, "intermediario".

El caso español

La Constitución española, aprobada masivamente por referéndum en 1978, no hace ninguna concesión gratuita a la teoría de las duplicaciones, aunque incluye alguna. Contiene exactamente 491 palabras correspondientes al masculino genérico o "género no marcado", sobre los 18.473 términos que componen su texto.

Por supuesto, ese modo de redactar no implica que la ley fundamental española esté concebida para los hombres excluyendo a las mujeres, sino solamente que se da una ausencia de sustantivos, adjetivos o artículos expresados en femenino en todas esas locuciones.

El desequilibrio ocurre, una vez más, en el plano de los significantes, pero no en el de los significados. Las hipotéticas modificaciones de su escritura que proponen algunos colectivos feministas representarían sin duda un gran efecto simbólico, pero carecerían de eficacia alguna en el derecho español. De nada servirá a efectos jurídicos escribir "los trabajadores y las trabajadoras" donde antes se decía "los trabajadores", puesto que los derechos de las trabajadoras no se amplían con la duplicación.

Así pues, unas hipotéticas modificaciones representarían un gran efecto simbólico pero carecerían de repercusión en el derecho, ya que no alteran el sentido original.

El único doblete de toda la norma fundamental española se refiere al matrimonio, pero tomó una redacción muy diferente de la que acabamos de repasar en la Constitución venezolana. Dice así, en el artículo 32: "El hombre y la mujer tienen derecho a contraer matrimonio con plena igualdad jurídica". Eso ha permitido en la práctica aprobar el matrimonio homosexual, pues no se habla ahí de relaciones *entre* un hombre y una mujer sino de la libertad de unos y otras para casarse libremente y con igualdad jurídica.

Desde luego, habría bastado con escribir en ese artículo "las personas" o elegir una alternativa como "quienes contraen matrimonio tienen derecho a hacerlo con plena igualdad jurídica", pero los legisladores seguramente albergaban en aquel momento en su conciencia las discriminaciones legales que había sufrido la mujer en este capítulo durante el franquismo y acudieron al resalte de su papel mediante la duplicación.

También se pueden considerar dobletes en sentido amplio los que aparecen en los artículos 59 y 60, que se refieren tres veces al padre y a la madre del rey o del heredero.

En sus 40 años de vida, la ley fundamental española no ha recibido críticas relevantes por discriminaciones efectivas contra la mujer, excepto en la sucesión monárquica.

Mujer figura dos veces en el texto; *hombre,* una; y *varón,* otra.

A falta de ese dictamen de la Academia solicitado por el Gobierno español, haremos aquí un somero examen de las modificaciones que implicaría el uso del llamado *lenguaje inclusivo* en la redacción constitucional.

Duplicaciones

La adición del género femenino después de cada uno de los citados 491 términos no marcados que se leen en la ley fundamental (sustantivos, artículos, adjetivos, pronombres) supondría no solamente añadir otras 491 palabras, sino incluir además distintas conjunciones nuevas, como *o, y* o *ni,* que precederían a esa segunda parte añadida. Así, una expresión como "patria común e indivisible de todos los españoles" debería extenderse a "patria común e indivisible de todos los españoles *y todas las españolas*"; de modo que la idea inicial expresada con tres palabras ("todos los españoles") pasaría a contabilizar siete.

Llevar la duplicación hasta sus últimas consecuencias obligaría a reescribir de este modo, por ejemplo, el artículo 117: "Los jueces y las juezas y los magistrados y las magistradas no podrán ser separados ni separadas, suspendidos ni suspendidas, trasladados ni trasladadas, jubilados ni jubiladas sino por alguna de las causas y con las garantías previstas en la ley". De 26 palabras se pasaría a 40.

Por su parte, el 159 quedaría así: "Los miembros y las miembros del Tribunal Constitucional deberán ser nombrados y nombradas entre magistrados y magistradas y fiscales y fiscalas, profesores y profesoras de Universidad, funcionarios y funcionarias públicos y públicas y abogadas y abogados, todos ellos y todas ellas juristas de reconocida competencia". En este caso, de 25 subiría a 45.

En otras ocasiones, el uso del genérico masculino en un simple artículo determinado obliga a repetir incluso palabras comunes en cuanto al género. Por ejemplo, en "los derechos y deberes de los cónyuges" debería decirse "de los cónyuges y las cónyuges" (si se excluye por agramatical la opción "los y las cónyuges").

Y, en sentido contrario, no siempre es necesaria la duplicación. A veces el empeño se resolvería incluso mediante supresiones: "los sindicatos de trabajadores" (y trabajadoras) puede quedarse en "los sindicatos"; y el "Congreso de Diputados" (y Diputadas) se resumiría en "el Congreso".

Y en otros supuestos cabría usar fórmulas como "todas las personas" en vez de "todos los ciudadanos". De hecho, el término *persona* (o *personas*) se emplea en diez ocasiones con ese valor en la Constitución española.

La contabilidad de genéricos masculinos señalada más arriba se ha elaborado considerando que el sustantivo "miembro" puede ir acompañado de artículo y adjetivos en masculino o en femenino ("el miembro elegido", "la miembro elegida"), y sin flexión en sí mismo ("miembro", pero no "miembra"). Se ha dado por supuesto que —por su significado de "parte" o "pedazo"— ese vocablo no admite flexión, aunque sí se aplique ésta en el artículo que lo acompaña (del mismo modo que se aceptaría "María es el pulmón del equipo", pero no "la pulmona". En cambio, sí nos parece viable "la pulmón del equipo").

El catedrático Antonio Torres del Moral[57] se anticipó en el año 2017 a emprender esta misma tarea, en un trabajo sobre los primeros 29 artículos de la Constitución (de los 169 totales), que utilizó como cata para ver qué ocurriría si nos pusiésemos a reescribir esa norma.

Varias de sus propuestas implican una nueva redacción que iría más allá de la tarea de corregir el texto superficialmente o *palabra por palabra*. Por ejemplo, en lugar de "Ningún español de origen podrá ser privado de su nacionalidad", Torres del Moral propone: "No se podrá privar de la nacionalidad española a quien la tenga de origen". Y en vez de "Los españoles son mayores de edad a los 18 años" (artículo 12) aporta "La mayoría de edad se alcanza a los 18 años". (Nuevamente la ausencia de "los españoles" entre los significantes se recupera en el significado gracias al contexto).

En otros casos, las equivalencias aportadas por el citado catedrático de Derecho Constitucional no cursan de forma paralela al texto vigente, sino que se desvían de él para conseguir una mejor plasmación.

Ante el artículo 1, por ejemplo, propugna sustituir su redacción original ("El castellano es la lengua española oficial del Estado. Todos los españoles tienen el deber de conocerla y el derecho de usarla") por esta otra: "El castellano es la lengua española oficial del Estado. Conocerla es un deber cívico y usarla un derecho".

Alguien podría criticar de nuevo que en esta alternativa no se precisa a quiénes corresponden ese deber y ese derecho. El texto original y el propuesto para reemplazarlo no son equivalentes en todos sus significados, cierto, pero cabe oponer también aquí que lo silenciado ("todos los españoles") se recupera por vía pragmática (es decir, por el contexto y el sentido de lo que se dice). Curiosamente, idéntico mecanismo que el activado por cualquier masculino genérico.

---

[57]   Torres del Moral, Antonio (2017), "Redacción de la Constitución en clave no masculina", en *Revista de Derecho Político*, n.º 100, págs. 173-210 (págs. 190 y siguientes).

Otras muchas sugerencias de Torres del Moral van en esa misma línea: "Los extranjeros gozarán en España de las libertades públicas que garantiza el presente Título" se puede sustituir por "Quienes no tengan nacionalidad española gozarán de las libertades públicas que garantiza el presente Título". Y aquí el esfuerzo de interpretación no se aplica a "los extranjeros" y a la necesidad de considerar mentalmente que eso incluye a las extranjeras (una activación a la que, por otra parte, el hispanohablante está acostumbrado y que pone en marcha de forma automática), sino a acotar el sentido que tiene indicar que "gozarán de las libertades públicas" (de España) "quienes no tengan nacionalidad española". Claro, porque ¿dónde gozarán de esas libertades?: ¿en sus países? No, solamente en España. Quienes vivan en Estados dictatoriales no podrán gozar de ellas. Y eso hay que deducirlo también, porque no está dicho en la letra (lo cual, obvio, no significa que no se infiera: igual que sucede en el masculino genérico).

En cualquier caso, se trata de opciones viables que evitan las duplicaciones.

Un varón discriminado

Se sabe desde el primer momento que la Constitución española discrimina a la mujer en la línea sucesoria de la Corona, porque un hijo de rey adelantará a su hermana o hermanas mayores por el mero hecho de haber nacido niño, pero se ha comentado poco que contiene también un trato desfavorable para el varón en el artículo 58; si bien es cierto que aquí *el varón* se refiere en la práctica a uno solo:

La Reina consorte o el consorte de la Reina no podrán asumir funciones constitucionales, salvo lo dispuesto para la Regencia.

La literalidad del texto señala, pues, que la esposa del rey es llamada "Reina" (como sucede ahora con la reina Letizia), mientras que al eventual esposo de una reina (imaginemos el futuro marido de la ahora princesa Leonor) se le consideraría "el consorte de la Reina", pero no propiamente "el Rey" (ni siquiera "el Rey consorte"); lo cual constituye una evidente desigualdad perjudicial para el varón.

Eso sucedía ya en la Constitución de 1812, cuyo artículo 184 indicaba: "En el caso de que llegue a reinar una hembra, su marido no tendrá autoridad ninguna respecto del Reino, ni parte alguna en el Gobierno". Y en términos muy similares se expresaban las Constituciones del siglo xix. La de 1876 establecía, por ejemplo, que "cuando reine una hembra, el Príncipe consorte no tendrá parte ninguna en el Gobierno del Reino" (artículo 65).

La palabra *hembra*, obviamente, ha desaparecido de la ley. Hoy en día no se considera adecuada su aplicación a una mujer, aunque técnicamente resulte válida (del mismo modo que un hombre es un macho, en el sentido biológico). Pero tanto un vocablo como el otro se van especializando en las referencias a animales irracionales.

¿Por qué se introdujo en aquellas Constituciones esa cautela de que el consorte de la reina no se entrometiera en los asuntos de la Corona y del Gobierno mientras que la figura de la consorte del rey no recibía ninguna precaución al respecto y además era tratada como reina con todas sus sílabas? La letrada de las Cortes Isabel María Abellán ha señalado en sus comentarios de la Constitución[58] que "para la mentalidad de la época [siglo xix], sería impensable que una Reina consorte tomase parte en las tareas de gobierno" (por ser mujer). Es decir, ni se planteaba la posibilidad; y por eso no se consideraba necesario impedirla (pero sí la del varón en el supuesto contrario, pues se le suponía más interés por el entrometimiento en asuntos de Estado que el que pudiera albergar una mujer, seguramente más dedicada a sus asuntos).

Y aquella lejana prevención hacia el consorte por el *fondo* del asunto ha sobrevivido a las épocas y se calcó en la *forma* para la redacción de ese artículo, que termina tomándose en la actualidad como discriminatorio.

Todos los apartados de la Constitución sobre la sucesión y sobre la Corona hablan como genéricos de "Rey" y de "Príncipe", sin duplicar nunca con "Reina" ni "Princesa". Ahora bien, no se puede deducir que tal redacción excluya la posibilidad de una reina o una princesa, sobre todo porque se habla luego, como acabamos de ver, de un posible "consorte de la Reina". Entonces, si puede haber un

---

[58] Abellán Matesanz, Isabel María, "Sinopsis del artículo 58", <http://www.congreso.es/consti/constitucion/indice/sinopsis/sinopsis.jsp?art=58&tipo=2>.

"consorte de la Reina", parece obvio que puede haber una reina que desempeñará las funciones de jefa del Estado.

Introducir una hipotética duplicación de géneros en el capítulo constitucional relativo a la Corona obligaría a andarse con mucho tiento. Porque, así como no se modifica nada al incluir "los trabajadores y las trabajadoras" donde antes se consignaba únicamente "los trabajadores", en algún caso sí existe la posibilidad de cambiar el fondo de la ley a base de modificar su forma.

Cuando se establece que "el Rey es el jefe del Estado", la palabra *rey* funciona como masculino genérico, según se deduce del contexto. Pero no se debería alterar sin más para introducir la duplicación "el Rey o la Reina", porque en ese caso tanto don Felipe como doña Letizia (a quien se considera formalmente reina) podrían convertirse en pie de igualdad en jefe o jefa del Estado (cuando eso en la actualidad le corresponde únicamente a Felipe VI, quien fue proclamado en su día como heredero de la Corona).

Ambigüedad deliberada

Otro punto interesante de la Constitución y del juego de géneros concierne al artículo 15, donde se establece: "Todos tienen derecho a la vida y a la integridad física y moral". Tampoco aquí parecería oportuno adoptar una duplicación automática.

El término *todos* fue cuestionado en 1978 por los partidos de la izquierda, que preferían en ese artículo el sintagma "todas las personas" a fin de sugerir una interpretación favorable a la despenalización del aborto. Si se hubiera escrito "todas las personas tienen derecho a la vida", se sobrentendería que eso no incluye al feto, pues queda excluido jurídicamente del concepto *persona*. Finalmente, con este *todos* interpretaron los unos que estaban incluidos tanto el *nasciturus* como la persona separada ya del vientre de la madre; y los otros, que ese *todos* se ceñía solamente a los hombres y a las mujeres, a los niños y a las niñas..., y no necesariamente al feto.

Por tanto, el eventual cambio a "todos y todas" daría lugar a que la nueva locución se tomase nuevamente como una referencia expresa a los ciudadanos y las ciudadanas que son sujeto de derechos una vez nacidos y nacidas, pero no extensibles al que está por nacer. Es decir, sin que los derechos del feto quedasen constitucionalmente protegidos.

Aquella ambigüedad de *todos* dejaba abierto el campo para que las mayorías parlamentarias legislaran después al respecto, pero con ciertos límites (como así ocurrió y como así puede seguir ocurriendo).

De hecho, el Tribunal Constitucional estableció en su sentencia 53/1985 determinadas condiciones y verificaciones en los procesos encaminados a interrumpir un embarazo conforme a las tres causas previstas en aquel momento, al interpretar de ese modo el mencionado artículo 15. (Más tarde, en 2010, se reformó esa ley a fin de establecer unos plazos para abortar legalmente). Los magistrados entendieron que se producía una colisión entre los derechos de la madre y los del feto (que ellos incluían por tanto en la protección), y establecieron a partir de ahí distintas cautelas a tenor de su interpretación jurisprudencial.

Deberes militares y "paternidad"

La exposición que hemos desarrollado en páginas anteriores sobre la importancia de los contextos para dar sentido a los significados se proyecta también sobre el artículo 30 de la Constitución española.

En él se dice: "La ley fijará las obligaciones militares de los españoles".

El aparente genérico *los españoles* se tomaba entonces como masculino específico. Cuando se elaboró la Constitución, sólo se llamaba a filas a los hombres, y las mujeres carecían de obligaciones militares. Ese contexto o ambiente reducía a masculino específico una expresión que en otra eventualidad se podría considerar inclusiva.

Pero el contexto o el ambiente pueden modificar el sentido del sujeto *los españoles* en caso de un futuro conflicto bélico. Si tomamos la oración "los españoles que formen parte de la función pública", en ella *los españoles* comprende por necesidad a hombres y mujeres. Sin embargo, en su equivalente gramatical "los españoles que tienen problemas de próstata" el sujeto *los españoles* se referirá solamente a los varones. Pero en el caso del artículo 30 se habla de "las obligaciones militares de los españoles". De tal manera, un masculino específico de entonces se entiende como masculino genérico en nuestros días.

Algo parecido sucede, tal vez, con el artículo 39, cuando señala: "La ley posibilitará la investigación de la paternidad". Introdujo esa oración el parlamentario Manuel Villar Arregui mediante una enmienda en el Senado. Su texto se suponía referido a los varones, en una época en que algunos abandonaban a las mujeres embarazadas y nacían "hijos ilegítimos" o "bastardos", discriminados legalmente.

Sin embargo, hoy puede extenderse a las madres la prueba de ADN a partir de que la mujer está comprendida en "la paternidad", y teniendo en cuenta tanto la expresión "los padres" como el hecho de que puede ejercer la "patria potestad".

No hay que olvidar los dramáticos casos de recién nacidos que fueron robados durante el franquismo, arrebatados en los hospitales a madres pobres (a quienes se decía que el bebé había nacido muerto) para entregárselos a familias ricas que no podían tener descendencia. Algunas de aquellas madres y los hijos que no las conocieron se han abrazado muchos decenios después, y ejercieron el derecho constitucional a una prueba "de paternidad" que en realidad era "de maternidad".

Por todo ello, la *paternidad* tomada como genérico y no como específico masculino ampararía hoy que se investigase en algún caso, con arreglo a la Constitución, la *maternidad* en el caso de un bebé abandonado, por ejemplo; del mismo modo que se investigaría la "paternidad del padre".

Veintiún o veintiuna

Entre las posibles duplicaciones, también se presenta problemática la que necesitaría el artículo 78: "En cada Cámara habrá una Diputación Permanente compuesta por un mínimo de veintiún miembros".

Se dio por hecho más arriba que *miembro* admite artículo masculino o femenino ("el miembro", "la miembro"), pero no resultará fácil evitar su uso como genérico si le acompaña un numeral capaz de concordar, como "veintiún". Escribir "compuesta por un mínimo de veintiún o veintiuna miembros" no resolvería el problema, pues eso podría sumar 42 diputados y diputadas.

Rompiendo con el estilo empleado en el resto de la ley, cabría, eso sí, expresarlo con guarismos (21), pero, aun así, de algún modo habría que pronunciarlo.

Una opción viable consistiría en alterar la redacción: "En cada Cámara habrá una Diputación Permanente, cuyos integrantes sumarán como mínimo el número de veintiuno".

Y, en fin, también se dispone de una alternativa más original: ¡fijar el número en "veintitrés"!

Inclusivos abstractos

La Constitución contiene algunos casos aislados de sustantivos abstractos como los que han propuesto algunas guías de "uso no sexista" de la lengua (que recomiendan, por ejemplo, "la judicatura" y no "los jueces"; o "la abogacía" en lugar de "los abogados"). Así, el artículo 151 se refiere al "cuerpo electoral" donde se podía haber escrito "los electores".

El artículo 18 menciona a su vez las creencias religiosas "de la sociedad española" (y no "de los españoles"). Y el 48 se refiere a "las condiciones para la participación libre y eficaz de la juventud" (en vez de "los jóvenes").

Un caso similar corresponde al artículo 20, que incluye en uno de sus puntos "la protección de la juventud y de la infancia" (en lugar de "los jóvenes" y "los niños").

De igual modo, el artículo 62 señala por ejemplo que el Rey puede presidir el Consejo de Ministros "a petición del Presidente del Gobierno". Se podría escribir "a petición de la Presidencia del Gobierno" para evitar el masculino, pero entonces cabría entender la posibilidad de que cursara tal petición el Ministerio de la Presidencia del Gobierno o alguien que representase a la Presidencia, y no el jefe del Ejecutivo en persona.

El dilema

Reformar la Constitución española para corregir las supuestas ocultaciones de la mujer obligaría a seguir unos trámites costosos en tiempo, dinero y esfuerzo, que finalmente no alterarían lo dispuesto en el articulado. Recorrer todos los masculinos genéricos implica retocar artículos cuya reforma hace necesaria la convocatoria de un referéndum. En la práctica, equivaldría a someter de nuevo a consulta y debate el texto constitucional al completo. A los responsables políticos les concierne la decisión de evaluar la relación entre costes y beneficios.

Cabe la posibilidad de aprovechar alguna reforma de contenido para poner en el mismo viaje la nueva redacción, pero entonces se plantearía en los ciudadanos la duda de si votando una cosa se acepta la otra y viceversa, pues no se trata de asuntos de la misma consideración. Tal vez fueran necesarias dos consultas (o más) en una sola.

Por otro lado, la edición del articulado para incluir dobletes y otras correcciones constituiría una acción de gran efecto comunicativo para denunciar las desigualdades que sufre la mujer en la sociedad española, y que ciertamente se dan más en la realidad que en la legalidad (en la que no parece existir discriminación alguna, salvo en lo relativo a la sucesión monárquica y si dejamos aparte a la Iglesia católica).

Como operación de imagen, no tendría precio. Y llamaría la atención sobre las discriminaciones de hecho que padecen las mujeres. Como operación legalmente efectiva, carecería de sentido.

EL *INFORME BOSQUE*

Distintas instituciones españolas han alumbrado en los últimos años unas cuantas guías y recomendaciones para un uso no sexista de la lengua. De sus propios títulos se deduce que desoírlas acarreará incurrir en un uso sexista de la lengua. Si alguien nos da unas instrucciones para no electrocutarnos al arreglar un enchufe, está insinuando que nos electrocutaremos si hacemos lo contrario de lo que se nos indica.

Así lo entendió el académico Ignacio Bosque, la gran autoridad española en gramática, persona sabia y respetada entre sus colegas, que elaboró un informe al respecto, el llamado desde entonces *Informe Bosque*. Tras terminarlo, presentó el texto a sus compañeros de corporación y lo suscribieron enseguida todos los miembros de la Real Academia Española que asistieron a la siguiente sesión plenaria, el jueves 1 de marzo de 2012: veintiséis académicos. A saber: Pedro Álvarez de Miranda, Luis María Anson, José Manuel Blecua, el propio Ignacio Bosque, Juan Luis Cebrián, Luis Mateo Díez, Antonio Fernández de Alba, Pedro García Barreno, Eduardo García de Enterría, Juan Gil, Pere Gimferrer, Luis Goytisolo, Salvador Gutiérrez Ordóñez, Carmen Iglesias, Emilio Lledó, José María Merino, Francisco Nieva, José Antonio Pascual, Arturo Pérez-Reverte, Álvaro Pombo, Soledad Puértolas, Francisco Rodríguez Adrados, Margarita Salas, Gregorio Salvador, José Manuel Sánchez Ron y Darío Villanueva. Tres mujeres y veintitrés hombres.

Pero también contó con las rúbricas de los miembros de otras Academias hispanas que asistían a aquella reunión: Humberto López Morales, entonces secretario general de la Asociación de Academias de la Lengua Española, académico de Puerto Rico y cubano de origen; Francisco Arellano, académico de Nicaragua; Norma Carricaburo, académica argentina; Ana María Nafría, de la Academia Salvadoreña, y José Rodríguez, de la Academia de Filipinas; además de los académicos correspondientes francés Bernard Sesé y japonés Norio Shimizu. Dos mujeres y cinco hombres.

No condena las duplicaciones, sino que las usa

El informe de Ignacio Bosque fue publicado íntegramente por *El País* en su día y está disponible en la Red. Pero, como tantas veces sucede, las más ácidas críticas que viene recibiendo apuntan a ideas o frases que no figuran en el texto. Se acusa también al académico y a la Academia de arremeter contra el lenguaje inclusivo y de burlarse de algunas propuestas contenidas en las guías y manuales que lo defienden.

Sin embargo, el informe ni ataca ni descalifica el lenguaje inclusivo, ni arremete contra él. Y en ningún párrafo ridiculiza lo que cuestiona. Se limita a expresar su desacuerdo con que se pretenda imponerlo desde las instituciones y con que se considere machista el masculino genérico; para lo cual explica los motivos lingüísticos de su uso. Y lo hace con educación y con argumentos; y considerando además las diferencias entre esos manuales[59] (que las hay). La prueba de que Bosque no *arremete* contra el lenguaje duplicativo se observa en el hecho de que él mismo lo utiliza tres veces en el texto; y en que lo justifica como necesario para ciertos casos.

El trabajo de Bosque (coordinador y principal responsable de la descomunal *Nueva gramática* de la Academia) comienza señalando que la mayoría de esos manuales se han escrito sin la participación de "los lingüistas"; y es cierto que habría resultado preferible (como han señalado algunas críticas) suprimir el artículo en este sintagma, y escribir "la participación de lingüistas", pues esa profesión no configura un cuerpo homogéneo (como tampoco los abogados o los arquitectos, imagino). Seguramente, el académico no tendría inconveniente en retirarlo, pues se puede aceptar esa opinión sin problema.

---

[59] Se trata de los siguientes manuales, que suman nueve y constituyen, por tanto, una mera muestra de los muchos que se han editado con idénticos propósitos:

Guía sobre comunicación socioambiental con perspectiva de género, Consejería de Medio Ambiente, Junta de Andalucía, sin fecha.

Guía para un uso del lenguaje no sexista en las relaciones laborales y en el ámbito sindical, Secretaría confederal de la mujer de CCOO y Ministerio de Igualdad, Madrid, 2010. (Comisiones Obreras).

Guía de lenguaje no sexista, Unidad de Igualdad de la Universidad de Granada, Universidad de Granada, sin fecha.

Manual de lenguaje administrativo no sexista, Antonia M. Medina Guerra (coord.), Asociación de estudios históricos sobre la mujer de la Universidad de Málaga y Área de la mujer del Ayuntamiento de Málaga, 2002.

Guía de uso no sexista del lenguaje de la Universidad de Murcia, Unidad para la Igualdad entre mujeres y hombres, Universidad de Murcia, 2011.

Manual de lenguaje no sexista en la Universidad Politécnica de Madrid, Unidad de Igualdad, Universidad Politécnica de Madrid, sin fecha.

Guía sindical del lenguaje no sexista, Madrid, Secretaría de Igualdad, Unión General de Trabajadores, 2008.

Guía de lenguaje no sexista, Oficina de Igualdad, UNED, sin fecha. (Universidad Nacional de Educación a Distancia).

Igualdad, lenguaje y Administración. Propuestas para un uso no sexista del lenguaje, Conselleria de Bienestar Social, Generalitat Valenciana, 2009.

Después, Bosque resalta como excepción la guía promovida por el Ayuntamiento de Málaga, que, no por casualidad, es también la más completa y la menos radical, según señala el propio académico: sólo ese manual acepta el masculino genérico y admite que es extensivo a las mujeres; aunque recoge el "uso abusivo" que se da en algunas ocasiones (las abordaremos aquí, críticamente, más adelante).

Asimismo, el gramático refleja la llamativa situación de la guía de la Universidad de Murcia, en cuya elaboración (encomendada a un departamento competente en políticas de igualdad) no se contó con los profesores de lengua del propio centro académico, lo cual desató las protestas de éstos.

El documento del eminente académico desentraña en sus primeras líneas el principal problema de las guías: a partir de premisas verdaderas (la discriminación de la mujer, que Bosque no niega sino que también denuncia), llegan a conclusiones incorrectas, y dan a entender después que quien niegue la conclusión estará negando también las premisas.

El autor del informe desgrana en los primeros párrafos las desigualdades que sufren las mujeres por razón de su sexo (laborales, salariales, domésticas, el sexismo en la publicidad… y, por supuesto, como víctimas de violencia). También comparte "la existencia de comportamientos verbales sexistas", y apoya las propuestas para eliminarlos. He ahí las premisas ciertas, que compartiría cualquier persona de buena voluntad.

La conclusión errónea consiste en suponer injustificadamente que "el léxico, la morfología y la sintaxis de nuestra lengua han de hacer explícita sistemáticamente la relación entre género y sexo, de forma que serán automáticamente sexistas las manifestaciones verbales que no sigan tal directriz, ya que no garantizarían 'la visibilidad de la mujer".

Por tanto, ni Bosque ni los académicos firmantes censuran las duplicaciones ni arremeten contra ellas (tampoco nosotros lo hacemos). Se limitan a contradecir que la decisión de no emplearlas constituya un acto de machismo.

Y, ciertamente, algunas frases contenidas en esos manuales se permiten llegar a unas conclusiones desorbitadas, pues consideran que desoír las duplicaciones y otros consejos acarrea impedir que el lenguaje "evolucione de acuerdo con la sociedad" (texto de la Universidad de Granada), y entienden que con ello se consolidaría una serie de "hábitos que [lo] masculinizan". Lo cual derivará en "expulsar a las mujeres del universo simbólico" (texto de Comisiones Obreras). Caeremos, en suma, en el "pensamiento androcéntrico,[60] ya que la utilización de esta forma de lenguaje nos hace interpretar lo masculino como lo universal" (guía de la Universidad Politécnica).

Por otro lado, las referidas guías mezclan discriminaciones reales y condenables (como el llamado *salto semántico*, que abordaremos más adelante) con usos inocentes en los que no cabe sexismo alguno pero que censuran como si incurrieran en él. Así, la guía de la UNED propone decir —en lugar de "los becarios"— "las personas becarias"; y el manual de Andalucía considera sexista hablar del "número de parados" y recomienda por tanto "número de personas sin trabajo". Y en vez de "los futbolistas", prefiere "quienes juegan al fútbol".

Los manuales comentados salen a la caza del masculino genérico (excepto el de Málaga), y consideran discriminatorias algunas fórmulas que García Meseguer ya había revisado como aceptables. La guía de Comisiones Obreras, por ejemplo, afirma taxativamente: "El uso del masculino con valor genérico implica un trato lingüístico discriminatorio".

Bosque, por el contrario, no hace afirmaciones tajantes. Suaviza sus oraciones con términos como "quizá" (que usa cuatro veces), "tal vez" (en cinco), "seguramente" (en tres ocasiones) o "es de suponer" (dos), entre otras formas de relativizar lo que él mismo expone, a diferencia del tono asertivo que se aprecia en la mayoría de los manuales referidos.

Se pregunta además el autor del informe si esas guías no habrán aplicado lo que José Antonio Martínez García, catedrático de la

---

[60] El *Diccionario* define así "androcentrismo": "Visión del mundo y de las relaciones sociales centrada en el punto de vista masculino". En la guía *Uso inclusivo del castellano*, Fernández Casete y otros (2018), hallamos una definición más extensa: el androcentrismo "considera lo propio y característico de los hombres como centro del universo, parámetro de estudio y de análisis de la realidad y experiencia universal de la especie humana. Se manifiesta sobre todo en la ocultación de las mujeres y en su falta de definición".

Universidad de Oviedo, ha denominado "despotismo ético",[61] algo así como promover unas fórmulas lingüísticas en beneficio de los súbditos, pero sin contar con los súbditos (ni con los que vienen estudiando cómo se expresan los súbditos sin añadirles ni quitarles nada, que es el caso de los filólogos descriptivistas). Entre esos *súbditos* figuran muchas escritoras que jamás han duplicado los genéricos en sus novelas ni han llenado su escritura de artificios supuestamente no sexistas.

Las referidas guías de uso critican en algunos casos, según señala Bosque, definiciones sexistas del *Diccionario* correspondientes a ediciones anteriores y que ya habían sido corregidas o actualizadas en el momento de publicarse los manuales.

El académico señala, asimismo, que estas recomendaciones no resuelven todos los casos de masculino genérico, y que, por ejemplo, dejan sin plantear siquiera alternativas a oraciones como "María y Juan viven juntos", "Nadie estaba contento", "Se ayudan el uno al otro" y algunas formulaciones similares. (Se nos ocurren las alternativas "María y Juan viven el uno junto al otro", que quizá suena incluso cursi; "Se ayudan el uno a la otra y la otra al uno", posible pero improbable, y "Nadie estaba contento ni contenta", de objetable sintaxis porque *nadie* es un pronombre indefinido masculino y se nos hace raro en concordancia con "contenta"). En otras ocasiones, algunas de las guías resuelven los problemas de forma un tanto chusca, como cuando el manual de la Universidad Politécnica propone sustituir "los interventores" por "quienes intervengan".

Por su parte, el texto de Comisiones Obreras denuncia que los críticos con el desdoblamiento suelen poner ejemplos desmesurados para ridiculizar esas propuestas. Pero en realidad sucede que las aportaciones de esas entidades funcionan solamente en el laboratorio, porque en cuanto salen a la realidad han de entrar en el juego de concordancias y entonces los dobletes se convierten en inmanejables, como ya hemos visto en la Constitución de Venezuela.

Bosque, no obstante, admite que algunos de ellos sí adquieren sentido. Por ejemplo, en la oración "No tiene hermanos ni herma-

---

[61]   Martínez García, José Antonio (2008), *El lenguaje de género y el género lingüístico*, Oviedo, Universidad de Oviedo, pág. 52.

nas", que en determinadas situaciones aclarará mejor la realidad que la alternativa "No tiene hermanos".

Sin embargo, matiza que "si se aplicaran las directrices propuestas en estas guías en sus términos más estrictos, no se podría hablar". Por eso interpreta que en verdad sólo aspiran a modificar el lenguaje oficial, no la conversación común. Pero esto, añade, supondría distanciar aún más la escritura administrativa (ya de por sí artificial y llena de términos burocráticos, estiramientos y gerundios) de la forma común en que se expresa la gente.

Pese a ese supuesto objetivo reducido de modificar el lenguaje oficial, señala Bosque, algunas de las instituciones promotoras han llegado a plantearse sanciones a comercios o entidades contratantes con el sector público que no sigan esas directrices. Ojalá no se dé nunca ese paso. Sobre todo, porque también deberían sancionarse a sí mismas: el gramático, tras analizar esos boletines y guías, estudió distintas disposiciones de las instituciones universitarias, administrativas o sindicales que se habían comprometido con los respectivos manuales y observó, obviamente, su difícil aplicación en la práctica. Los propios textos de los promotores estaban llenos de incumplimientos.

El *Informe Bosque* termina con estos dos párrafos, en el mismo tono amable y cálidamente crítico con el que había empezado:

El propósito último de las guías de lenguaje no sexista no puede ser más loable [...]. Intuyo que somos muchos —y muchas— los que pensamos que la verdadera lucha por la igualdad consiste en tratar de que esta se extienda por completo en las prácticas sociales y en la mentalidad de los ciudadanos. No creemos que tenga sentido forzar las estructuras lingüísticas para que constituyan un espejo de la realidad, impulsar políticas normativas que separen el lenguaje oficial del real, ahondar en las etimologías para descartar el uso actual de expresiones ya fosilizadas o pensar que las convenciones gramaticales nos impiden expresar en libertad nuestros pensamientos o interpretar los de los demás.

No deja de resultar inquietante que, desde dependencias oficiales de universidades, comunidades autónomas, sindicatos y ayuntamientos, se sugiera la conveniencia de extender —y es de suponer que de enseñar— un conjunto de variantes lingüísticas que anulan distinciones sintácticas y léxicas conocidas y que prescinden de los matices que encierran las palabras con la intención de que perviva la absoluta visibilidad de la distinción entre género y sexo. La enseñanza de la lengua a los jóvenes constituye una tarea de vital importancia. Consiste, en buena medida, en ayudarlos a descubrir sus sutilezas y comprender sus secretos. Se trata de lograr que aprendan a usar el idioma para expresarse con corrección y con rigor; de contribuir a que lo empleen para argumentar, desarrollar sus pensamientos, defender sus ideas, luchar por sus derechos y realizarse personal y profesionalmente. En plena igualdad, por supuesto.

Apoyo de cientos de filólogos

Buena parte de las críticas recibidas por el informe (algunas excesivas, a mi parecer) se centraron poco en sus argumentos y acudieron más bien a las expresiones recurrentes que se vienen usando en las proclamas. Carmen Bravo, secretaria confederal de la Mujer de Comisiones Obreras, declaraba en *El País* el 5 de marzo de 2012:

> Si el uso genérico del masculino para designar a los dos sexos está muy asentado como él dice, lo está, entre otras razones, por el sesgo androcéntrico de las instituciones y de quienes son responsables de la vigilancia del buen uso de la lengua. Por eso, desde Comisiones Obreras promovemos un uso de la lengua más inclusivo desde el punto de vista del género y más igualitario desde la práctica democrática del lenguaje y demandamos que la RAE también lo haga.

Sin embargo, la escritora Laura Freixas ofrecía una visión distinta, en ese mismo reportaje:

> Me parece excelente que haya debate porque para solucionar un problema cualquiera (en este caso la invisibilidad lingüística de las mujeres) el primer paso imprescindible es reconocerlo como problema. Es una buena noticia que el debate sobre el sexismo de la lengua se haya colocado en la agenda, como pasó hace unos años con la violencia de género, y, hace un siglo largo, con el sufragio femenino. Vamos

bien. Además, me alegro de que por fin se plantee un debate con argumentos, en lugar de las caricaturas, exabruptos y ocurrencias a los que algunos articulistas (lo pongo en masculino porque son todos varones) nos tienen acostumbrados/as. ¡Ya era hora!

Freixas defiende más adelante la idea de que el lenguaje tiene culpa en lo que sucede: "El lenguaje tiene parte de culpa de que todo lo femenino sea visto como parcial, marginal, particular..., mientras que lo humano se confunde con lo masculino".

Tras las críticas recibidas por el informe, quinientos lingüistas firmaron en marzo de 2012 (apenas una semana después de hacerse público) un manifiesto de apoyo que ha reunido ya más de mil rúbricas (agosto de 2019).

El manifiesto se promovió a iniciativa personal de un profesor y tres profesoras menores de 40 años, que se declaraban "comprometidos con la igualdad de género". Se trata de Antonio Fábregas, catedrático de Lengua Española de la Universidad de Tromsø (Noruega); Carmen Horno Chéliz, profesora titular de Lingüística General de la Universidad de Zaragoza; Silvia Gumiel Molina, profesora de Lengua Española de la Universidad de Alcalá, y Luisa Martí, profesora de Lingüística e Inglés de la Universidad de Kent (Reino Unido).

El texto reivindica la valía profesional de Ignacio Bosque, abomina de las "críticas feroces" que recibió y de las "insinuaciones" sobre su "integridad profesional", y asevera: "Somos muchos los lingüistas que, independientemente de nuestro sexo y edad, suscribimos sus conclusiones".

En respuesta a las críticas contra Bosque, el manifiesto sostiene que "es falso y aun absurdo afirmar que una gramática tenga una ideología". "Las gramáticas", continúa, "no pueden ser sexistas, de la misma forma que no pueden ser comunistas, anarquistas, liberales o ecologistas". También se argumenta: "Los cambios tienen que provenir de otras vías, al menos si queremos evitar que el lenguaje no sexista sea un modo de maquillar una realidad que sigue siendo discriminatoria con la mujer".

Igual que hacía Bosque, también los firmantes señalan la dificultad de aplicar en el lenguaje real algunas de las propuestas defendidas en las *Guías* analizadas, como la de sustituir *todos* ("todos los alumnos...") por *cada uno* ("cada uno de los alumnos...") en lo-cuciones como "todos los estudiantes vinieron juntos", imposibles de reemplazar por "cada uno de los estudiantes vino junto".

Asimismo, arguyen que si la forma *el científico* fuera masculina, debería excluir a los miembros de género femenino. "Sin embargo, esto no es así", explican. "Podemos decir sin contradicción que 'El primer científico en identificar la radiactividad fue una científica, Marie Sklodowska', lo cual sería sorprendente si la forma en -*o* fuera masculina porque el conjunto considerado debería entonces excluir a las mujeres científicas. En cambio, es contradictorio decir 'La primera científica en identificar la penicilina fue un científico, Alexander Fleming', lo cual es esperable si la forma femenina real-mente codifica género y excluye a quienes no lo poseen. A la luz de estos ejemplos cabe concluir que, probablemente, *masculino* es un término tradicional de la gramática española que no responde a la verdadera naturaleza del concepto que denota en las descrip-ciones gramaticales".

Y a mi entender, el manifiesto de apoyo ofrece la mejor clave en su apartado 6.4:

> Al considerar todos los usos lingüísticos que contienen género gra-matical de algún modo como igualmente sexistas, los rasgos que real-mente lo son [se refiere a los rasgos léxicos] quedan, esta vez sí, invisibilizados. Puestos a legislar contra las manifestaciones de sexis-mo en el lenguaje, tendría mucha mayor efectividad y sería mucho más factible definir leyes contra el uso de ciertos insultos dirigidos exclusivamente a las mujeres y así evitar, por ejemplo, que un juez absuelva a quien ha llamado a su pareja *zorra* con la excusa de que, más que un insulto, el apelativo era una descripción.[62]

---

[62]   Se refieren al fallo de la Audiencia Provincial de Murcia que absolvía en octubre de 2011 a un hombre acusado de amenazas y que había llamado "zorra" a su esposa. El juez Juan del Olmo, ponente de la sentencia, señalaba que la palabra *zorra* no siempre proyecta "desprecio o menosprecio a la dignidad de la mujer" porque tiene otras acepciones, como por ejemplo la de "persona astuta"; y que dicha palabra no es "expresiva de una posición de dominio o una exigencia de sumisión". El texto de la sentencia atribuía a "zorra" los significados que históri-camente han correspondido a "zorro". De la diferencia entre estas palabras se hablará más adelante.

En consecuencia con todo ello y con otros asuntos que aquí no se han recogido por no hacer largas estas páginas, los profesores firmantes concluyen que "las guías del lenguaje no sexista no son adecuadas por no ser útiles para lo que pretenden".

Reflexiones críticas

El profesor Juan Carlos Moreno Cabrera, catedrático de la Universidad Autónoma de Madrid y ya citado en este libro por otros de sus trabajos, difundió a su vez unas "reflexiones críticas" sobre el informe de Ignacio Bosque y sobre el manifiesto del por entonces medio millar de compañeros suyos (ahora más de mil firmantes). Y señala en su aportación: "Que yo sepa, las guías del lenguaje no sexista no son gramáticas descriptivas, sino recomendaciones para la actuación lingüística. Y, por tanto, criticarlas diciendo que la gramática no es sexista, como se hace en el manifiesto, demuestra una actitud no científica, sino ideológica".[63]

Moreno Cabrera diferencia en su alegato entre *actuación* y *competencia,* con una argumentación técnica que excede el propósito de este libro de carácter meramente divulgativo. Pero no me resisto a recoger algunas de sus ideas.

El catedrático de la Autónoma de Madrid argumenta:

Las guías de uso lingüístico no sexista suelen ir destinadas al lenguaje administrativo (una de ellas lleva en el título la expresión *Manual de lenguaje administrativo no sexista*), judicial o político, que son variedades en las que se puede y se debe intervenir de modo consciente de acuerdo con parámetros ideológicos. Estas intervenciones no se pueden juzgar, como se hace en el manifiesto que considero aquí, desde el punto de vista de la lengua natural y de la competencia gramatical natural, sino desde el punto de vista de la intervención social sobre la lengua. Y aquí sí que cabe hablar de variedades sexistas, fascistas, comunistas o machistas de las lenguas. Esto es así porque las lenguas cultivadas, basadas en modificaciones intencionales de las len-

---

[63] Moreno Cabrera (2012).

guas naturales, sí que reflejan la cultura, la ideología o la política de las sociedades que las proponen, desarrollan o modifican.

[...] Desde el punto de vista de la lengua cultivada (la lengua de la Administración, por ejemplo) las guías de lenguaje no sexista tienen todo el sentido y la justificación que es capaz de darles la ciencia lingüística. De hecho, en el punto 5.1 del manifiesto se reconoce que las recomendaciones se refieren al lenguaje administrativo y jurídico, es decir, a un tipo de lengua artificial y artificiosa en la que se puede y se debe intervenir. Pero al manifiesto [de los filólogos] le falta dar el paso al concepto de lengua cultivada, que es crucial en esta discusión. Por supuesto, las propuestas de estas guías pueden parecernos más o menos acertadas o más o menos apropiadas. Se pueden discutir, argumentar y valorar, como toda intervención en un asunto social. Pero es el uso que se haga de ellas lo que las irá seleccionando y asentando y no lo que opinen las academias o determinadas personas especialistas en lingüística, en gramática o en filología. Quienes nos dedicamos a la lingüística, con toda nuestra disciplina en la mano, no estamos en situación de desacreditar los esfuerzos por crear actuaciones lingüísticas no sexistas, aunque podamos criticar ya sea positiva o negativamente tal o cual propuesta concreta.

Moreno Cabrera reclama después a la Academia que elabore sus propias recomendaciones de un uso no sexista de la lengua, algo que seguramente la docta casa no considerará entre sus funciones, aunque cada uno de sus miembros individualmente procure huir de los verdaderos usos viciosos.

La argumentación de Moreno Cabrera me parece sensata y respetuosa. Un buen punto de enlace para seguir el debate.

De entre los trabajos que he leído para preparar este capítulo, creo que merecen la pena algunas razones desmenuzadas por el profesor José Luis Mendívil en su artículo titulado *No permita que el sexo de los árboles le impida ver el género del bosque*,[64] con evidente alusión al gramático y académico.

---

64   Mendívil Giró, José-Luis (2013), "No permita que el sexo de los árboles le impida ver el género del bosque", en revista digital *Zaragoza Lingüística*, 20 de marzo de 2013.

Mendívil, catedrático de la universidad de Zaragoza, destaca que "hay partes del uso del lenguaje que los hablantes pueden controlar y modular, y otras que no".

Y añade más adelante: "Podemos intentar conseguir que alguien deje de decir palabrotas, o que se abstenga de usar tal o cual palabra en tal o cual sentido, y en ocasiones tendremos éxito, pero no será así si intentamos que alguien deje de concordar el verbo con el sujeto o que ponga los prefijos al final de las palabras (a no ser que esté aprendiendo una lengua distinta)".

Tras recurrir al ejemplo de la oración "Luisa y Pedro son buenos amigos", Mendívil razona: "Decir que eso es machismo o que refleja un pasado machista o una cultura sexista porque el plural masculino oculta al femenino Luisa a favor del masculino Pedro, sería exactamente lo mismo que decir que el uso de la primera persona 'vendremos' en la expresión 'Tú y yo vendremos mañana' (y no 'Tú y yo vendréis mañana') es expresión de egoísmo o refleja una visión solipsista del mundo, porque oculta a la segunda persona del tú en la primera del yo".

Porque la lengua ha establecido desde hace siglos unos mecanismos que resuelven los conflictos de concordancia de forma automática: "Así, como hemos visto, una primera persona más una segunda persona dan una primera; una segunda más una tercera dan una segunda ('Tú y ella vendréis' y no 'vendrán') y un masculino y un femenino dan un masculino, y no un femenino".

Por eso, una expresión como "Luis y María son buenas amigas" obligaría al receptor, en primer lugar, a revisar sus supuestos culturales sobre el carácter masculino del nombre propio Luis (si oye la frase en vez de leerla, quizá piense en el nombre femenino Louise, en inglés o francés), y no a deducir un hipotético papel inferior de María respecto de Luis.

Mendívil distingue entre el *uso* y el *sistema*, y tiene en cuenta, cómo no, la diferencia entre las posibilidades que ofrece la lengua y el uso que los hablantes deciden al optar entre unas palabras y otras: "La mejor manera de hacer que la lengua española deje de ser machista", sentencia, "es que lo dejen de ser sus hablantes".

Cuestión de estilo

Tras exponer todos esos argumentos y aprender de ellos, por nuestra parte opinamos que las recomendaciones sobre lenguaje, en general, tanto para duplicar como para no hacerlo, tanto para optar por unas palabras como para arrinconar otras, entran en el terreno del estilo, de la elección de cada cual, de las formas con las que un hablante decide deliberadamente que configurará su manera de comportarse y por tanto su imagen personal ante los demás. Pero no pueden ser invocadas por nadie como norma que se deba imponer a otros y que los descalifique si no la cumplen. Las guías comentadas por Bosque contienen algunas propuestas interesantes (se recogerán en el capítulo 6), mezcladas con otras menos viables (las veremos en el capítulo 7). El problema radica en que, explícita o implícitamente, esos manuales y las personas que los defienden suelen mostrar cierta tendencia a descalificar a quien no siga sus directrices y a culparlo de machismo,[65] así como de ser contrario a la evolución de la lengua, de purismo, de conservadurismo.

Y eso puede desconcertar (y enfadar) a quienes comparten el objetivo de acabar con las desigualdades y los sufrimientos de las mujeres y al mismo tiempo creen que en esa discriminación social la gramática tiene muy poca culpa. O ninguna.

BENEFICIOS DE LAS DUPLICACIONES

Las duplicaciones, que aquí se han cuestionado desde el punto de vista de la lengua, ofrecen también aspectos positivos que no convendría desdeñar.

---

[65] Por ejemplo, la guía de la Universidad del País Vasco incluye esta frase: "[...] lo que subyace en la feroz oposición al uso no sexista del lenguaje es una defensa de un *statu quo* patriarcal. Quien se opone con tanta virulencia a la visibilización de las mujeres en el lenguaje se opone de manera más o menos explícita al avance del reconocimiento y la participación de las mujeres en todos los ámbitos de la sociedad". (Fernández Casete y otros, 2018). Obviamente, la afirmación que se recoge aquí no tiene por qué ser suscrita por todas y cada una de las personas que han participado en la redacción de ese trabajo.

Casos de mayor precisión

Los dobletes retóricos pueden servir por ejemplo para evitar el *salto semántico*, como interpretamos que ocurrió en la eficaz duplicación que escribe Javier Marías en *El País Semanal* el 11 de septiembre de 2005. Bajo el título "La lenta desaparición del mundo", el académico reflexiona sobre la pérdida de conocimientos y experiencias que se produce "siempre que muere alguien", porque con su fallecimiento desaparece todo aquello "de cuanto el vivo recordaba y sabía hacía unos momentos: [...] los apellidos de los profesores y compañeros del colegio, los rostros de los primeros novios y novias [...]".

En este caso, se percibe como genérica la expresión "el vivo" (es decir, se refiere a toda persona viva, porque la argumentación no está dirigida, como bien señala el pronombre *alguien*, a reflexionar sobre las pérdidas que se producen al morir un varón); y por eso encuentra justificación el posterior "novios y novias", duplicación que nos parece muy pertinente.

Por tanto, se dan circunstancias en las cuales las duplicaciones añaden información o aportan precisiones. Ante una oración como "Mi prima no tiene hijos", entendemos que no tiene ni hijos ni hijas. Pero si un padre está hablando de los problemas que le causaría cambiarse a un piso más pequeño, tras ver reducido su sueldo, se entenderá que exprese: "No sabría cómo distribuir a mis hijas y a mis hijos, porque la casa sólo tiene dos habitaciones, incluida la nuestra. Alguien dormiría en el salón". (Obviamente, el padre quiere separar los espacios de chicos y chicas para proteger sus respectivas intimidades, y en tal caso comunica como relevante la presencia de hijos y de hijas).

Si la situación fuera la contraria (el padre citado pasa de un piso pequeño a uno grande), cabría eludir la duplicidad: "Ahora voy a tener más espacio para mis hijos".

Por todo ello, la decisión lingüística sobre este problema no se ha de tomar entre las alternativas *no usaré nunca genéricos* y *siempre usaré genéricos*. Ambas opciones se toparían con inconveniencias comunicativas.

Éxito de comunicación

Las duplicaciones han servido de mucho en la comunicación en pro de la igualdad, porque han influido en la conciencia general de los hablantes. Se han constituido en banderín de enganche para que muchas mujeres y muchos hombres reflexionen, de carambola, sobre las palabras y su poder.

También han transmitido un continuo mensaje de socorro, de angustia por las discriminaciones, de lucha contra la violencia, de crítica hacia el paternalismo masculino, de censura por la cosificación de las mujeres. Y ese mensaje va calando poco a poco, hasta el punto de que hoy nos parecen impensables las letras de canciones populares o las frases hechas que circulaban entre nosotros sin cuestionamiento hace apenas dos décadas.

Todo lo que sucede es lógico; porque todo sucede por algo. Nos parece consecuente por tanto que se ataque al genérico masculino desde posiciones feministas o femeninas, o desde posiciones emocionales, porque esos ataques parten de una realidad machista, o patriarcal, o cuando menos predominantemente masculina en la sociedad. Conforma, pues, una causa justa, y cierta; una descripción de la realidad de partida que compartimos con el feminismo.

Asimismo, como mensaje publicitario las duplicaciones han alcanzado un impacto tremendo que entraña aspectos muy favorables. Una campaña publicitaria que hubiera obtenido los mismos resultados para denunciar la discriminación de las mujeres habría necesitado cientos de millones de euros en anuncios de televisión, prensa y radio, además de Internet.

El mensaje feminista ha producido una incomodidad sincera a muchos hablantes de buena fe al enfrentarse a determinadas fórmulas del género masculino y a ciertos machismos que se expresan (obviamente) mediante la lengua.

Eso no significa que las propuestas de lenguaje inclusivo carezcan de riesgos y efectos secundarios. La insistencia en las duplicaciones puede resultar contraproducente, por el hastío que ocasiona su continua reiteración y porque implican la posibilidad de desencadenar actitudes contrarias al mensaje y de provocar que el público se desconecte del fondo del asunto que se esté abordando. Se corre además el riesgo, como ya se ha señalado, de considerar injustamente machistas o contrarios al feminismo a quienes no utilicen esas fórmulas o las critiquen por entenderlas innecesarias.

Por eso en muchos casos la duplicación habrá despertado incomprensión y rechazo. Sin embargo, al mismo tiempo ha atraído las miradas de cientos de millones de personas hacia un problema que trasciende la cuestión gramatical y que llega a ciertos usos y palabras que convendría erradicar.

Pero los dobletes de género están presentes en nuestra lengua desde el *Mio Cid*.[66] Fórmulas como las actuales "señoras y señores" o "amigos y amigas" ya aparecían en aquella primera obra literaria en castellano (siglo XII): "Exien lo ver mugieres e varones, burgeses e burgesas por las finiestras son".[67] Y, por su parte, el diccionario de Sebastián de Covarrubias (año 1611) definía "convento" con una evidente duplicación: "Casa de religiosos o religiosas"[68] (que no "de religiosos y religiosas", por cierto).

Por todo eso no supone ninguna vulneración del sistema el uso de fórmulas como "señoras y señores" o "amigos y amigas" si así lo desea quien habla o escribe. Se trata de un asunto de cortesía que viene de siglos.

Una moderada duplicación de géneros servirá legítimamente hoy como símbolo de que se comparte esa lucha por la igualdad; siempre que eso no implique considerar machista a quien prefiera usar el genérico masculino por creerlo igualmente inclusivo y más económico.

Los partidarios de las duplicaciones han señalado un problema apuntando a otro, sí, pero eso no les resta ni la buena intención del propósito ni la consecución de ciertos objetivos. Porque, al suscitar la polémica, han llamado la atención ante la desigualdad, que también se plasma en el uso del lenguaje, como después ve-

---

[66] La palabra *Mio* no se debe acentuar en el título del cantar o poema, pues no corresponde al actual pronombre posesivo *mío*.

[67] En algunas ediciones revisadas por Menéndez Pidal y otros filólogos se escribe "sone", con una *e* epentética que pide el ritmo del verso para facilitar la rima en todo el pasaje. Así sucede también en la edición que manejo, la de la Caja de Ahorros Municipal de Burgos, Burgos, 1982, con edición a cargo de M. Martínez Burgos.

En esos versos aparece el verbo *exien*, que significaba entonces "salían" y que está emparentado con *exit* en inglés y con *eixida* en catalán ("salida" también en ambos casos).

[68] García Mouton, Pilar, "Sexismo lingüístico", *Abc*, 11 de octubre de 2004.

remos; aunque no concretamente en el punto que acabamos de abordar.

LA INVENCIÓN DE UN MORFEMA: LA OPCIÓN DE "LES NIÑES"

Las dificultades para la duplicación continua han encontrado en Argentina una propuesta hábil en la teoría aunque difícil de aplicar en la práctica general: el morfema *e* como representativo del plural. Así, en lugar de "los niños y las niñas", se defiende la alternativa "les niñes". Debería decirse "les profesores", "les diputades", "les magistrades"…

Si se me permite la broma, no resulta extraño que esta alternativa haya nacido en el país de Les Luthiers…

El fenómeno adquirió un notable impulso a raíz de que una estudiante de secundaria hablara en televisión con ese *tercer género* durante las movilizaciones en defensa de la legalización del aborto en aquel país. Entre sus palabras aparecieron "les estudiantes", "les diputades", "nosotres"…, pronunciadas de corrido y con gran naturalidad.

Toda novedad artificial encuentra problemas para desarrollarse en un sistema… natural. Así, esta solución feminista requeriría tan enorme esfuerzo de concentración en esa concordancia que distraería al hablante común del fondo del discurso; y también al oyente. Equivaldría casi a aprender una nueva lengua.

No dudo que algunas personas serían capaces de acometer el entrenamiento necesario para mantener la innovación durante todo un parlamento en el que usaran lo que ya hemos mencionado como *lengua cultivada*, pero difícilmente se extenderá a los millones de hablantes del español en su uso cotidiano. No hay que olvidar que, como escribe María Ángles Calero, "hablar viene a ser como andar, se convierte en un acto rutinario, en una respuesta inmediata a un estímulo".[69]

Además, esa *opción e* arruinaría el camino emprendido por otras personas del movimiento feminista, o abriría una división entre

---

[69]　Calero (1999), pág. 84.

quienes precisamente defienden su misma causa. Porque una expresión como "veinte jueces", dicha con el nuevo morfema flexivo *-e*, no sería percibida en este segundo grupo como una formulación inclusiva, sino como masculinista excluyente, porque el genérico "jueces" invisibiliza supuestamente a las "juezas". Lo mismo sucedería con "mis profesores" (¿masculino genérico?, ¿nuevo plural inclusivo argentino con el morfema *-e*?) o con "sus jefes", "cien militares", "criminales" o "huéspedes", entre los miles de ejemplos que encontraríamos en el *Diccionario*.

Después de tanta lucha para diferenciar *jueces* y *juezas*, terminaríamos en que el masculino *jueces* serviría finalmente como opción inclusiva de hombres y mujeres. Eso sí que supone dar un giro de 360 grados.

Lo mismo acaecería con *mentores, procuradores, concejales...*, siempre que no estuvieran precedidos de un artículo sino, por ejemplo, de un adjetivo común en cuanto al género ("amables", "jóvenes", "grandes") o de un numeral ("cinco jefes", "doce gobernadores") o de un posesivo ("sus jueces", "mis clientes").

Sin embargo, algunas voces autorizadas apoyan esta iniciativa, como sucede con Karina Galperín, doctora en Letras y docente en la universidad Di Tella, de Buenos Aires, donde ejerce como directora de la maestría en Periodismo.

En una entrevista con el portal *Infobae* en octubre de 2018, Galperín explicaba que nos hallamos ante un fenómeno inédito porque "nunca ocurrió de esta manera que se toquen los principios de la lengua". Los cambios se habían venido produciendo "de un modo más inconsciente". Pero ahora "estamos en una época donde la circulación de la palabra escrita y oral tiene una amplitud y velocidad también sin precedentes".[70]

En cuanto a la posible implantación de estos criterios, la profesora señala que el proceso será lento: "Vamos a ir muy despacio. No sé cómo. Es imposible de predecir. Falta muchísimo para que esto se establezca, si es que finalmente se establece".

---

[70] Karina Galperín, en la entrevista publicada el 4 de agosto de 2018 en *infobae.com*, <https://www.infobae.com/cultura/2018/08/04/karina-galperin-la-sobreactuacion-contra-el-lenguaje-inclusivo-es-esperable-porque-es-una-disputa-entre-generaciones/>.

¿Cuántos años habrá que esperar? Galperín responde: "No tengo idea. Yo diría siglos. Como cambio completo me parece muy lejano. Yo desdramatizaría porque (…) en la lengua felizmente nadie —o casi nadie— le impone algo a alguien. Por lo tanto, relajémonos. Que los que no se quieran plegar sigan hablando como siempre. Y los que quieran incorporar los cambios también lo harán".

La profesora argentina aporta razonamientos moderados: "Yo distingo dos tipos de reacciones: la reacción de 'me resulta inutilizable', 'no estoy acostumbrado', 'no creo que me sirva', pero que lo comprenden. Del otro lado, la reacción que yo no entiendo es la de 'me resulta espantoso y ridículo' porque eso es cerrarse a entender algo que me parece muy interesante".

Y usa en la entrevista el masculino genérico: "Tanto los chicos como los grandes somos usuarios competentes de nuestra lengua. No hablamos de la misma manera en cualquier ámbito. Los chicos son perfectamente dúctiles como para hablar de esta manera con sus pares y traducirse a la lengua tradicional cuando hablan con los mayores".

Dentro de esa moderación, Galperín no acusa a la Real Academia Española (en este caso a las Academias, pues hoy en día ya actúan en consenso). Frente a lo que se suele señalar en ámbitos más radicales, la profesora de la Di Tella escribía en junio de 2018 un artículo sobre ese nuevo genérico y afirmaba que la RAE "está haciendo lo que debe hacer". Y agregaba: "Sería un error de su parte aceptar prematuramente cambios en proceso, incipientes, extendidos pero todavía minoritarios".[71] No obstante, hay que seguir observando el proceso, como indica el párrafo final de su texto: "Lo más cauto y sensato ahora es, creo, esperar atentos. Y mientras tanto disfrutar, tanto como a cada uno de nosotros nos lo permitan nuestros hábitos y resquemores, de este gigantesco experimento natural de final incierto que está pasando ahora mismo delante de nuestros ojos".

Por su parte, y desde otra perspectiva, la respetada intelectual argentina Beatriz Sarlo escribió también un artículo al respecto,[72]

---

[71] Galperín, Karina (2018), "El idioma es también un reflejo de los cambios sociales", Buenos Aires, *La Nación*, 28 de junio de 2018.

[72] Sarlo, Beatriz (2018), "Alumnos, alumnas y 'alumnes'", en *elpais.com*, 12 de octubre de 2018.

donde recuerda un notable caso de infructuosa imposición de formas lingüísticas *desde arriba*. "La historia de las lenguas", señala Sarlo, "enseña (a quien la conozca un poco) que los cambios en el habla y en la escritura no se imponen desde las academias ni desde la dirección de un movimiento social, no importa cuán justas sean sus reivindicaciones".

La autora centra el origen de estos intentos relativos al morfema *e* en "estudiantes de la élite social y cultural, que asisten a los dos prestigiosos colegios universitarios de Buenos Aires". Y añade: "Las élites sociales y políticas han intentado en muchas ocasiones imponer un lenguaje que consideraron mejor, por la razón que fuere". En la misma Argentina, recuerda Sarlo, se pretendió imponer a mediados del siglo XX el uso del tú en lugar del vos. "Las maestras, que usaban un impecable voseo durante la mayor parte del día, entraban al aula y empezaban a dirigirse a sus alumnos de tú".

Pero ni toda la potencia unida del sistema escolar al completo consiguió que los argentinos dejaran de hablar su propia variedad del español. El voseo rioplatense, rasgo arcaico del castellano refugiado a las orillas del gran cauce, no se sometió a esas instrucciones llegadas *desde arriba*. Y las autoridades educativas debieron abandonar su caprichoso y pretencioso proyecto de obligar a la gente a hablar como no habla.

Aquel absurdo propósito contaba al menos con el hecho indudable de que en gran parte del ámbito del español se utiliza el *tú* en vez del *vos*. Pero en el empeño que presenciamos en nuestros días por imponer la *e* como representativa del genérico ni siquiera se da precedente o analogía alguna.

Por eso se hace difícil creer que personas de indudable inteligencia piensen en una cercana implantación real de un morfema inexistente. Un intento que, además, debería luchar contra millones y millones de libros, entre ellos los más admirados de nuestra literatura, que han sido impresos y fijados con el uso del genérico masculino que funciona desde los albores del idioma español.

Por el contrario, cabe imaginar que estos intentos no buscan en realidad una nueva forma de hablar, sino llamar la atención sobre una causa justa. En ese caso, se trata nuevamente de una magnífica herramienta de comunicación.

Ahora bien, se incurre con ella en el riesgo de llevar a muchas personas a creer de buena fe que esa empresa puede convertirse en realidad un día cercano.

Volvemos al texto de Sarlo: "Los cambios en una lengua son más difíciles de implantar que los cambios políticos. La razón es evidente si atendemos a que la lengua no es un instrumento exterior que se adopta a voluntad (como se adopta una ideología, incluso una perspectiva moral), sino que nos constituye".

La autora argentina añade que "imponer que padres y madres hablen a sus hijos desde el nacimiento con los sustantivos en femenino y masculino" constituye "una utopía atractiva pero autoritaria".

"La militancia puede favorecer esos cambios, pero no puede imponerlos", añade. "Si pudiera imponerlos, quienes defendemos la igualdad más completa entre hombres y mujeres ya estaríamos hablando con *doble* sustantivo desde el momento en que apoyamos un movimiento que es universal e indetenible, pero no omnipotente como un dios o una diosa".

No debemos incluir entre quienes desean esa imposición a Karina Galperín, pues en la mencionada entrevista en *Infobae* ya aclaraba que no se ha de utilizar el sistema escolar para eso: "Estamos todavía en un mundo cuya norma es la norma antigua. Por lo tanto no dejaría de enseñar la norma. Tampoco enseñaría la novedad a no ser que los chicos lo pidan. Si los chicos lo utilizan, hay un buen tema de discusión".

Las lenguas evolucionan, cierto. Pero lo hacen con suma lentitud y *por abajo*, no *desde arriba*. Y sin duda resultará más fácil conseguir por fin una sociedad igualitaria que imponer un nuevo morfema flexivo a millones de hablantes. Al menos, el año que viene.

3

EL LENGUAJE IDENTITARIO

El radar de la Real Academia Española y de las Academias americanas no ha debido de captar con la suficiente intensidad el adjetivo *identitario*, porque en el momento de escribir estas líneas (agosto de 2019) no figura en el *Diccionario de la Lengua Española*, ni tampoco en el *Diccionario de americanismos*.

Sí aparece en el *Diccionario del español jurídico*, pero no con entrada propia sino en la correspondiente a *fanático*, y dentro de la cita de una sentencia del Tribunal Supremo español dictada en 2007, cuyo fallo condena a seis años de prisión a distintas personas relacionadas con asociaciones afines al grupo terrorista ETA. En un voto particular a esa resolución, el magistrado Joaquín Giménez García señala en discrepancia con sus compañeros que no existe un concepto de *terrorismo* universalmente aceptado, lo que no resulta extraño "dada la pluralidad de terrorismos existentes, que van desde el de la naturaleza religioso/fanático al revolucionario sin fronteras, pasando por el étnico-independentista-identitario".

Pese a no figurar en el *Diccionario de la Lengua Española*, la palabra masculina *identitario* consta 307 veces en el corpus del español del siglo XXI de la Academia española. El femenino *identitaria* alcanza por su parte 290 menciones. Ambos tienen reflejo en todo el ámbito hispanoamericano y en Guinea, y se observan en contextos de psicología, política, diseño, arqueología... El primer registro académico data de 1996 (en masculino).

Una búsqueda sencilla en Google ofrece 1.450.000 resultados del masculino *identitario* y 1.620.000 del femenino. Y la herramienta Google Books Ngram Viewer permite ver el espectacular aumento de uso desde 1990.

Sin embargo, no ha llegado al *Diccionario* del español. Nadie ha protestado por eso. Ni los profesionales de la sociología, la antropología, el periodismo…

Me he extendido en el ejemplo porque sirve para apreciar que en el léxico de las Academias no está todo. Y eso no siempre se debe a que la institución pretenda discriminar a alguien, sino que sencillamente se produce porque se trata de una obra humana que, como tal, contiene imperfecciones y desacuerdos con lo que cada cual piense, o es reflejo de discrepancias internas. Algunos aspectos que afectan a intereses colectivos se suelen interpretar como discriminaciones, sin explorar otras posibles causas.

El adjetivo *identitario* está bien formado y responde a los criterios del genio del idioma. Su raíz (de *identitas* en latín) y su morfología están previstas en la gramática, con ese sufijo *(-ario)* destinado a formar adjetivos que indiquen relación con lo que señala la base de la palabra. Es decir, igual que de *comunidad* sale *comunitario* y de *sanidad* se deriva *sanitario*, y de *universidad* creamos *universitario…*, de *identidad* se forma *identitario*.

Usaremos a continuación el término *identitario* de muy distinta manera a como se emplea, por el necesario contexto, en el voto particular de la sentencia referida.

El presente capítulo del libro incluirá a menudo ese adjetivo, que acompañará a los sustantivos *lenguaje* y *léxico* para referirse así a un tipo de vocabulario que se constituye en símbolo de una ideología o de un grupo, cuyos miembros lo adoptan a veces con una doble intención: por un lado, identificarse públicamente y entre sí mediante determinadas palabras; y, por otro, propiciar que su colectividad rechace a quienes no se doblegen a su uso.

Wenceslao Castañares, catedrático de la Universidad Complutense de Madrid, escribió que "el símbolo tiene un claro sentido identitario, al tiempo que normativo: en él se recoge de forma sintética la doctrina verdadera".[1] De ese modo, lo identitario sirve para considerar distintos a los demás, porque incluir implica siempre excluir.

---

[1]   Castañares, Wenceslao (2014), *Historia del pensamiento semiótico*, vol. 1, Madrid, Trotta, pág. 267.

En general, no se da una exhibición identitaria sin entender que quien no participe de ella quedará excluido de alguna forma, lo mismo al vestirse la camiseta de un equipo en un estadio que al cortarse el pelo igual que una estrella del espectáculo. El símbolo sirve así de bandera a la que debe engancharse una colectividad para sentirse como tal.

Los lenguajes identitarios se forman mediante palabras, pocas o muchas, que funcionan como símbolos. El hablante se pone esos vocablos en la solapa como si fueran insignias. Así, determinados sintagmas cumplen un papel de señas de pertenencia.

Bastan apenas una decena de palabras, pero repetidas con intensidad, para constituir un léxico identitario. Hoy en día los descubrimos en todos los ámbitos de la sociedad. Muchos gremios construyen su propio léxico común: los médicos, los abogados, los deportistas... Por supuesto, las palabras específicas les sirven para entenderse entre ellos, pero también adquieren un uso simbólico que representa su autoridad o su conocimiento, con el propósito de que los demás perciban esa diferencia.

Una persona acude a un hospital para hacerse un análisis de sangre, pero el médico le entregará "los resultados de la analítica". Y al expresar "analítica", estará poniéndose una insignia identitaria. Cuando todo el mundo diga "analítica" en vez de "análisis" (lo cual lleva camino de ocurrir, dada la insistencia de los doctores), el término dejará de servir para su finalidad identitaria.

Los lenguajes identitarios han participado de lo más perverso y de lo más benéfico de la historia (en distintos casos, por supuesto). No se pueden condenar por sí mismos, sino solamente por su relación con los propósitos a los que acompañan o acompañaron.

Así lo hacemos con lo que fue seguramente el primer uso masivo de lenguaje identitario en la historia, tan bien descrito por el ensayista francés Jean Pierre Faye, que analizó este fenómeno en su monumental obra *Los lenguajes totalitarios*[2] y observó cómo determinados grupos prohíben a los otros el uso de ciertos vocablos mientras imponen los suyos.

---

[2]   Faye, Jean-Pierre (1974), *Los lenguajes totalitarios*, Madrid, Taurus.

Por ejemplo, los nazis identificaron con el neologismo *volkischer* al auténtico nacional del pueblo alemán, idéntico consigo mismo[3] y que se opone al diferente. Y de ahí saldrá el *volksgenosse*, el camarada del pueblo: de *nuestro pueblo*. Términos inventados que más tarde se traducirían a otras lenguas (y ya fuera del control nazi) con el equivalente *racista*.

Aquel lenguaje identitario implicaba incluir a la vez que excluir, y por eso el *hertz* (hercio), no podía denominarse en Alemania con ese nombre judío (el de Heinrich Rudolf Hertz, su descubridor), sino que debían utilizarse opciones como "unidad de frecuencia"; y en los cursos de física se debía callar el nombre de Einstein. También eran contrarios a la identidad correcta los antropónimos extraídos del Antiguo Testamento, por lo que constituía una temeridad bautizar a una bebé como Sara.

De hecho, los nombres propios forman parte de las señas de identidad de determinadas comunidades, y las prohibiciones sociales que se dieron en la Alemania nazi atentaban contra la libertad de las familias judías. El problema en estos casos no consiste en nombrar, sino en prohibir que se nombre: en que una identidad arrase a otra.

Victor Klemperer escribió en aquellos tiempos del régimen totalitario alemán un libro que nos deja un tremendo testimonio de la época. Su doble condición de maestro y de judío le permitió observar con experiencia en ambos terrenos las palabras del nazismo. En la obra *La lengua del Tercer Reich* refleja el afán de los seguidores de Hitler por bautizar, por introducir expresiones nuevas; y describe "sus burdas frases muchas veces construidas de forma lesiva para la lengua alemana".[4]

Según relata Klemperer, la palabra *fanático* (que se usaba hasta entonces con sentido crítico) se convirtió en positiva para los nazis. Los demás preferían decir *apasionado* cuando se elogiaba el entusiasmo de alguien, pero eso precisamente los podía marcar como ajenos a la identidad adecuada.

Un fascismo más cercano a los españoles, la dictadura de Franco, nos permitió presenciar la apropiación de palabras como *patria, paz, caudillo…*, incluso se adueñó del nombre de España.

---

3   Faye (1974), pág. 304.
4   Klemperer, Victor (2001), *LTI. La lengua del Tercer Reich. Apuntes de un filólogo*, Barcelona, Minúscula, págs. 70 y 119.

Por su parte, la organización terrorista ETA construyó también una identidad lingüística en la que no se permitían vocablos como *asesinatos* o *atentados* (se denominaban *acciones*), ni *terroristas* o *terrorismo* (sustituidos por *activistas* o *gudaris* —*soldados* en euskera— y por *lucha armada*). Los asesinatos eran *ejecuciones*, los chantajes o extorsiones se llamaban *impuesto revolucionario* y la destrucción del mobiliario urbano recibía el nombre de *lucha callejera* (*kale borroka*), entre otros muchos ejemplos.

Alguien que desease formar parte de los grupos simpatizantes de ETA o del independentismo extremo de aquellos años de fuego debía decir, por tanto, *acciones, lucha armada, gudaris, impuesto revolucionario* o *kale borroka*, además de *Estado opresor* y otras locuciones.

A veces el léxico identitario no se mantiene mucho tiempo, y esos términos pasan de prestigiosos a proscritos, como sucedió por ejemplo con la propia palabra *totalitario*, nacida entre los fascistas italianos que propugnaban la "transformación total" de la vida pública. O con el vocablo *fascismo*, inventado por Mussolini a partir de la palabra *fascio*, un término que en la Italia del xix formaba parte del lenguaje de la izquierda.

Pero insistimos en señalar que el léxico identitario no tiene por qué vincularse con una organización totalitaria, aunque los nazis llevaran esos símbolos a los más aborrecibles extremos. También los han desarrollado muy distintas fuerzas sociales, a menudo muy alejadas del fascismo; y a veces involucradas en luchas justas y democráticas, incluso de carácter transversal a ideologías y bandos.

La izquierda española, por ejemplo, tardó en pronunciar durante la Transición la palabra *España*, a la que sustituía con frecuencia por *el Estado* o por la locución *el Estado español*. En esa época, el término *dictadura* corría de boca en boca entre los progresistas, mientras que la derecha prefería hablar de *el régimen anterior*. Cada parte adoptaba su propio vocabulario simbólico.

También los partidos nacionalistas o independentistas van construyendo su propio léxico identitario, y, por supuesto, las pandillas de jóvenes, de presidiarios, los gremios de juristas, los expertos en mercadeo (ellos dirán *marketing*) o los informáticos… Sobre todo entre informáticos.

LOS SÍMBOLOS VERBALES DEL FEMINISMO LINGÜÍSTICO

En los últimos años, hemos asistido a una nueva incorporación al mundo de estos lenguajes identitarios: la del movimiento feminista. Así, las duplicaciones de género habituales en los sustantivos que hemos analizado en el capítulo 2 funcionan en el plano de una reivindicación según la cual la mujer queda oculta tras el masculino genérico, pero también ejercen de bandera o de insignia.

Prueba de ello es la presencia a menudo innecesaria de esas duplicaciones. Por ejemplo, cuando en un acto público se dice "Buenas noches a todos y a todas", pues bastaría con decir "Buenas noches".

La etimología común de *insignia*, de *enseña* y de *enseñar* nos sirve para desentrañar la relación entre estas ideas. El *insignare* latino ('señalar') se puede tomar como equivalente del verbo castellano que significa *indicar*, es decir, la acción de enseñar (mostrar) algo a los demás y de que el emisor del mensaje se muestre a sí mismo. El símbolo nos señala ante los otros.

De ese modo, las duplicaciones marcan un terreno identificable: quien las elige está diciendo que forma parte de un movimiento, de un club, de un equipo, de una hinchada (en el mejor sentido de la palabra). En el presente caso, identifican a personas que comparten las reivindicaciones por la igualdad de la mujer.

El lenguaje duplicador será tomado como feminista; y la persona que lo use se abrirá las puertas de todo un sector de la sociedad, que la tomará como uno de los suyos. Un discurso que comience con unos cuantos dobletes pondrá en práctica así la *captatio benevolentiae* que la retórica recomienda para obtener el beneplácito del público afín a esas ideas. Pero de ese modo también se puede levantar con el tiempo cierta desconfianza hacia quien no adopte las mismas señales.

Algunos términos que empiezan a constituir un lenguaje identitario mediante su uso conjunto y reiterado por las personas que representan ese movimiento son *sororidad, patriarcado, heteropatriarcado, androcentrismo, empoderamiento* o *género* (en *violencia de género*, por ejemplo), expresión ésta que se analizará más adelante.

Varios de esos vocablos se hacen necesarios, sin duda, para acompañar y extender las reivindicaciones feministas y nombrar lo que se denuncia, pero eso no impide que contribuyan a conformar técnicamente un léxico identitario.

No se pretende aquí, ni en ningún otro sitio de este libro, condenar estas señas de identidad del feminismo, sino describirlas para entender mejor el fenómeno.

Sin embargo, quizá la palabra más definitoria de este nuevo lenguaje identitario sea *jueza*. Y me detengo en ella porque su evolución se está produciendo ante nuestros ojos contemporáneos y nos sirve para radiografiar de primera mano estos procesos.

JUEZ Y JUEZA

La palabra *juez* procede del latín *iudex, iudĭcis*, que a su vez se forma a partir del sustantivo *ius, iuris* ('justicia', 'derecho') y del verbo *dico* (infinitivo *dicĕre*, 'decir'); etimológicamente, pues, *juez* es "quien dicta justicia". El término castellano derivó, como tantas otras palabras de nuestra lengua, del acusativo latino: *iudicem* (luego *judicem*), forma que pasó a *júdez* durante el siglo xii, y que muy poco después se transformó en *júez* y luego en *juez* tal como la pronunciamos hoy (Coromines y Pascual).[5] Esa transición fue relativamente rápida.

Palabras comunes en cuanto al género

El desigual reparto de los acusativos latinos en los géneros del castellano encuadró el término *juez* entre los sustantivos "comunes en cuanto al género" (más brevemente, "del género común"); es decir, los que no se alteran morfológicamente para concordar en masculino o femenino. Se encuadran en este grupo términos como los siguientes:

El pediatra y la pediatra
El joven y la joven

[5]   Coromines, Joan, y Pascual, José Antonio (1991-1997), *Diccionario crítico etimológico castellano e hispánico*, Madrid, Gredos.

El portavoz y la portavoz
El modelo y la modelo
El atleta y la atleta
El militar y la militar
El conserje y la conserje
El albañil y la albañil
El profesional y la profesional
El corresponsal y la corresponsal
El comensal y la comensal
El criminal y la criminal
El concejal y la concejal
El mártir y la mártir
El rehén y la rehén
El cónyuge y la cónyuge
El delincuente y la delincuente
El intérprete y la intérprete
El paciente y la paciente
El cómplice y la cómplice
El cantante y la cantante
El alférez y la alférez
El caradura y la caradura
El agente y la agente
El oficial de policía y la oficial de policía
El amante y la amante

Pero ninguno de estos sustantivos (varios de ellos terminados en consonante) ha experimentado la presión que se ha ejercido sobre *juez* para añadirle a su base una -*a*, si bien se han dado casos similares, quizá de menor intensidad, con *concejala, edila* y *fiscala* (pero no con *criminala, profesionala, albañila, rehena* o *corresponsala,* por ejemplo).

La mayoría de los hablantes repudia actualmente esas opciones (como las de *amanta* o *cómpliza,* entre otras muchas posibles *feminizaciones* de estos sustantivos de género común). En eso ha influido seguramente que los han venido considerando innecesarios, pues se manifiestan como representativos de un hombre o de una mujer gracias al artículo, a los pronombres o a los adjetivos con los que estén en concordancia en el caso de que estos últimos permitan a su vez flexión de género. (Por ejemplo, en "Tres estudiantes muy amables" no se daría tal caso: no hay marca sobre el sexo de las personas representadas; pero sí en "Tres estudiantes amabilísimas").

Ni siquiera la terminación en *-a* o en *-o* señala el género indefectiblemente, sino que la clave la dan el artículo y las demás concordancias. Así, decimos *la modelo, la canguro, la contralto, la sobrecargo, la soprano, la mano* (femeninos terminados en *-o*)..., y *el pediatra, el espía, el fisioterapeuta, el internauta, el día* (masculinos terminados en *-a*); y *el café, el mate, la sangre, la esfinge* (palabras todas terminadas en *-e,* pero de distinto género).

Del mismo modo, el término *juez* no había incorporado una *a* denotativa del femenino porque tampoco la necesitaba para marcar el sexo de quien desempeñase tal función, igual que no la precisan decenas de sustantivos similares (como los ya mencionados). De tal tarea se encargan los artículos, los adjetivos y los pronombres.

Álvaro García Meseguer, ya citado anteriormente como pionero en el estudio del lenguaje sexista, publicó el 18 de enero de 1979 en *El País* un artículo titulado *El género y el sexo*. En él abogaba por olvidar *poetisa* a fin de quedarse con *poeta* para los dos sexos, de modo que la expresión "Es tierra de poetas", por ejemplo, englobase a unos y otras. Este argumento, extrapolado, sería contrario a la propuesta planteada años después para defender *jueza,* que se aparta del masculino en la misma medida en que lo hace *poetisa.*

Poetisa y *jueza* representan, por tanto, dos casos opuestos. En el primero, gran parte de las mujeres que escriben poesía (y con ellas gran parte del feminismo) prefieren la simplificación en un solo término (*poeta,* capaz de asumir el masculino genérico, el femenino y el masculino), pero en el otro se rechaza esa misma opción (la representada por *juez* como vocablo válido también para las tres posibilidades) y se opta por el desdoblamiento (*jueza* es a *juez* lo que *poetisa* es a *poeta).*

La artista Ouka Leele declaraba al respecto en un reportaje de *El País* sobre el lenguaje y la mujer publicado el 5 de marzo de 2012: "Hay palabras como 'poeta' que son muy bonitas y que no necesitan de la palabra 'poetisa' o 'poeto' para definir su género cuando se puede entender por el artículo: la poeta o el poeta". Argumentos que valdrían precisamente para *el juez* y *la juez,* de modo que al decir "la juez" también queda claro el femenino por el artículo.

Se ha excusado ese rechazo de *poetisa* con el argumento de que resulta menospreciativo. Es decir, a quienes lo impugnan les parece más prestigioso *poeta*. Sin embargo, eso entra en contradicción con la recomendación feminista[6] de que hace falta combatir la idea equivocada, y extendida entre algunas mujeres, de que "la feminización resta categoría a la profesión o al cargo". Y, en efecto, así como hay médicas que prefieren ser llamadas *la médico,* algunas poetisas eligen definirse como *poeta.*

García Meseguer también afirmaba en el citado artículo que al decir *la abogado* no se produce ocultación de la mujer, gracias al artículo. Lo mismo, entonces, que al decir *la juez.* Porque en la oración "Es cosa de jueces", explicaba, "estarían incluidas las jueces". García Meseguer falleció en 2009, y quizá, de no habérselo llevado un cáncer a los 75 años, habría actualizado sus ideas más adelante; pero eso nunca lo sabremos. Ya había corregido en obras posteriores su primera afirmación de que la lengua es sexista, para señalar que en realidad es sexista su uso, con gran influencia de los contextos.

En cualquier caso, la *-a* de *jueza* no añade ninguna información a la habitual locución *la juez.* Porque el mismo significado tienen *la juez* y *la jueza* (y *las jueces* es igual que *las juezas*; igual que *los jueces* y *las jueces* frente a *los jueces* y *las juezas*). La visibilidad de una juez es idéntica en esas tres comparaciones. Y el margen de ambigüedad que acarrea el término no difiere del que se produce con otros vocablos similares ("oficial de policía", "pacientes del hospital", "joven entusiasta"), normalmente resueltos por el contexto o el ambiente. (Ya hemos indicado que en ciertas argumentaciones favorables al lenguaje igualitario no se suele tener en cuenta ese factor).

Por otro lado, el juego de contextos, como ya vio García Meseguer, se identifica con facilidad en estas alternativas. Imaginemos esta comunicación por parte de un amigo:

"Mi prima declaró ayer ante el juez".

6   Ayala Castro, M.ª Concepción, Guerrero Salazar, Susana, y Medina Guerra, Antonia M. (2006), *Guía para un uso igualitario del lenguaje periodístico*, Málaga, Diputación de Málaga, pág. 62.

En ese caso, suponemos que quien nos comunica el hecho tiene información sobre el asunto y *el juez* se interpreta entonces como término correspondiente a un varón; porque en caso contrario nos habría dicho "ante la juez" (o "ante la jueza", que ofrecería la misma información).

Pero si nos dicen:

"Mi prima tendrá que declarar ante un juez",

en ese caso *juez* toma el valor de genérico que puede incluir a un varón y a una mujer. Y ahí el sexo (salvo prejuicio) importa poco.

Aunque pueda parecerlo, la duplicación *juez-jueza* no constituye el mismo supuesto que *presidente-presidenta*. La opción *la presidente* (usada en algunos países de América) también marcaría con claridad el género, pero aquí el genio del idioma español (que es muy analógico, es decir, da por buena la formación de palabras mediante recursos morfológicos con los que ya cuenta) disponía y dispone de bastantes antecedentes con terminaciones de sustantivos y adjetivos en el femenino *-nta: dependienta, clienta, intendenta, parienta, pretendienta, parturienta, sirvienta, negocianta, lianta, principianta, comedianta, harapienta, hambrienta, acompañanta...*

En varios casos se trata de participios presentes que se han lexicalizado como sustantivos. (Otros, en cambio, no han redondeado ese proceso, como *cantante* o *amante,* que no dan *cantanta* ni *amanta*).[7]

Sustantivos terminados en *-uez*

A diferencia de lo que sucede con *presidente,* que dispone de analogías anteriores, el *Diccionario* académico solamente recoge ¡dos! sustantivos simples terminados en *-uez* (excluimos los que incorporan la *u* por razones ortográficas detrás de una *g* o una *q,* como sucede en *meguez,* que significa 'caricia'; o *embriaguez* o *alquez,*

---

[7]   La voz *presidenta* figura en el *Diccionario* desde 1803, con el significado de "la mujer del presidente", pero también con la acepción de "la que manda y preside en alguna comunidad".

antigua medida de capacidad). Estamos, pues, ante un muy reducido grupo de palabras similares entre sí.

Los dos sustantivos simples terminados en *-uez* son *juez* y *nuez* (que concuerda precisamente en femenino: "la nuez", y puede formar palabras como *ajonuez*).

A partir de *juez* se forman también los compuestos *conjuez* (que desde la edición de 2014 admite *conjueza* en consonancia con la modificación de la entrada *juez, jueza*) y *sobrejuez,* término ahora olvidado que significa 'juez de apelación' y cuya falta de uso ha contribuido quizá a impedir la evolución con la forma *sobrejueza.*

A la referencia única de *la nuez* como femenino se une el hecho de que el sufijo *-ez* forma vocablos de ese mismo género cuando se añade a un adjetivo abstracto a fin de indicar la cualidad expresada por el término del que deriva: *la lucidez, la brillantez, la altivez, la dejadez, la palidez* y todos los sustantivos de esa misma serie. A ellos se suman sustantivos como *la tez* (rostro humano) y *la pez* (sustancia que sirve para sellar las juntas de embarcaciones o de elementos de cuero).

Entonces, no podía repugnar al oído la formación en femenino de *la juez,* que, como acabamos de ver, encontraba su correspondencia con otras terminaciones en *-uez* y en *-ez* que provocaban concordancias igualmente femeninas.

Sustantivos terminados en -z con flexión de género

No obstante, ninguno de esos ejemplos (*la nuez, la pez, la brillantez...*) admite flexión de género. Pero nuestra lengua dispone de otros dos sustantivos terminados en *-z* (aunque no en *-uez*) que sí disponen de femenino y masculino, y que se refieren a oficios o cargos: *aprendiz* y *capataz.*[8] Y, ya al margen de los asuntos profesionales, disponemos de *rapaz* y *andaluz,* asimismo con flexión. (También existe *marfuz-marfuza,* pero no se trata de un sustanti-

---

[8] *Alférez* no admite de momento la adición de la *a* para el femenino. No incluimos *portavoz* en la lista porque, como todas las palabras compuestas referidas a persona, es común en cuanto al género, a pesar de algún notorio intento en contra como el protagonizado por la diputada Irene Montero, del grupo Unidas Podemos, el 6 de febrero de 2018, al hablar de "portavozas".

vo, sino de un adjetivo, y la propia Academia lo marca como "des-usado"). ¿Qué ocurre en esos casos?

Ocurre que la Academia ha aceptado la flexión de los sustantivos acabados en zeta que pueden representar a personas de sexo masculino o femenino: *jueza, capataza, rapaza, aprendiza* y *andaluza*. Sólo ha dejado fuerza *alférez*, quizá por la costumbre de que los empleos militares son de género común (*el capitán, la capitán*).

Sin embargo, las formaciones con la adición del morfema -*a* han convivido muchos años, y aún conviven, con los femeninos terminados en zeta que se refieren a oficios o profesiones: *la juez, la capataz, la aprendiz*.

Y esto tal vez se deba a que en algunos de esos casos los femeninos terminados en -*a* activaban un significado no tan prestigioso: "la esposa de". *Jueza* significaba "la mujer del juez"; y *capataza*, "la mujer del capataz" (lo mismo que ocurría con *alcaldesa* o *presidenta*, por ejemplo).

Cuando las mujeres empezaron a llegar a la judicatura, la corriente general del idioma prefirió llamarlas *la juez*, quizá para huir del menos prestigioso *la jueza*. El uso de *la jueza* como "esposa del juez" se mantendría en el ámbito rural incluso cuando ya estaba desapareciendo de las zonas urbanas. Por otro lado, se daban en favor de *la juez*, como explicábamos, analogías suficientes; y además con esa opción no se perdía información por el camino.

Lo mismo pudo ocurrir con *capataza*, si bien este término no abunda en el lenguaje público (periodístico y político): su significado también admitía "la mujer del capataz". Pero no se daba igual caso en *aprendiz* (con origen remoto en el latín *apprehendere*), pues la juventud de quien está iniciándose en un oficio desincentivaba la aparición de *aprendiza* como "la esposa del aprendiz". En consecuencia, ese vocablo eludió el riesgo de contaminación no profesional que sí sufrieron los otros dos.

Así, *aprendiza* se especializó para referirse a determinados oficios (generalmente textiles) a fin de expresar una categoría laboral,[9] y no tanto para las expresiones metafóricas como "Es una

---

[9] La *Guía* del Ayuntamiento de Madrid señala que "en el caso de *aprendiz* será el determinante [el artículo] el que aporte el femenino o el masculino". Es decir, *la aprendiz* y *el aprendiz*, pero no *la aprendiza*.

aprendiz de escritora" (así la usa por ejemplo el dramaturgo Alfonso Sastre[10]).

En cuanto al nombre *rapaz* (del latín *rapax, rapacis*), no admite flexión si se refiere a un ave ("Ayer vi una rapaz diurna"), pero sí cuando designa a una muchacha ("Hoy tengo cita con una rapaza"). Y ese doblete figura ya en el primer Diccionario académico (1737), pues en la entrada *rapaz* ("muchacho pequeño de edad") se añadía: "En la terminación femenina se dice 'rapaza'.

En lo que se refiere a *andaluz*, se desdobla en *andaluza* desde hace siglos. Baste recordar que la obra *La lozana andaluza* se escribió en el XVI. Sin embargo, esta palabra es un adjetivo, y no un sustantivo como *juez;* y además no ha seguido el camino de sus compañeras que proceden del latín, sino que parte del árabe *al-Ándalus*. Por cierto, el ya citado adjetivo desusado *marfuz-marfuza* (que significa 'falaz', 'engañoso') es igualmente de origen árabe.

Hasta aquí, en resumen, se ve que existen analogías tanto para *la juez* como para *la jueza*. Pero *la jueza* (como *la capataza*) venía de un significado por vía de consorte que contaminaba el prestigio de la profesional de la judicatura que ejerciera su trabajo en los tribunales, y quizá por eso bastantes mujeres jueces huían al principio de la palabra marcada con esa -*a* final. Es decir, preferían ser *la juez* y no "la mujer del juez". Con el tiempo, se fue olvidando aquel viejo sentido que llegaba por la vía marital, y eso permitió que se operase un cambio notable, como ahora veremos.

Inversión de la tendencia

El corpus académico de textos publicados entre el origen de la lengua y el año 1975 (el llamado CORDE, con más de 250 millones de registros o palabras) ofrece un solo caso de *la jueza*, referido a la esposa de un juez (de Emilia Pardo Bazán en 1886[11]), y ningu-

---

[10]   Sastre, Alfonso (1991), *Los hombres y sus sombras (Terrores y miserias del IV Reich)*, Bilbao, Hiru.

[11]   Pardo Bazán, Emilia (1987), *Los pazos de Ulloa*, Madrid, Espasa-Calpe, pág. 262. El vocablo *jueza* aparece al menos otras cuatro veces en esta obra, pero no como "la jueza" sino como "la señora jueza", y referido siempre a la esposa del juez.

no para *la juez* como mujer que ejerce esa profesión. El corpus que comprende el periodo 1975-2004 (el CREA, con 160 millones de palabras) muestra ya 591 casos de *la jueza* frente a 873 de *la juez*. Y, finalmente, el corpus del siglo XXI (o CORPES, con unos 230 millones de vocablos), invierte el resultado: 1.552 registros de *la jueza* (opción que sale ganadora) por 1.204 de *la juez*.

La inmensa mayoría de los registros de *jueza* procede de periódicos de Argentina y Chile, con un centenar de España. En los años ochenta sólo se hallan 14 registros españoles, todos ellos del diario *Abc*. En la década de los setenta, únicamente 4, del diario argentino *Clarín*. Es en la segunda mitad de los noventa cuando se produce la explosión de *la jueza*.[12]

Se podría argumentar que antaño no se usaban *jueza* y *juezas* porque las mujeres no ocupaban esos puestos, pero la palabra no concierne sólo a la carrera judicial. Ya se empleaban con anterioridad los usos metafóricos cuando una mujer ejercía algún papel mediador o decisivo en cuestiones cotidianas ("María no quiso ser la juez del conflicto entre sus hermanos") y, sobre todo, en el terreno de los deportes. A la gimnasta rumana Nadia Comaneci "las jueces" le dieron el primer 10 de la historia en los Juegos Olímpicos de Montreal 76; y su primera medalla en unos Juegos Universitarios no tuvo valor porque se celebraron en Rumania con "jueces rumanas", según recogió entonces la prensa. La española Almudena Cid, leyenda de la gimnasia, ha mencionado a menudo a "las jueces" en sus declaraciones de prensa. Por ejemplo, en un teletipo de Efe durante los Juegos de Pekín, en 2008: "Venía con los ejercicios muy trabajados. Pero no confiaba en que las jueces fueran justas".

Y en la tesis doctoral titulada *Historia del deporte de las mujeres españolas durante el periodo de 1939-1975*, de Carmen María Pereda Peláez, publicada en 2017, se lee tres veces "las jueces" en declaraciones de gimnastas de la época abordada. En la edición de *Abc* del 9 de septiembre de 1988, una crónica recogía unas palabras de la gimnasta Maisa Lloret: "Éste es un deporte que depende mucho de la subjetividad de las jueces, pero nosotras estamos muy

---

[12]   Según los gráficos de Google Books Ngram Viewer, esta eclosión llegó bastante antes, pues se aprecia la curva muy ascendente de ese femenino a partir de 1986.

mentalizadas". Y menciones idénticas se localizan sin demasiado trabajo en informaciones sobre pruebas femeninas como la natación sincronizada y sobre otros deportes juzgados cualitativamente (patinaje artístico, saltos de trampolín, etcétera).

En 1978 tomó posesión la primera juez en España (Josefina Trigueros, en Navalmoral de la Mata), pero la opción *la jueza* apenas tendría eco hasta veinte años después para referirse a ese cargo. A ello seguramente contribuyó que la presencia más actual de mujeres que desempeñaron y desempeñan ese puesto (en España son ya más del 40 por ciento) se podía mencionar con la fórmula *la juez* del mismo modo que *la joven, la corresponsal* o *la comandante;* y también que la opción con la *-a* añadida evocaba demasiado el sentido de "consorte de un juez".

La variante *jueza* llegará en 1989 al *Diccionario manual* de la Academia (el oficioso, una especie de "banco de pruebas"), referida al cargo de juez y a quien tiene autoridad para sentenciar (curiosamente, la entrada *jueza* para el significado de "esposa del juez" no se incorpora hasta 1992, pese a que su uso ya se había acreditado en el siglo XIX).

Aquella decisión académica de adjudicarle a *jueza* el valor de mujer que ejerce la misión profesional de juzgar quedaría reflejada a continuación en el nunca publicado libro de estilo de la revista *El Globo*[13] —que tenía solamente uso interno y fue elaborado por Julio Alonso, responsable anteriormente del *Libro de estilo de El País* en su nacimiento—, pero sin que se indicase en él preferencia alguna entre *la juez* y *la jueza*. En cambio, la edición del *Libro de estilo* de *El País* de 1990 sí estableció que, aunque la Academia toleraba *la jueza* (palabra todavía no incorporada en aquel momento al *Diccionario usual*, sino solamente al *manual*), se preferiría en el periódico la opción *la juez* para designar esa función, con el objeto de mantener la analogía con otros casos similares (*la concejal, la fiscal,* etcétera), y reservar *la jueza* para crónicas de ambiente rural donde se pudiera usar esa expresión popular a fin de referirse a "la mujer del juez". Ese manual pretendía establecer, pues, el uso de *la juez* para referirse al ejercicio profesional de la judica-

---

[13]   Esta revista se publicó los años 1987 y 1988 y después desapareció. Pertenecía al grupo Prisa, editor de *El País*.

tura y diferenciarlo del menos prestigioso *la jueza*, que se venía aplicando a la esposa de un juez.

Jueza entrará en el *Diccionario* oficial de la Academia en la edición de 1992 (la siguiente a la primera publicación general del *Libro de estilo* de *El País*), donde equivale a "mujer del juez" (acepción ésta que sin embargo se marcaría en la edición de 2014 como coloquial y ya poco usada), pero también significa "mujer que desempeña el cargo de juez". Curiosamente, en 1992 se consigna mediante una entrada aparte (*jueza*); y no como femenino de *juez* (*juez, za*) como ya figuraba en el *Diccionario manual*. La primera acepción en esa entrada de 1992, no obstante, es "mujer del juez"; y la segunda, "mujer que desempeña el cargo de juez".

En 1989 había sorprendido que la Academia incorporase tan pronto *jueza* como "persona que tiene autoridad y potestad para juzgar", porque su uso escrito era muy restringido en aquel tiempo, según se puede comprobar en el banco de datos académico. El propio Fernando Lázaro Carreter, director de la institución, mantenía en 1996 este diálogo con Joaquín Vidal para *El País*:[14]

Lázaro Carreter. […] En ese esfuerzo por feminizarlo todo se está llegando a extremos disparatados: de fiscal a fiscala, de juez a jueza…; qué ridiculez.

Joaquín Vidal. ¿Cómo pudo admitir la Academia la palabra *jueza*, tan horrenda e innecesaria?

L. C. Y, además, gramaticalmente incorrecta. La verdad es que se introdujo antes de que yo fuera director y no tengo la menor idea de quién la trajo. ¿Arquitecto-arquitecta, abogado-abogada? Bien. Pero *jueza* es realmente espantoso y estamos intentando llegar a un acuerdo para eliminarla del diccionario.

J. V. Otro académico nos aseguró que había indagado la palabra *jueza*, sin encontrar quién la propuso ni las razones de su aprobación. De donde deducía: "Se coló".

---

[14] Vidal, Joaquín, "El maltrato al español es suicida", entrevista a Lázaro Carreter, 8 de febrero de 1996.

Lázaro Carreter no está conforme con esa obsesión feminista por modificar el vocabulario.

L. C. Es desvirtuar la faz del español y de las lenguas neolatinas. Palabras comunes en cuanto al género no hay por qué alterarlas. Quien propugna semejantes cambios revela su falta de formación idiomática cultural.

Pero los tiempos cambian. La *Nueva gramática* de las Academias del español, de 2009,[15] señala que *jueza* se ha extendido más en Chile, Argentina, Uruguay, Paraguay y el Caribe (quizá por la menor presencia allá del uso relativo a "la mujer del juez"), mientras que la considera minoritaria en el habla popular de España, México o Perú (otra cosa es el lenguaje escrito, precisamos nosotros). Esta obra refiere también como "desigual" la aceptación de otros femeninos formados a partir de sustantivos del género común, tales como *bedela, fiscala, coronela o edila* (cabría añadir *ujiera, timonela* y algunos otros). Y agrega que "han desaparecido casi por completo los femeninos que designaban antiguamente a la esposa del que ejercía ciertos cargos [...] y se han impuesto los significados en los que estos nombres se refieren a la mujer que pasa a ejercerlos". Sin embargo, precisa, algunas de estas palabras en femenino arrastran "cierta carga despreciativa o minusvalorativa como reflejo de la cultura y de la sociedad en la que se han creado".

Pero esa carga negativa de *jueza* procedente de la época en la que todavía evocaba el significado de "la mujer del juez" fue quedando olvidada, hasta convertirse en la opción prestigiosa, la reclamada por muchas magistradas, y entrar a formar parte del lenguaje identitario del feminismo.

Eso no quita que el término siga manifestándose como elemento extraño en las construcciones "la jueza árbitro" o "la jueza árbitra", que podríamos considerar inexistentes, pues se usa "la juez

---

[15] Real Academia Española (2009), *Nueva gramática de la Lengua Española*, Madrid, Espasa, pág. 105. Dirigida por Ignacio Bosque, se publica durante la dirección de Víctor García de la Concha en la Academia española, siendo Humberto López Morales secretario general de la Asociación de Academias de la Lengua Española (ASALE).

árbitro" en los deportes en que se emplea tal denominación; así como "la juez de línea" o "la juez de pista", etcétera. Eso da una prueba de que la opción *jueza* no se ha desarrollado enteramente en la lengua.

Conclusión: dos formas correctas

Todo lo expuesto hasta aquí avala que las dos posibilidades manejadas (*la juez* y *la jueza*) se consideren correctas, y así lo hace la Academia desde antes incluso de que se extendiera el femenino *la jueza* para el ámbito profesional, como hemos comprobado. No obstante, tal como recoge la *Nueva Gramática* de las Academias, las preferencias por una u otra varían en función de los distintos países hispanohablantes y del gusto de cada autor, como muestra también el banco de datos.

En España, *jueza* es minoritaria en el uso general, según la Academia; pero podemos considerarla mayoritaria actualmente en los medios de comunicación; más por una vocación de alinearse con los postulados lingüísticos del feminismo que por necesidades semánticas, gramaticales o informativas.

Por otro lado, ningún otro sustantivo de profesión ha experimentado las grandes presiones que se vienen ejerciendo desde posiciones feministas sobre *juez* a fin de que esta palabra, válida para concordancias tanto en femenino como en masculino, incorpore esa -*a* final.

Y entonces se reproduce el fenómeno restrictivo que ya señalábamos antes. El lenguaje identitario del feminismo muestra como insignias las duplicaciones "los trabajadores y las trabajadoras", "los ciudadanos y las ciudadanas", pero no "los ricos y las ricas", "los empresarios y las empresarias", "los poderosos y las poderosas", "los corruptos y las corruptas"... Y, del mismo modo, las banderas de *la jueza* o *la concejala* no tienen su correspondiente en *la mártira* o *la criminala*, o *la albañila*, ninguna de las cuales figura en el *Diccionario* con flexión de género, entendemos que por falta de registros que las avalen.

¿Por qué se ha ido extendiendo entre nosotros últimamente la opción *jueza*, que en un principio no se activó? Quizá porque ahora sí que añade algo frente a *la juez*: añade identidad. Y su expansión general en los medios informativos españoles coincide con la eclosión de la justa lucha feminista, todavía inacabada.

Pero tal presión no se ha dado por razones gramaticales o de significado, sino por motivos extralingüísticos. *Jueza* no funciona como una palabra sino como un símbolo.

El juego del lenguaje identitario, sin embargo, produce tensión en personas que, compartiendo los principios feministas, han de elegir entre dos opciones: las señas propias de este movimiento o sus intuiciones personales, su estilo y su gusto lingüístico. A veces esa lucha de identidades se extiende a otros terrenos, como el ámbito profesional, cuando una denominación entra en conflicto con otros factores.

El 12 de julio de 2019 fue nombrada la primera general del Ejército español, la madrileña Patricia Ortega, de 56 años. Un gran avance de la mujer en la carrera militar. La recién ascendida se presentaba como "ingeniera" de formación (con ese lógico femenino) y como "general" (que no *generala*). Preguntada al respecto por Carlos Alsina en una entrevista en Onda Cero emitida en directo el 15 de julio de ese año, respondió: "Se feminiza el artículo, nunca el empleo. La capitán, la coronel, la general. Nunca *la generala*".

Tenía que elegir así entre el léxico identitario militar, que no acepta los femeninos *capitana*, *soldada* o *brigadiera*, y el léxico identitario feminista, que tiende a formarlos. Una lucha de identidades en una misma persona.

En definitiva y llegados a este punto, ¿cuál puede ser la mejor recomendación de uso sobre *juez* o *jueza* en esta fase de dudas?

Una recomendación de estilo por razones lingüísticas y analógicas, así como por la costumbre de los hablantes (no la costumbre del lenguaje político), puede inclinarse hacia *la juez*, sobre todo para quienes aún perciban cierto desprestigio de *la jueza* por su contaminación de significado con "la mujer del juez".

Una recomendación desde un punto de vista extralingüístico, político y social, y a tenor del lenguaje identitario del feminismo, puede inclinarse por *la jueza*, sobre todo si se percibe como una opción de prestigio. En ese caso, debería extenderse a "jueza árbitro", "jueza de pista" o "jueza de línea".

Quien adopte la elección de *la jueza* explicaría mejor sus motivos si añadiese qué analogías le parecen posibles y aplicará igualmente (*corresponsala, albañila, generala,* etcétera) y cuáles descarta a la hora de formar femeninos a partir de vocablos que hasta hace poco se consideraban como de género común. Es decir, convendría que señalara dónde pone los límites.

Sin embargo, algún día, cuando *jueza* sea la opción que domine en el uso de los hispanohablantes (la tendencia así lo indica), dejará por ello de representar un papel identitario: una insignia carece de valor peculiar cuando la lleva todo el mundo. Y tal vez entonces vuelva el agua a su cauce.

Si la igualdad deseable entre hombres y mujeres no se hubiera alcanzado todavía cuando *jueza* se convierta en única opción de uso, la presión pasará quizá a otros vocablos del "género común", para los cuales se buscará su femenino específico y reivindicativo. Este efecto en cadena se detendrá previsiblemente, sin embargo, si el feminismo gana antes la batalla por la igualdad real. Cuando esa victoria se dé, el lenguaje dejará de ser un objetivo.

LA POLÉMICA PALABRA *GÉNERO*

La fatal circunstancia de que se usen los adjetivos *masculino* y *femenino* para acompañar tanto a *género* como a *sexo* (género masculino-género femenino, sexo masculino-sexo femenino) se halla en el fondo del problema que consiste en confundir el *género* con el *sexo*, por más que la correspondencia entre ellos no llegue a ser completa (los sexos biológicos son dos: masculino y femenino; pero los géneros gramaticales son tres: masculino, femenino y neutro, como se refleja en nuestro sistema de pronombres: él, ella, ello; aquél, aquélla, aquello).

Esta confusión tiene fecha muy reciente en español, como ahora veremos.

Un eufemismo puritano

La palabra *género,* tal como la ha impulsado el movimiento feminista, es un anglicismo y, sobre todo, un eufemismo puritano, por extraño que parezca en el lenguaje de un sector marcadamente progresista.

En inglés, *gender* ('género') cabalgó a lomos del puritanismo victoriano (siglo XIX) para evitar la entonces incómoda palabra *sex* ('sexo'). En aquella época se mantenía una hipócrita y estrictísima moral pública mientras se multiplicaban los prostíbulos y las enfermedades venéreas. Quienes mostraban las relaciones sexuales como algo *sucio* en sí mismo pretendían evitar la expresión más directa que las nombraba, y descubrieron ese término tan *limpio*.

El *Diccionario Oxford* recogía desde 1945 una definición de *gender* relativa al estado de ser hombre o mujer expresado mediante distinciones "sociales o culturales, más que biológicas", así como referido a "los atributos colectivos o rasgos asociados con un sexo". También se aplica al grupo (masculino o femenino) caracterizado de esta manera. Según señala el académico Pedro Álvarez de Miranda,[16] "los autores de este espléndido diccionario le han dado vueltas al asunto, pues en la *second edition*, aún en papel, ofrecían esta explicación: 'En el uso moderno, especialmente feminista, un eufemismo[17] para el sexo del ser humano, a menudo destinado a

---

[16]   Álvarez de Miranda (2018), págs. 15 y 16. Texto en inglés: "The estate of being male or female as expressed by social or cultural distinctions and differences, rather than biological one's; the collective attributes or traits associated with a particular sex, or determined as a result of one's sex. Also: a (male o female) group characterized in this way".

[17]   Sobre este carácter de eufemismo, resulta interesante el trabajo de la traductora española del Parlamento Europeo Isabel Carbajal *Traducción institucional y neologismos. El caso de 'género'* en *El español lengua de traducción* (2002), Centro Virtual Cervantes, vol. I, págs. 377-393 (disponible en Internet). En él defiende la necesidad del vocablo y sobre su origen eufemístico señala: "Esta visión ignora la evolución de esta palabra en los últimos 40 años y la desvirtúa, desposeyéndola de su contenido y, por tanto, de su fuerza". Recojo, con la intención de escuchar voces que discrepan de la mía, algunas afirmaciones de su texto: "Lo peor que podría ocurrir con esta palabra es que pasase a sustituir a los sexos. [...] Hemos visto que traducir *gender* no es tarea fácil. Dada la proximidad semántica entre sus distintas acepciones existirán siempre zonas grises donde habrá que tener en cuenta el contexto y la intención del autor, aunque sin olvidar nunca el respeto de la lengua. Muchas veces, cuando el texto no permita adivinar claramente esas intenciones, será cuestión de ser intuitivos; las soluciones prefabricadas no existen. Es cierto que el vocablo es nuevo, abstracto, complejo. Pero también necesario. Para que pueda cumplir su función, es importante que nos acostumbremos a manejarlo y aprendamos a utilizarlo correctamente".

enfatizar las distinciones sociales y culturales, en oposición a las biológicas, entre los sexos".[18]

El catedrático de Lengua Española recuerda que la condesa de Campo-Alange (María de los Reyes Laffite, condesa viuda de Campo-Alange), precursora del pensamiento feminista en España, publicó en 1948 un ensayo titulado *La secreta guerra de los sexos*, que, sugiere el autor, hoy se habría llamado *La secreta guerra de los géneros*; y lo mismo habría pasado con García Meseguer y su libro *Lenguaje y discriminación sexual* (1977), que ahora se habría titulado *Lenguaje y discriminación de género*.

El eufemismo *gender* alcanzó gran éxito en inglés, se ha extendido ya al español y lo defienden con uñas y dientes muchas luchadoras admirables que, desde luego, abominarían de la época de la cual lo han heredado.

La razón de que *género* inunde casi todas las noticias relativas a la desigualdad y a los sufrimientos de las mujeres tiene que ver con la deficiente traducción original del término inglés *gender* en el Informe y la Declaración de la IV Conferencia Mundial sobre la Mujer, que se celebró en Pekín en 1995 bajo la organización de las Naciones Unidas.[19]

Antes de aquella reunión internacional, en español el vocablo *género* se había usado como referencia del género humano en su conjunto, pero no para cada uno de los dos sexos biológicos; y en la gramática, por su parte, tenía un sentido conceptual relativo a las concordancias y las flexiones (es decir, que *silla* tiene género —femenino—, pero no tiene sexo).

La Conferencia de Pekín (ciudad citada en la traducción con el exónimo "Beijing", extraño al español), a la que asistieron 5.000 delegadas y delegados de 189 Estados miembros de la ONU, supuso un avance notable en la lucha por la igualdad de las mujeres, en el reconocimiento de sus derechos y en la denuncia de sus sufrimientos en todo el mundo. Y desató cierta euforia del movimiento feminista, o cuando menos una gran alegría.

---

[18]   En inglés en el original: "In mod[ern] esp[ecially] feminist use, a euphemisme for the sex of human being, often intended to emphasize the social and cultural, as opposed to the biological, distinctions between the sexes".

[19]   Texto completo del Informe disponible en Internet.

A partir de ahí, los hasta entonces escasos libros en nuestra lengua sobre los problemas de la mujer comenzaron a abundar, primero en Hispanoamérica y luego en España, ya con la palabra *género* incorporada a sus títulos. En el caso español, solían tener como editores o auspiciadores a entidades públicas: el Ministerio de Trabajo, el Instituto de la Mujer, el Ministerio de Educación, la Dirección General de la Mujer de la Comunidad de Madrid, el Instituto Universitario de Estudios de la Mujer, el Instituto Vasco de la Mujer; y los restantes partían de tesis doctorales. En aquella época, la mayoría de esas instituciones tenían al frente a políticas socialistas.

Pero el vocablo surge como un término ambiguo, que despista en español. Pilar García Mouton (investigadora del lenguaje femenino y dialectóloga, persona de posiciones progresistas) señalaba en un trabajo específico sobre ese término, que "los propios interesados por él critican duramente su imprecisión",[20] lo cual "tiene implicaciones en su uso". El problema se resolvió, indica, "desde el anglocentrismo de tantas corrientes culturales. En inglés, el término vale; en español, chirría". Y se pregunta: "¿Por qué las feministas, y los feministas también, no se plantearon entonces lo incómodo, en español, de ese uso de *género* y lo aceptaron sin rechistar?".

Quizá no rechistó nadie porque su uso quedaba restringido a los ámbitos académicos. Pero en 1999, a raíz de una campaña feminista en prensa con la expresión *violencia de género* y un artículo de la exministra socialista Cristina Alberdi en *El País*, titulado *La violencia de género*, saltó la polémica. Algunos lectores de ese diario protestaron al Defensor del Lector (entonces Camilo Valdecantos) por el uso incorrecto de la palabra, un claro anglicismo de significado.

La exministra respondió: "La palabra *género* para referirse a la posición de hombres y mujeres en la sociedad es un término pactado en el seno de Naciones Unidas, con motivo de la Cumbre de la Mujer de Pekín, celebrada en septiembre de 1995, con el objetivo de tener una denominación común a nivel mundial que identifica-

---

[20]   García Mouton, Pilar (2002), "Género como traducción de 'gender'. ¿Anglicismo incómodo?", en Rosa María Jiménez Catalán y Ana María Vigara Tauste (coords.), *'Género', sexo, discurso*, Madrid, Laberinto, págs. 133-150.

ra la distinta posición de hombres y mujeres históricamente y hoy en la sociedad, y las distintas posibilidades que de ello se derivan". (*El País,* 11 de marzo de 1999).

Alberdi añadía que la definición acordada por la comunidad internacional "se refiere a la construcción social de los papeles asignados a hombres y mujeres en la sociedad".

La definición se veía accesible para el mundo universitario, pero quizá le resultaba difícil empatizar con ella a la mayoría de quienes hablan español. Sobre todo, porque en nuestro idioma *sexo* no menciona solamente los órganos reproductivos, sino el "conjunto de seres pertenecientes a un mismo sexo".

La exministra concluía con una descalificación hacia los lectores que habían escrito al periódico: "Como casi siempre, en lo que afecta a las mujeres, estamos, una vez más, ante una falta de conocimiento y de interés por algo que está asumido y consolidado".

Por tanto, ante un asunto de formas, Alberdi "se defendía hablando de contenido", recuerda García Mouton. Y quienes escribieron al diario, añadía la filóloga, "pueden haber defendido y asumido los contenidos de los que se habló en la Cumbre de Pekín, pero deberían tener derecho a discutir si quieren hacerlo con esa forma, sin ser acusados de retrógrados y antifeministas. Nadie parece haberse opuesto a las ideas, sí al nuevo nombre que se les da".

Y surgía así el primer conflicto suscitado por la palabra *género* como parte del léxico identitario del feminismo; discusión a la que se sumarían más adelante otros actores.

Por ejemplo, el Departamento del Español Urgente, entonces un servicio interno de la agencia Efe, presidida en aquellas fechas por Alfonso Sobrado Palomares, advirtió a sus redacciones de que debían evitar esa imposición artificial. Y el académico Fernando Lázaro Carreter escribía en uno de sus famosos *dardos* (3 de diciembre de 2000): "Hablar de violencia de género parece demasiada sumisión a los dictados de la ONU, autora de tantos desmanes lingüísticos".

El propio García Meseguer, poco sospechoso de no alinearse con el feminismo, afirmaba en 2003 en el Centro Virtual Cervantes:[21]

---

[21] García Meseguer, Álvaro (2003), *En torno a la palabra 'género',* Centro Virtual Cervantes, 16 y 24 de octubre de 2003. Disponible en Internet.

Modernamente, el feminismo está utilizando la palabra *género*, en contraposición a la palabra *sexo*, para referirse a los rasgos culturales adheridos tradicionalmente a los sexos; pero, lejos de manejar con rigor ambas palabras utilizando una u otra según lo requiera el contexto, suele el feminismo abundar en la palabra *género* incluso cuando por contexto correspondería hablar de *sexo*. Así por ejemplo, al presentar el resultado de un estudio estadístico sobre actitudes diferenciales de varones y mujeres, o de niños y niñas, no es raro encontrar en muchos trabajos el título *Opiniones sobre tal cosa, separadas por género*, en vez de decir *separadas por sexo* como sería de rigor.

Otro ejemplo podemos verlo en el siguiente título, alusivo a unas jornadas feministas desarrolladas hace años en Nueva York: *Las mujeres en el año 2000. Igualdad entre los géneros, desarrollo y paz para el siglo XXI*. De su peso cae que la expresión *igualdad entre los géneros* es disparatada y que debió decirse *igualdad entre los sexos*. Se trata, sin duda, de una (mala) traducción del inglés: en efecto, los ingleses emplean *gender* en lugar de *sex* por puritanismo, como saben todos aquellos que han tenido que rellenar impresos en inglés, en los que se pregunta al viajero si su *gender* es *male* o *female* (literalmente, si su 'género' es 'macho' o 'hembra').

En una segunda entrega, García Meseguer explicitaba:

> [...] Pienso que bastante confusión existía ya antes de Pekín en torno a la palabra inglesa *gender* como para añadirle otro significado más.

Pilar García Mouton hace por su parte algunas reflexiones al respecto, tras describir minuciosamente todo el proceso: "Son evidentes algunos de los problemas que plantea este *género*. [...] Es un uso ajeno al hablante, incluso al hablante culto, y provoca en él reacciones que indican lo difícil que resulta integrarlo en su competencia lingüística", hasta el punto de que "en los trabajos lingüísticos hay ocasiones en que es preciso desambiguar y hablar de *género gramatical*, porque puede haber quien piense que estamos hablando del otro".

Además, el nuevo uso de ese vocablo "difícilmente soporta el plural" (y eso que los *géneros* son dos), "lo que a la larga puede provocar desequilibrios". Por si fuera poco, y según el especialista

en esos estudios Juan Fernández, citado por la autora, "las definiciones de género que se encuentran en la bibliografía científica son
sumamente vagas y generales, cuando no ambiguas y confusas".

García Mouton alerta también de que se trata de un eufemismo,
y añade: "Muchas investigaciones actuales parecen seguir al pie de
la letra la regla de sustituir la palabra *sexo* por la de *género* allí donde aquella pueda aparecer, sin importar lo más mínimo el contenido al que se pueda estar haciendo referencia".

El espíritu puritano de la Inglaterra victoriana sigue triunfando.

En sus párrafos finales, la filóloga (que en el momento de escribir estas líneas es vicerrectora de la Universidad Menéndez Pe-
layo) remachaba: "No impongamos al hablante usos que vayan
contra su competencia lingüística, ni intentemos implementar
desde arriba un uso elitista que vaya contra el general".

Y finalmente hacía la salvedad a la que se obliga todo filólogo:
"Ahora bien, si este género nuevo progresa y se hace un hueco en
la lengua, ella misma reequilibrará sus esquemas para hacerle sitio,
y entonces sería absurdo querer luchar contra un uso asentado que,
al fin y al cabo, tampoco estaría mal".

Enseguida veremos las consecuencias de que esa palabra fuese
tomada entonces como bandera identitaria.

El artículo que la feminista y exministra socialista Cristina Alberdi había escrito en *El País* del lunes 2 de octubre de 1995 señalaba:

> La Conferencia de Pekín ha demostrado que la igualdad entre mu-
> jeres y hombres es una tendencia irreversible. En lo que ha sido la
> mayor manifestación de esta naturaleza organizada nunca por Nacio-
> nes Unidas, se ha logrado aprobar por consenso una declaración de
> 38 párrafos, concebida como mensaje político sobre los puntos esen-
> ciales del programa, aprobada sin reservas, y una plataforma de acción
> de 362 párrafos que contiene medidas concretas para potenciar a las
> mujeres. Ésta ha sido una conferencia de compromisos, de medidas
> concretas para hacer avanzar la situación de las mujeres a nivel nacio-
> nal e internacional.

A partir de ahí y en un estado de ánimo de lógica satisfacción,
obviamente compartida por las personas de bien, cualquier cues-

tionamiento de lo tratado, siquiera fuese gramatical, podía interpretarse en los sectores más radicales como un ataque al todo.

El Informe y la Declaración de Pekín (que forman parte de un mismo documento de 232 páginas) contienen 239 veces la palabra *género*, que a nuestro entender ocupaba indebidamente en la versión en español el lugar de *sexo*, de *igualdad* o de *feminista*, entre otras opciones.

Reproduzco a continuación las 20 primeras ocasiones en las que se mencionaba tal vocablo en aquel documento, entendiendo que eso puede servir de orientación para comprender qué sentido incorporaba cada una de ellas a partir del eufemismo inglés del que procedían:

"Que tengan en cuenta *el género*", "que todas nuestras políticas y programas reflejen una perspectiva *de género*", "para alcanzar el objetivo común de *la igualdad de género* en todo el mundo", "barreras *basadas en el género*", "la inclusión de *las perspectivas de género*", "desigualdades *basadas en el género*", "las disparidades *basadas en el género*", "un análisis *basado en el género*", "las funciones que la sociedad asigna por razones *de género*", "el hecho de que no se haya integrado en todos los análisis económicos y en la planificación económica una *perspectiva de género*", "debido a la división del trabajo sobre *la base del género*", "la promoción de la *igualdad de género*", "la integración de una *perspectiva de género* en las políticas generales", "analizar, desde una *perspectiva de género*, las políticas y los programas", "la *desigualdad basada en el género*", "referentes a las *perspectivas de género*", "los aspectos *basados en el género*", "la inclusión de una *perspectiva de género* en el acceso a los servicios", "formular metodologías *basadas en el género*".

De ese modo, la palabra *género* sustituía, en función de comodín, a otras que habrían resultado más precisas en español, y que apuntamos aquí como traducción, a título personal:

"Que tengan en cuenta *los sexos*", "que todas nuestras políticas y programas reflejen una *perspectiva feminista*", "para alcanzar el objetivo común de la *igualdad sexual* en todo el mundo", "barreras basadas en *la condición sexual*", "la inclusión de las *perspectivas de igualdad*", "*discriminaciones por sexo*", "las disparidades *por causa del sexo*", "un análisis *basado en el sexo*", "las funciones que la sociedad asigna *por razones de sexo*", "el hecho de que no se haya integrado en todos los análisis económicos y en la planificación económica *una perspectiva de igualdad*", "debido a la división del trabajo *sobre la base del sexo*", "la promoción de la *igualdad de los sexos*", "la integración de una *perspectiva feminista* en las políticas generales", "analizar, desde una *perspectiva feminista,* las políticas y los programas", "la desigualdad *basada en el machismo*", "referentes a las *perspectivas de igualdad*", "los aspectos *basados en el sexo*", "la inclusión de una *perspectiva de igualdad* en el acceso a los servicios", "formular metodologías *basadas en la igualdad*".

Si a quien haya leído las traducciones anteriores le asaltó alguna mala impresión al leer tantas veces "sexo", tal vez se deba a que el efecto eufemístico de *gender* ha causado sus efectos con una onda expansiva que llega hasta nosotros desde el siglo xix.

De las 239 ocasiones en las que la declaración de Pekín usa *género,* sólo en tres aparece en plural; y en ninguna de todas ellas se vincula con el término "violencia". Es decir: aunque influyera en la difusión posterior de este sintagma, el informe no incluye la locución *violencia de género.*

El primer registro de esta expresión en el corpus informático de la Academia data de 1993, en una obra de Itziar Lozano publicada en España por el Instituto Universitario de Estudios de la Mujer con el título *Los retos de las ONG'S feministas en México frente a la próxima década.* Ahí se habla de una "violencia de género que ocurre en la población en general, instrumentada por 'hombres' e instancias 'civiles" [...], "que se mantiene tradicionalmente porque es generalmente tolerada e incluso racionalizada por las autoridades".

Pero la siguiente aparición no se halla hasta el año 2000. Y en Google Libros no he encontrado ninguna anterior a 1995 (en este año, un texto de Guadalupe León titulado *Del encubrimiento a la impunidad. Diagnóstico sobre violencia de género. Ecuador, 1989-1995,* publicado por CEIME Ediciones).

¿Y cómo se llama entonces a la *violencia de género* en el informe y las conclusiones de la Conferencia de Pekín?

La palabra *violencia* aparece 200 veces exactas en él, pero en ninguna de ellas se asocia gramaticalmente con *género* de forma directa. Las 20 primeras menciones son las siguientes:

"Prevenir y eliminar todas las formas de *violencia contra las mujeres y las niñas*", "*la violencia contra la mujer*" (nombre de un apartado), "la eliminación de la *violencia contra la mujer*", "*violencia contra ellas"* (mujeres y niñas), "la continua *violencia contra la mujer"*, "puede conducir a *la violencia y la discriminación"*, "la discriminación y la *violencia contra las niñas"*, *"violencia y prácticas nocivas* como el infanticidio femenino y la selección prenatal del sexo", "medidas estratégicas en las siguientes esferas decisivas de especial preocupación: [...] *violencia contra la mujer"*, "enfermedades graves e infecciosas y diversas formas de *violencia contra la mujer"*, "protección contra *la violencia y la explotación"*, "fenómenos tales como *la violencia y el abuso sexuales"*, "su experiencia de *la violencia, las actitudes negativas hacia las mujeres y las niñas"*, *"la violencia y la prostitución"*, "sin sufrir discriminación, coacciones ni *violencia"*, "la coerción, la discriminación y la *violencia"*, "es a veces consecuencia de la *violencia sexual"*, *"la violencia sexual* y basada en el género", *"la violencia en el hogar"*, *"cualquier tipo de violencia,* especialmente *la violencia en el hogar"*.

Por tanto, la locución más frecuente en esa cata es "violencia contra la mujer", con seis menciones (además de un "violencia contra ellas" que sería la séptima). Y se aprecia, en este caso sí, la variedad léxica y la precisión que más tarde se arruinaría con el comodín *género* aplicado también a las agresiones y asesinatos que sufren las mujeres.

En cuanto al significado que se dio al confuso vocablo *género* en la Conferencia, el propio documento incorpora al final un anexo (el IV) con el siguiente título: "Declaración de la presidenta de la Conferencia sobre la interpretación más generalizada del término 'género".

Pero su lectura sorprenderá a quien espere una aclaración. Dice así:

Durante la 19.ª sesión de la Comisión de la Condición Jurídica y Social de la Mujer, reunida en su calidad de órgano preparatorio de la Cuarta Conferencia Mundial sobre la Mujer, se planteó la cuestión relativa al significado del término 'género' en el contexto de la Plataforma de Acción de la Conferencia.

A fin de examinar la cuestión, la Comisión decidió establecer un grupo de contacto en Nueva York, que estaría presidido por la Relatora de la Comisión, Sra. Selma Ashipala (Namibia). La Comisión encargó al grupo de contacto oficioso que llegara a un acuerdo sobre la interpretación más común del término *género* en el contexto de la Plataforma de Acción y que informara directamente a la Conferencia de Beijing.

Habiendo examinado detenidamente la cuestión, el grupo de contacto señaló que: 1) el término *género* se había utilizado e interpretado comúnmente en su acepción ordinaria y generalmente aceptada en muchos otros foros y conferencias de las Naciones Unidas; 2) no había indicación alguna de que en la Plataforma de Acción pretendiera asignarse al vocablo otro significado o connotación, distintos de los que tenía hasta entonces.

En consecuencia, el grupo de contacto reafirmó que el vocablo *género*, tal y como se emplea en la Plataforma de Acción, debe interpretarse y comprenderse igual que en su uso ordinario y generalmente aceptado. El grupo de contacto acordó también que el presente informe fuera leído por la Presidenta de la Conferencia con carácter de declaración de la Presidenta y que esa declaración formase parte del informe final de la Conferencia.

Con ello suponemos que el lector del anexo se quedará sin saber qué se entiende por *género* (es decir, por *gender*, puesto que el texto está redactado en inglés) en su uso "generalmente aceptado". La aclaración no lo aclara.

Según las definiciones, todavía vagas y diferentes entre sí, que aportan distintas fuentes oficiales y oficiosas, *violencia de género* se refiere a la categoría sociocultural que corresponde a alguno de los dos géneros. Y como sabemos que las agresiones y asesinatos contra las mujeres son cometidos en abrumadora mayoría por los hombres, se supone que *violencia de género* significa "violencia del género masculino".

Se contamina de esa forma a todos los varones, del mismo modo que *terrorismo vasco* (locución normalmente corregida por los editores de diarios cuidadosos con la lengua) contaminaba a todos los vascos; o como *terrorismo islámico* contamina a todos los que profesan el islam. Eso no sucedería con *violencia machista*, que sólo incluye a quienes ejercen el machismo y no los agrupa por sexo, origen o religión..., ni por género.

El informe de la Academia

El Gobierno español presidido por el socialista José Luis Rodríguez Zapatero emprendió en mayo de 2004 la tramitación de una ley "contra la violencia de género". La Real Academia Española, conocedora de la historia de la palabra, envió al Ejecutivo, por iniciativa propia, un informe que cuestionaba esa expresión. En síntesis, la Academia señalaba:

—La expresión *violencia de género* es la traducción del inglés *gender-based violence* o *gender violence,* expresión difundida a raíz del Congreso sobre la Mujer celebrado en Pekín. Con ella se identifica la violencia, tanto física como psicológica, que se ejerce contra las mujeres por razón de su sexo, como consecuencia de su tradicional situación de sometimiento al varón en las sociedades de estructura patriarcal.

—La palabra *género* tiene en español los sentidos generales de "conjunto de seres establecido en función de características comunes" y "clase o tipo": *Hemos clasificado sus obras por géneros; Ese género de vida puede ser pernicioso para la salud.* En gramática significa "propiedad de los sustantivos y de algunos pronombres por la cual se clasifican en masculinos, femeninos y, en algunas lenguas, también en neutros": *El sustantivo "mapa" es de género masculino.* Para designar la condición orgánica, biológica, por la cual los seres vivos son masculinos o femeninos, debe emplearse el término *sexo: Las personas de sexo femenino adoptaban una conducta diferente.* Es decir, las palabras tienen género (y no sexo), mientras que los seres vivos tienen sexo (y no género). En español no existe tradición de uso de la palabra *género* como sinónimo de *sexo.*

—Es muy importante, además, tener en cuenta que en la tradición cultural española la palabra *sexo* no reduce su sentido al aspecto meramente biológico. Basta pensar al propósito lo que en esa línea ha significado la oposición de las expresiones *sexo fuerte / sexo débil,* cuyo concepto está, por cierto, debajo de buena parte de las actuaciones violentas.

—En inglés la voz *gender* se empleaba también hasta el siglo xviii con el sentido de 'clase o tipo' para el que el inglés actual pre-

fiere otros términos: *kind, sort* o *class* (o *genus,* en lenguaje taxo-
nómico). Como en español, *gender* se utiliza también con el
sentido de 'género gramatical'. Pero, además, se documenta
desde antiguo un uso traslaticio de *gender* como sinónimo de
sex, sin duda nacido del empeño puritano en evitar este vocablo. Con el auge de los estudios feministas, en los años sesenta
del siglo xx se comenzó a utilizar en el mundo anglosajón el
término *gender* con el sentido de 'sexo de un ser humano' desde el punto de vista específico de las diferencias sociales y culturales, en oposición a las biológicas, existentes entre hombres
y mujeres.

—Tal sentido técnico específico ha pasado del inglés a otras
lenguas, entre ellas el español. Así pues, mientras que con la
voz *sexo* se designa una categoría meramente orgánica, biológica, con el término *género* se ha venido aludiendo a una categoría sociocultural que implica diferencias o desigualdades
de índole social, económica, política, laboral, etcétera. En esa
línea se habla de *estudios de género, discriminación de género,
violencia de género,* etcétera. Y sobre esa base se ha llegado a
veces a extender el uso del término *género* hasta su equivalencia con *sexo:*

"El sistema justo sería aquel que no asigna premios ni castigos en razón de criterios moralmente irrelevantes (la raza, la clase social, el
género de cada persona)" (*El País,* 28-XI-02); "Los mandos medios
de las compañías suelen ver cómo sus propios ingresos dependen en
gran medida de la diversidad étnica y de género que se da en su plantilla (*El Mundo,* 15-I-95).

—Es obvio que en ambos casos debió decirse *sexo,* y no *género.*
—La expresión *violencia doméstica* es la más utilizada con bastante diferencia en el ámbito hispánico, doblando a la expresión
violencia intrafamiliar muy frecuente en Hispanoamérica junto
con *violencia familiar* y *violencia contra las mujeres.* [El informe
aporta los datos del corpus informático de la Academia].
—Critican algunos el uso de la expresión *violencia doméstica*
aduciendo que podría aplicarse, en sentido estricto, a toda violencia ejercida entre familiares de un hogar (y no sólo entre los

miembros de la pareja) o incluso entre personas que, sin ser familiares, viven bajo el mismo techo; y, en la misma línea —añaden—, quedarían fuera los casos de violencia contra la mujer ejercida por parte del novio o compañero sentimental con el que no conviva.

—De cara a una "Ley integral" la expresión *violencia doméstica* tiene precisamente la ventaja de aludir, entre otras cosas, a los trastornos y consecuencias que esa violencia causa no sólo en la persona de la mujer sino del hogar en su conjunto, aspecto este último al que esa ley específica quiere atender y subvenir con criterios de transversalidad.

—Para que esa ley integral incluya en su denominación la referencia a los casos de violencia contra la mujer ejercida por parte del novio o compañero sentimental con el que no conviva, podría añadirse "o por razón de sexo". Con lo que la denominación completa más ajustada sería "Ley integral contra la violencia doméstica o por razón de sexo".

—En la misma línea, debiera en adelante sustituirse la expresión "impacto por razón de género" por la de "impacto por razón de sexo", en línea con lo que la Constitución establece en su Artículo 14 al hablar de la no discriminación "por razón de nacimiento, raza, sexo...".

—Avala a esta propuesta el hecho de que la normativa gemela de países de la lengua románica adopta criterios semejantes.

El informe cita leyes en francés de Canadá, Bélgica, Francia y Luxemburgo en las que no se usa *violencia de género,* sino "violencia doméstica", "violencia en el seno de la pareja" o "violencia contra la mujer"; y recoge las locuciones más usadas en italiano: *violenza contro le donne, violenza verso le donne, violenza sulle donne, violenza domestica, violenza familiare.* Y concluye:

—Finalmente, en los medios de comunicación españoles predomina hoy, bien que con titubeos, la denominación *violencia doméstica.* La opción lingüística que la próxima Ley adopte resultará claramente decisiva para fijar el uso común. De ahí la necesidad, a juicio de la Real Academia Española, de que el Gobierno considere su propuesta.

El Gobierno de Rodríguez Zapatero hizo caso omiso de la recomendación de la Academia y denominó la ley con la locución *violencia de género*.

Y eso, como temía la docta casa, dio el espaldarazo definitivo a la expresión preferida en el mundo feminista. (De hecho, no se registran protestas desde ese sector sobre el nombre de la ley). Para redondear el proceso, la Academia se plantea ya incluir en el diccionario la locución *violencia de género*, según informó la periodista de *El País* Pilar Álvarez el 20 de julio de 2019; si bien las tres palabras ("violencia", "de" y "género") ya figuraban en él y se podían asociar libremente, por supuesto.[22]

De hecho, a *género* se le añadió en la edición impresa de 2014 esta acepción (en el lugar tercero): "Grupo al que pertenecen los seres humanos de cada sexo, entendido este desde un punto de vista sociocultural en lugar de exclusivamente biológico".

De nuevo, una definición difícil de entender para el común de los mortales. Según su texto, cada uno de los seres humanos pertenecemos a un respectivo género sociocultural, cuyos rasgos no se precisan y del que parece ser no hay posibilidad de excluirse. Alguien, no se sabe quién, lo ha establecido así y nos ha clasificado en esa colectividad abstracta dividida en dos. ¿Puede una persona separarse física o ideológicamente de su grupo sociocultural? Es difícil excluirse del sexo en el que se nace (aunque no imposible), pero debería resultar sencillo apartarse de los grupos socioculturales cuando alguien tuviese la firme voluntad de hacerlo. Sin embargo, la definición indica: "Grupo al que pertenecen los seres humanos de cada sexo [...] desde un punto de vista sociocultural", sin aparente posibilidad de evitarlo. Y a muchos varones nos gustaría excluirnos de ese *género* que tanta violencia produce.

---

[22] "Violencia de género" tenía a su vez una entrada en el *Diccionario del español jurídico*, elaborado también por las Academias, para explicar su regulación en el código penal español a partir de la ya mencionada ley de 2004: la Ley Orgánica 1/2004, de 28 de diciembre, de Medidas de Protección Integral contra la Violencia de Género.

Denominación blanda

A partir de todos esos precedentes, y de algunas escasas obras en español que utilizaban la palabra con su nuevo significado, se construyó una teoría sobre el término *género* en los campos académicos de la sociología y de otras disciplinas de las ciencias sociales, sin duda útil para los estudios de los especialistas y por ende para la sociedad. Sin embargo, la palabra difícilmente habrá entroncado con el espíritu de la mayoría de los hablantes, que quizá no podrán ver en su interior apenas nada de lo que debería transmitirles un término tan decisivo en la lucha contra la discriminación.

Violencia de género construye a nuestro parecer una denominación blanda, suave, eufemística, que tal vez no comunica al pueblo llano la gravedad de lo que nombra. Y como suele ocurrir con los anglicismos innecesarios, que ejercen un efecto depredador contra el léxico autóctono, la locución ha desplazado a expresiones más certeras y severas que ya ofrecía el español: *Violencia machista* sin ir más lejos (más adecuada que *violencia sexista* o *violencia masculina* o *violencia de los hombres*, que sin embargo también mejoran, a mi juicio, a la locución elegida oficialmente).

Se hace difícil hallar alguna explicación a que los impulsores de la ley prefirieran el anglicismo *violencia de género* —un término complicado de entender y de aprehender para muchos hispanohablantes—, en lugar de una expresión tan directa y condenatoria que llevaba siglos en el idioma castellano: *violencia machista*. La palabra *género* está casi vacía en este contexto para un hispanohablante, mientras que *machista* ejerce un papel de censura clarísima frente a todo cuanto toca, y lo hace en el mismo momento en que se pronuncia.

Ocultación del culpable

Por otro lado, se produce en esa aceptación de *violencia de género* una cierta incongruencia con la afirmación (que nos parece errónea, como hemos indicado, pero que se defiende entre feministas) según la cual "Lo que no se nombra no existe".

Porque se supone que el *género* sociológico puede ser tanto masculino como femenino (y en lingüística, neutro también; y para algunas gramáticas existen además el género epiceno y el género común). Sin embargo, la violencia que sufren las mujeres es la violencia masculina o violencia machista, y no una violencia que abarca a los dos sexos (cosa que sí hace el término *género*). Ante la locución *violencia de género*, habría que preguntarse: "Pero… ¿de cuál de los dos géneros?". De ser cierta la teoría según la cual "Lo que no se nombra no existe", los varones estarían visibilizados en *violencia machista*, pero invisibilizados en *violencia de género*.

Obviamente, ya hemos expuesto en páginas anteriores que el contexto resuelve el valor y el significado de los términos genéricos, y eso sucede también aquí. Cuando oímos *violencia de género* sabemos que se nos habla de alguna violencia del sexo masculino; pero sorprende que defiendan esa opción quienes critican los genéricos porque a su juicio quedan excluidas de ellos las mujeres, al no ser nombradas.

Según esos planteamientos, de los que discrepamos pero que exponemos ahora a efectos dialécticos, debería hablarse, ya puestos a utilizar *género*, de la *violencia de género masculino*; porque sin el adjetivo correspondiente podría entenderse que se está ocultando esa importante característica y por tanto el hombre deja de existir cuando se nombra esa realidad.

Concurrencia de contextos

Uno de los problemas de la incorporación de *género* con su nuevo significado consiste en que comparte muy a menudo contextos con la acepción lingüística que se viene utilizando desde hace siglos y se enseña en todas las escuelas. Y eso acentúa el riesgo de confundir uno y otra como ya vemos que ocurre en distintos mensajes que acaban identificando el sexo y la categoría gramatical como si se tratara de la misma cosa. Advertía de ello el mencionado trabajo de García Mouton. Y también algunos autores feministas nos habían alertado de ese peligro. Álvaro García Meseguer, escribió: "Llamar la atención sobre la diferencia entre género y sexo es tarea principal para quienes deseen combatir las mentalidades sexistas".[23] Porque en español "la concordancia se establece por género y no por sexo". Lo cual explica que una oración como "todas eran varones" funcione correctamente conforme a la gramática para quien conoce esa diferencia; por ejemplo, en este caso: "Las víctimas fallecieron de inmediato. Todas eran varones".

También habla de la diferencia entre *género* y *sexo* la filóloga feminista María Ángeles Calero, partidaria de que se deshaga desde la escuela esa falsa relación. Ella expone, entre otros ejemplos y argumentos, que femeninos como *excelencia* o *eminencia* se adjudican a menudo como tratamiento a los varones ("su excelencia", "su eminencia", "ya llega su majestad"...).[24] Añadiremos el muy habitual "su señoría", que se puede referir a un diputado varón.

Calero añade que si existe en nuestra sociedad la comunión mental entre *género* y *sexo*, hablar de *la formación del femenino* viene a persistir "en la idea tradicional de que la mujer depende del varón y se mide a partir de él".

Se han hecho notar otras voces críticas dentro del feminismo hacia la palabra *género* tal como ésta se concibe a partir de la Conferencia de Pekín. Mar García Puig, diputada de En Común Podem, y Laura Pérez, concejal barcelonesa de Feminismos, escribieron en *eldiario.es* el 22 de noviembre de 2016 un artículo donde señalaban:

> Hace no tantos años los crímenes machistas eran despachados por los medios de comunicación como crímenes pasionales, un término que remitía a la esfera privada y que conllevaba una fuerte carga semántica de inevitabilidad y enajenación. Posteriormente pasamos a hablar de violencia de género, explicitando así que se trata de una violencia marcada por el sistema de género. Hoy en día las feministas luchamos para que se le llame violencia machista, de forma que se explicite en el propio lenguaje la causa y el enemigo a batir.[25]

---

[23]   García Meseguer (1996), pág. 241.
[24]   Calero (1999), pág. 174.
[25]   <https://www.eldiario.es/catalunya/opinions/revolucion-palabras_6_582751754.html>.

En coincidencia no sincrónica con esas dos opiniones, el 24 de noviembre de 2007, la entonces delegada especial del Gobierno contra la Violencia sobre la Mujer, Encarnación Orozco (etapa de Gobierno socialista), manifestó a la agencia Efe que "lo más entendible es *violencia machista*". A su juicio, hay que "llamar a las cosas por su nombre" y la violencia que se ejerce contra las mujeres se produce en función de que el agresor considera inferior y vulnerable a la mujer, según constaba en aquel teletipo.

Positiva y negativa a la vez

Frente a esa univocidad indudable de *machista*, el término *género* altera su polaridad según el contexto: en *violencia de género*, esta voz, al sustituir a *machista*, refleja una idea firmemente peyorativa. Sin embargo, la locución *políticas de género* puede equivaler a *políticas de igualdad*, y de tal modo ese *género* adquiere un tinte positivo, como sucede también en *conciencia de género* y otras construcciones similares. Por tanto, esta palabra es en esencia positiva unas veces y negativa otras, lo cual dificulta su valor como idea omnicomprensiva del problema.

Así que el término *género*, lejos de ir precisándose con el tiempo y de "encontrar su hueco" como señalaba la conjetura de Pilar García Mouton, ha ido adquiriendo, por el contrario, un sentido muy abarcador y ambiguo, hasta el punto de que el 4 de mayo de 2019 se podía leer este titular en *El País*: "La Junta entrega a Vox datos de los empleados de género".[26]

Y el 20 de septiembre de 2019, en la apertura de la sección Madrid de ese mismo diario, se leía este titular: "Vox enturbia el homenaje a una víctima de género".

El primer "género" ("empleados de género") es positivo, pues se refiere a quienes trabajan en políticas de igualdad. Pero el segundo es

---

[26] Se informa en la noticia sobre una campaña de presión del partido ultraderechista Vox basada en la idea de que la anterior Junta de Andalucía, presidida por la socialista Susana Díaz, había cometido nepotismo al colocar en esas tareas a familiares y a otras personas sin cualificación. Obviamente, para Vox el término *género* es peyorativo en todo caso; pero no se le conocen, en cambio, manipulaciones similares con los vocablos *machista* o *machismo*, indudablemente más difíciles.

negativo, porque produce víctimas. Sin embargo, con arreglo a la definición aceptada, esta *víctima de género* no sería en realidad una víctima de la violencia o del machismo, sino de una categoría sociocultural.

Esa debilidad del término se está manifestando ahora en los ataques de la extrema derecha española (concretamente el partido Vox, aunque secundado ya por otras fuerzas conservadoras), que lo ha tomado para construir la locución despectiva *ideología de género*; es decir, la nombra como si se tratase de la ideología de personas de un solo género o sexo.

Reyes Romero, candidata de Vox al Congreso por Sevilla, declaraba en abril de 2019 en *La Tribuna del País Vasco:* "Las políticas de género también perjudican a las mujeres". Una afirmación que pasará por verosímil ante muchos electores de esa opción pero que difícilmente lo haría si en vez de *género* se hubieran empleado otros términos. Porque se rechazarían de inmediato como incongruentes, incluso por personas afines ideológicamente, asertos como "las políticas de igualdad también perjudican a las mujeres" o "las políticas contra el machismo también perjudican a las mujeres". Pero si en lugar de esas palabras diáfanas aparece *género,* resulta más sencillo manipular el mensaje.

La ridiculización de la palabra *género* que se produce en ambientes ultraderechistas cuenta, pues, con los factores de su ambigüedad, de su escaso arraigo y de la lejanía técnica que puede sentir hacia ella la población. Sería más difícil burlarse de términos como *igualdad* (*perspectiva de igualdad, políticas de igualdad*), *machismo* y *machista* (*abuso machista, violencia machista, víctima del machismo*) o *violencia sexual.*

Vemos por tanto el muy diferente valor del término en las distintas locuciones: *violencia de género, víctima de género, desigualdad de género, políticas de género, conciencia de género, sensibilidad de género, ideología de género, empleados de género, perspectivas de género, discurso de género, relaciones de género.*[27] Se usa una misma palabra para muy distintos conceptos.

<hr>

[27] Proponemos algunas alternativas: *Violencia machista, políticas de igualdad, conciencia feminista, sensibilidad feminista, ideología igualitaria, empleados pro igualdad, perspectiva de igualdad* o *perspectiva feminista, discurso igualitario* o *discurso feminista, relaciones entre varones y mujeres, discriminación por sexo.*

"Violencia intrafamiliar" y otras

Por supuesto, si nos está pareciendo suave la expresión *violencia de género,* peor impresión nos causan otras como *violencia intrafamiliar* (propugnada en España por el partido ultraderechista Vox), *violencia familiar, violencia en el hogar o violencia doméstica.*

Y también consideramos inadecuada la vieja locución *crimen pasional,* que parece justificar el delito por tratarse de un arrebato masculino basado en algún tipo de agravio que parte de la base de que el hombre considera suya a la mujer. Sin embargo, al ver que esa expresión ya se ha quedado obsoleta podemos darnos cuenta de que algo se ha avanzado en este terreno.

Conclusión

Como resumen de todo lo argumentado hasta aquí, consideramos que basar en una palabra sumamente ambigua y extraña una campaña de comunicación tan crucial y tan imprescindible como la que combate la violencia masculina constituía una maniobra de riesgo desde el punto de vista de la eficacia. Y, aunque ya se nos ha hecho tarde para arreglarlo,[28] nos planteamos, solamente a efectos del debate y la reflexión, si quizá no habría alcanzado mayor conexión general el vocablo *machista* (*violencia machista*), en comparación con el artificial, anglófilo y eufemístico sintagma *de género.* Como se ha indicado, algunas voces feministas prefieren también esa opción.

---

[28] Por si el lector culpara al autor de este libro de no haber hablado antes de todo esto, y pensara aquello de "a buenas horas, mangas verdes", me remito a lo que expresé en *La seducción de las palabras* sobre *género* y sobre la ocultación de la mujer (Madrid, Taurus, 2000). Y a lo que contesté como responsable del *Libro de estilo* de *El País* al defensor del lector en la polémica suscitada tras el artículo de Cristina Alberdi: "Se entiende mejor 'violencia machista', 'violencia contra las mujeres', 'violencia de los hombres' (o 'violencia del varón' si se quiere evitar la eventual confusión con el genérico *hombres* como equivalente de seres humanos), o, finalmente, 'la violencia del sexo masculino' (entendiendo sexo, en este caso, como 'conjunto de seres pertenecientes a un mismo sexo', definición que da el *Diccionario* en la segunda acepción de la palabra)". Corría el año 1999.

Además, añadimos nosotros, *violencia de género* se percibe como algo frío, técnico, incluso suave; un término sociológico que se distancia de los hechos; mientras que el concepto *machista* se condena a sí mismo como algo temible y reprobable, y sería una buena llave para abrir algunas mentes recalcitrantes.

También se hallaban disponibles entonces, y lo están ahora, expresiones como *políticas contra el machismo, discriminación machista* o *desigualdad machista.* Si uno mira dentro de estos vocablos, hallará la raíz *macho,* y por tanto una evocación contundente de la irracionalidad, además de una larga tradición como voz sancionadora de comportamientos indeseables. Todo lo cual no habría impedido que se siguiera hablando de *violencia de género* (y de la propia palabra *género* en otros contextos) para la comunicación entre sociólogos y otros estudiosos de las ciencias sociales, si ello convenía mejor a sus conclusiones y su mutuo entendimiento.

OTROS TÉRMINOS IDENTITARIOS

Además de *jueza* y *género,* el léxico del feminismo cuenta con otros términos que tienden a definir a quien los usa como parte de ese movimiento. En la mayoría de los casos, se trata de palabras necesarias para defender los derechos de las mujeres, por lo que no se critica aquí su existencia y su aplicación. El lenguaje propio del feminismo sirve para identificar los conflictos y, al nombrarlos, crear la conciencia de que existen.

Por tanto, aquí nos limitamos simplemente a señalar el fenómeno, y a definir y comentar esos vocablos, a menudo neológicos.

Sororidad

Uno de los principales términos del lenguaje identitario es *sororidad,* neologismo con el que se pretende expresar y favorecer la solidaridad entre mujeres. A este sustantivo abstracto le acompaña el más concreto *sororas.*

Aunque se aprecia en la palabra una notable influencia del inglés *sorority,* el significante *sororidad* ya fue utilizado cuatro veces por Unamuno en su novela *La tía Tula* (1921). En una de aquellas ocasiones escribía: "No es lo mismo, ni mucho menos, lo paternal y lo maternal, ni la paternidad y la maternidad", y por tanto "es extraño que junto a 'fraternal' y 'fraternidad', de *frater*, hermano, no tengamos 'sororal' y 'sororidad', de *soror*, hermana". Unamuno defendía "sororidad", pues, para cubrir una carencia léxica, el amor de la hermana: "Sororidad fue la de la admirable Antígona […], que sufrió martirio por amor a su hermano Polinices".

El término inglés *sorority* queda definido en el *Diccionario Collins* como "hermandad de mujeres". Sin embargo, esa idea no coincide exactamente con la que representa en nuestros días el término *sororidad*. En inglés se usaba para designar los movimientos que promovían hace años las estudiantes en las universidades de Estados Unidos a fin de recoger donaciones benéficas mediante fiestas y otros actos. Aquellas *sororities* (o "sororidades") pretendían diferenciarse, obviamente, de las mismas asociaciones formadas por varones, llamadas *fraternities* o *frats*.

La antropóloga mexicana Marcela Lagarde utiliza en 1989 la palabra *sororidad* con un enfoque feminista, con el fin de designar la solidaridad entre las mujeres que luchan por sus derechos. Y con ese sentido aparecerá este vocablo más tarde, en 2002, en un libro conjunto de varias autoras panameñas y en el magnífico ensayo *Malas,* escrito por la exministra del PSOE Carmen Alborch, quien menciona 19 veces en esa obra la *sororidad* para explicar su nuevo significado (citando precisamente como referencia a Lagarde).

Por tanto, tenemos tres enfoques al respecto: el de Unamuno, que buscaba simplemente un concepto simétrico a "fraternidad"; el de las universidades estadounidenses que alumbraban *sororities* como grupos caritativos (a la vez que de diversión) formados por mujeres; y finalmente el del feminismo actual, que quizá toma la palabra del inglés pero con un significado distinto.

Desde el punto de vista morfológico, con *sororidad* estamos ante un vocablo bien formado, que procede de *soror*, 'hermana' en latín.

La clave de que la palabra alcance en el futuro un apoyo extendido entre los hablantes varones se hallará quizá en que no pueda caer antipática, para lo cual tal vez haga falta que su significado no se tome como un apoyo de una mujer a otra exento de juicio, de modo que no se equipare con el *A mí la Legión,* tradicional grito mediante el cual todo legionario debe apoyar al compañero que se halle en un conflicto..., tenga razón o no.

Pero frente a ese sentido corporativo ya han advertido con inteligencia algunas feministas. Como señala la propia Alborch citando a la filósofa feminista Amelia Valcárcel, la *sororidad* tiene unos límites éticos, y no significa que a las mujeres haya de parecerles bien, de forma indiscriminada, todo lo que las otras hagan.

Sororidad fue incorporada por la Academia al *Diccionario* en 2018, con estas definiciones: 1. Amistad o afecto entre mujeres. 2. Relación de solidaridad entre mujeres, especialmente en la lucha por su empoderamiento. 3. En los Estados Unidos de América, asociación estudiantil femenina que habitualmente cuenta con una residencia especial.

Empoderar, empoderamiento

Se oyen y se leen a menudo críticas a los términos *empoderar* y *empoderamiento,* tan queridos del feminismo, por considerarlos ajenos a la lengua española. Sin embargo, ambos ya circulaban en los diccionarios de español de los siglos XVI y el XVII (obras anteriores a la creación de la Real Academia). Pero cayeron pronto en desuso, desplazados por sus entonces sinónimos *apoderar* y *apoderamiento* (con el sentido de dar poder a otro, o, en el uso pronominal, tomarlo para sí).

La intuición de muchos hablantes los toma hoy como novedades artificiales o medio inventadas para la ocasión. Y parte de razón tienen, porque las sucesivas ediciones académicas (a partir del XVIII) los dejaron fuera. Hasta que en 1925 la docta casa cambió de opinión y acogió *empoderar* con su significado de siempre, equivalente a *apoderar*: dar un poder a alguien. No obstante, le hizo pagar el peaje de llevar sobre su lomo la marca de "desusado".

Su frecuencia de uso no aumentó por el hecho de haber recibido la bendición académica (aun con reparos), y por eso en 2001 se caería otra vez del *Diccionario,* después de que ni apareciera en los glosarios del *español actual* publicados por entonces.[29]

Pero mientras que *empoderar* agonizaba en español, en inglés cobraron fuerza *to empower* y *empowerment,* traducidos históricamente a nuestra lengua como 'apoderar' y 'apoderamiento', pues eso mismo significaban. Sin embargo, ambos vocablos adquirirían en aquel idioma un sentido adicional: la acción o el efecto de que una colectividad alcance un poder que antes tenía vedado ("el empoderamiento de la mujer", por ejemplo).

Así que los sociólogos y los movimientos sociales no tardaron en clonar *to empower* como *empoderar,* pese a que disponían de *apoderar* (hasta entonces equivalente del verbo inglés) y de la posibilidad de estirar una de sus acepciones —"hacerse fuerte"— como había sucedido en aquella lengua.

Estos usos anglicados provocaron que la Academia señalara en su *Diccionario panhispánico de dudas* (2005) que *empoderar* es "un calco de *to empower,* empleado en la sociología política con el sentido de 'conceder poder a un colectivo desfavorecido socioeconómicamente". Pero no llegaba a condenarlo, al entender que incorpora un valor añadido respecto a *apoderarse:* evoca una reparación o una enmienda.

Con todo ello, la Real Academia Española adoptó para el *Diccionario* de 2014 una doble decisión:

1. Rescatar el vetusto *empoderar* del XVI —13 años después de haberlo desechado en 2001— con la etimología de *en-* y *poder* (otorgar un poder); pero marcándolo de nuevo como término en desuso.

2. Añadir una segunda entrada de *empoderar,* con origen en el verbo inglés y con su significado moderno clonado al español: hacer fuertes o poderosos a quienes antes se hallaban desfavorecidos.

Por tanto, este viejo verbo castellano que un día estuvo moribundo se ha revitalizado y ha crecido en época reciente... gracias al inglés. Y gracias al feminismo.

---

[29] Alvar Ezquerra, Manuel (1994), *Diccionario de voces de uso actual,* Madrid, Arco Libros; Seco, Manuel, Andrés, Olimpia, y Ramos, Gabino (1999), *Diccionario del español actual,* Madrid, Aguilar; *Diccionario del español actual,* Alfonso Carlos Bolado (dir.) (1988), Barcelona, Grijalbo.

Patriarcado

El término "patriarcado" se combina frecuentemente con *heteropatriar-cado* y con los adjetivos *patriarcal* y *heteropatriarcal*. Se han escuchado protestas porque *heteropatriarcado* no se haya incorporado al *Diccionario*, pero ya es sabido que eso depende de que su uso se encuentre extendido y de que tal cosa se pueda documentar. Y, por otra parte, sí se pueden hallar en el léxico de la Academia los dos elementos que forman este término, que disponen de entradas propias y pueden unirse legítimamente si el hablante lo desea: *hetero* y *patriarcado*.

El *patriarcado* se define, en su quinta acepción, como la "organización social primitiva en que la autoridad es ejercida por un varón jefe de cada familia, extendiéndose este poder a los parientes aun lejanos de un mismo linaje". Y, por su parte, *hetero* es un elemento compositivo que significa 'otro', 'desigual', 'diferente'; pero que aquí funciona más como acortamiento de *heterosexual*. Y por eso el vocablo resultante viene a designar un sistema social dominado por los hombres heterosexuales.

La Fundación del Español Urgente, Fundéu, ha definido así *heteropatriarcado:* "Sistema sociopolítico en el que el género masculino y la heterosexualidad tienen supremacía sobre otros géneros y sobre otras orientaciones sexuales". Una vez más, no sabemos muy bien qué significa ahí *género* exactamente.

Sin embargo, tanto *patriarcado* como *heteropatriarcado* contribuyen a definir una realidad discriminatoria y a luchar contra ella, por lo que se deberían considerar bienvenidos.

Manspreading

La palabra en inglés *manspreading* ha surtido algún efecto para denunciar la mala costumbre masculina de ocupar en algún lugar físico más espacio del que a uno le corresponde. Pero más eficaz habría resultado su alternativa en español: *despatarre*. Porque con ella se pretende definir al hombre que en el transporte o en cualquier otro lugar público abre las piernas excesivamente y ocupa el espacio que corresponde a su vecina (porque el *despatarre* suele darse cuando una mujer se sienta al lado de un hombre).

Algunas batallas muy justas se han impulsado con palabras raras (como *fracking* para denunciar la destrucción de los montes por las hidrofracturas industriales; o como *violencia de género* según hemos analizado), con olvido de que una comunicación eficaz ha de acudir a vocablos reconocibles por aquellas personas a quienes van dirigidos, de modo que así los acepten con más facilidad y se sumen a la lucha.

Manspreading forma parte también de ese vocabulario ajeno, lo que no arredró al colectivo Mujeres en Lucha para lanzar en junio de 2017 la etiqueta #*MadridSinManspreading*, secundada por el Ayuntamiento madrileño de la alcaldesa de izquierda Manuela Carmena con #*manspreading*. En cualquier caso, eso nos parece mejor que la actitud de la siguiente administración municipal, encabezada por el PP, que no muestra excesiva preocupación por esos asuntos.

Como vocablo identitario, *manspreading* puede funcionar. Ahora bien, como estrategia de comunicación encontrará problemas, teniendo en cuenta que el 60 por ciento de los españoles reconoce que ni habla inglés ni lo lee; y que sólo el 27,7 por ciento dice entenderlo, si hemos de creer unos datos que seguramente están alterados por la autoestima de muchos de los encuestados por el Centro de Investigaciones Sociológicas español (CIS) en enero de 2017.

Puesto que *manspreading* se forma sobre *man* (hombre) y *spreading* (extenderse, desparramarse), eso se puede traducir como "invasión", junto con adjetivos como "masculina" o "machista" (mejor por supuesto que "invasión de género"). Pero quizá convenga más la citada opción *despatarre*, aportada por la Fundéu; y también *machodespatarre*, aunque ambas puedan pecar de excesivamente coloquiales y, por tanto, poco convenientes en ámbitos formales. Quizá en tales supuestos convenga usar *machoinvasión*.

Cosificar

La cosificación de las mujeres preocupa con razón a los movimientos feministas. Y esta palabra sí que funciona como un reloj para denunciar lo que se pretende.

El *Diccionario* académico define *cosificar* en su segunda acepción como "reducir a la condición de cosa a una persona". Y eso acontece cuando las mujeres son presentadas como reclamo publicitario o sexual, cuando se las reduce a su mero aspecto físico, ya sea para exaltarlo por sus virtudes o para censurarlo por sus defectos, sin reparar en ninguna otra circunstancia de su personalidad.

El uso de esta palabra certera ya ha producido efectos, como el replanteamiento sobre el papel que desempeñan algunas mujeres, generalmente modelos, en las entregas de premios a ciclistas o acompañando a los pilotos en la parrilla de salida en las carreras de motor, así como otras presencias en encuentros comerciales o actos de sociedad en los que ellas solamente deben dejarse ver y ejercer puramente como floreros.

Micromachismos

Quien desee dominar el léxico identitario del feminismo debe utilizar con soltura este vocablo que también ha surtido un efecto beneficioso en la pelea por la igualdad, porque se refiere a pequeñeces de las que no somos conscientes y que gracias a él salen a la luz. Pequeñeces que, sumadas una tras otra o puestas en fila india, constituyen todo un comportamiento discriminatorio.

Pero el término ha sido cuestionado por la presencia del elemento compositivo de origen griego *micro-* (que significa 'pequeño'), porque, según esas voces críticas dentro del propio feminismo, quita importancia a lo que se denuncia.

La sociedad está llena de micromachismos, cometidos por los hombres y a veces aceptados por las mujeres que los rodean. El hombre que se ofrece a "ayudar" a su esposa o pareja en las tareas de casa, en vez, de acometerlas él, incurre en micromachismo. También el que en una reunión de trabajo dirige la mirada, cuando habla, a sus compañeros varones y no hace lo mismo con las compañeras.[30]

---

[30]   Véase, para tomar mayor conciencia de esas situaciones, Estrella Montolío Durán (2018), *Comunicación igualitaria*, Barcelona, Prisma.

Se atribuye el uso originario de esta palabra, en 1995, al psicólogo argentino Luis Bonino Méndez.[31] La primera aparición del vocablo en los corpus académicos se registra en 2004, en una obra de la psicóloga Maite Redondo Jiménez[32] y en un párrafo donde cita precisamente a su colega argentino: "Con frecuencia", escribe Redondo, "al hablar de violencia de género aparece en nuestra mente la imagen de esa mujer magullada (cuando no muerta), descuidada y llorosa. Sin embargo hay otra forma de violencia contra la mujer no menos dañina para su entidad personal y moral. Esta es la más abundante, la menos notoria y la más crónica. Tiene su origen en actitudes y creencias machistas sobre los roles de hombres y mujeres, los llamados 'micromachismos".

En su texto *Micromachismos. La violencia invisible en la pareja*,[33] Bonino clasifica los micromachismos en "coercitivos" (control del dinero, no participación en lo doméstico, uso abusivo del espacio físico y del tiempo...); "encubiertos" (abuso de la capacidad femenina del cuidado, desautorizaciones, paternalismo, manipulación emocional...), y "de crisis" (hipercontrol, victimismo, rehuir la crítica y la negociación...).

Leyendo ese texto no se tiene la impresión de que se trate de asuntos menores.

Mansplaining

La palabra inglesa *mansplaining* equivale a "machoexplicación". Valdría la pena utilizar esta alternativa porque, a diferencia de lo que ocurre con ése y otros anglicismos, el término español permite progresar con esa idea por el sistema lingüístico y crear derivados como "machoexplicar" o "machoexplicador".

---

[31] Bonino, Luis (2002), "Los varones ante el problema de la igualdad con las mujeres", en C. Lomas (ed.) (2002), ¿*Todos los hombres son iguales? Identidad masculina y cambios sociales*, Barcelona, Paidós.

[32] Redondo Jiménez, Maite (2004), *Abordaje de la violencia de género desde una unidad de planificación familiar*, Madrid, Consejo General de Colegios Oficiales de Psicólogos.

[33] Bonino, Luis (1998), *Micromachismos. La violencia invisible en la pareja*. Disponible en Internet.

Pero en el lenguaje identitario se suele usar sin traducción. Como hemos explicado, en ocasiones esos léxicos identificativos no pretenden tanto la comunicación efectiva como el reconocimiento entre iguales y la exclusión de los ajenos.

La lingüista Estrella Montolío, experta en comunicación y gran detectora de los casos de discriminación lingüística, define así *mansplaining*:[34] "Es un neologismo anglófono basado en la composición de las palabras 'hombre' y 'explicar', que se define como 'explicar algo a alguien, generalmente un hombre a una mujer, de una manera considerada como condescendiente o paternalista'. También se entiende como 'explicar sin tener en cuenta el hecho de que la persona que está recibiendo la explicación sabe más sobre el tema que la persona que lo está explicando'. Este comportamiento suele darse de forma habitual por parte de un hombre hacia una mujer".[35]

El término inglés fue publicado por vez primera en 2008 en el ensayo *Los hombres me explican cosas*, escrito por la historiadora y periodista Rebecca Solnit. Lo motivó una situación que vivió en persona cuando un hombre intentaba explicarle el contenido de un libro que había escrito ella misma.

Se entiende perfectamente el propósito de denunciar las machoexplicaciones, irritantes para tantas mujeres que se sienten infravaloradas o despreciadas cuando un hombre les explica algo como si fueran tontas. El peligro de esta palabra (como sucede con *sororidad* y con tantos otros aspectos de la vida) consiste en que a partir de ella se cometan excesos, por ejemplo a la hora de juzgar a quien está intentando ser didáctico, divulgativo o simplemente generoso en detalles al dar cuenta de algo. A veces las líneas son difusas.

---

[34] Montolío Durán (2018), pág. 70.

[35] Esas actitudes no están reservadas a situaciones hombre-mujer, como bien señala el adverbio "generalmente" en esa definición de Montolío Durán. Recuerdo todavía con una sonrisa a aquel jefe mío que me dio una condescendiente conferencia sobre la catedral de Burgos, siendo yo burgalés de pura cepa. Pero no la catalogué como machoexplicación, sino como salida de pata de banco.

Machirulo

Nació años atrás, pero se ha popularizado y extendido en el último lustro. He hallado su primer registro documentado en un programa de Televisión Española emitido en 1994. Se titulaba *Bora Bora*, y consistía en que un famoso recibía en su domicilio a algunos amigos (Bertín Osborne no ha inventado ese género televisivo).

En *Bora Bora*, quien recibía a las visitas era Joan Monleón, un actor valenciano grandullón disfrazado de mujer a quien acompañaba siempre la actriz Gracita Morales (llamada Vicky en el programa). Poco después de la una de la madrugada del lunes 18 de septiembre de 1994, ambos conversaban con el torero Jesulín de Ubrique, el escritor Fernando Vizcaíno Casas y la actriz Rosa Valenty.

Durante la charla, Monleón (o Dora en su personaje) se quejaba ante el matador, entre otras cuestiones, de que no se permitiera a las mujeres situarse en el burladero: "¿No dejan por qué? ¿Porque soy una mujer no dejan? ¿No será muy *machirulo* el mundo de los toros?".

El neologismo pasó inadvertido entonces, al contrario de lo que sucedió el 15 de febrero de 2017 cuando lo usó la diputada Irene Montero, del partido izquierdista Podemos, o cuando la expresidenta argentina Cristina Fernández se la arrojó el 28 de mayo de 2018 a su rival Mauricio Macri. En los tiempos de *Bora Bora* ni había redes sociales ni Monleón era diputado.

Pero Fernández no fue la primera figura argentina relevante en usar ese término. Por ejemplo, la psicóloga y periodista argentina Liliana Hendel lo puso en su arco el 28 de enero de 2018 para lanzarle la flecha al actor Facundo Arana, compatriota suyo: "Facundo es un machirulo, como solemos llamar las feministas a estos muchachos que nos quieren enseñar cómo ser feministas y nos retan si somos extremas", dijo en una entrevista con el portal argentino *Infobae*.

Machirulo suena a fusión de *macho* y *chulo*, pero pocos datos tenemos ciertos sobre esa hipótesis. Tampoco disponemos en castellano de un sufijo *-rulo*, aunque varias palabras acaben así tal vez por influencia de *-ulus* en latín (que a veces tomaba valor despectivo, como en *regulus:* reyezuelo). La voz más parecida en castellano a *machirulo* es *cachirulo* ("adorno femenino" en el siglo XVIII; "pañuelo aragonés" todavía hoy; pero también "trasto").

Curiosamente, 7 de los 13 sustantivos o adjetivos terminados con esas letras se utilizan también como insultos en las distintas variedades coloquiales del español: *garrulo* (tosco, zafio); *gárrulo* (hablador, charlatán), *sapirulo* (regordete, en El Salvador), *charrulo* (inepto, en Honduras), *paparulo* (torpe, ignorante, en Argentina y Uruguay), *firulo* (amanerado, en Chile) o *turulo* (tonto, en El Salvador). El misterioso genio del idioma anda por ahí.

La palabra *machirulo* fue recogida en 2008 por el *Diccionario gay-lésbico* del catedrático Félix Rodríguez,[36] pero referida al hombre homosexual que pretende pasar por muy masculino, y también como insulto contra una lesbiana en la que se quiere ver esa apariencia.

El uso de estos últimos años, sin embargo, se dirige más hacia la idea de un machista que no tiene reparo en mostrarse como tal: un *machirulo* con vistas a la calle.

Esta palabra nos parece muy descriptiva de ciertas actitudes, si bien, como todo insulto, debe evitarse cuando va dirigida a una persona en concreto. Funciona hoy en día como identitaria en el léxico del feminismo, y, por tanto, apenas llegará a los labios de personas que discutan esa visión del mundo..., ni de los propios *machirulos*, claro.

Androcentrismo

Aparece con mucha frecuencia *androcentrismo* junto a *patriarcado* y *heteropatriarcado* en el léxico feminista. Define con precisión una actitud (generalmente inconsciente) que muestran muchos hombres y que consiste en observar el mundo a través de su masculino ombligo.

Este concepto se extralimita a mi entender cuando se aplica al sistema de la lengua y al supuesto predominio del masculino genérico en ella.[37]

---

[36] Rodríguez, Félix (2008), *Diccionario gay-lésbico. Vocabulario general y argot de la homosexualidad*, Madrid, Gredos.

[37] Ya se ha explicado en las páginas iniciales de este libro que esa circunstancia responde a otras razones, no a la visión masculina del mundo.

Las Academias lo acotan así en el *Diccionario*: "Visión del mundo y de las relaciones sociales centrada en el punto de vista masculino".

Techo de cristal

Otro de los términos clave, que sirve con eficacia para denunciar los topes que impiden el ascenso de las mujeres en las carreras profesionales y en los oficios. Se llama *de cristal* porque ese techo se nota pero no se ve. Tal impedimento no se halla en las leyes ni en los convenios, sino en la práctica.

La primera referencia de *techo de cristal* apareció en un artículo del *Wall Street Journal* firmado por los periodistas Carol Hymowitz[38] y Timothy Schellhart en 1986. La expresión literal era *glass ceiling barriers* (barreras de techo de cristal).

En ese texto, ambos analizan cómo mujeres altamente cualificadas y con gran formación se quedaban atoradas ante barreras invisibles. La figura metafórica se empleó después para otro tipo de obstáculos a los que se enfrentan las minorías en general (raciales, sexuales o ideológicas).

Brecha salarial

El concepto *brecha salarial* se documenta por vez primera en 2004 en México, relacionado con la diferencia de retribuciones en ese país respecto de Estados Unidos. Actualmente se aplica por antonomasia a la diferencia de sueldos entre mujeres y hombres, obviamente desfavorable para ellas.

Esta práctica no está prevista ni autorizada en España en ningún tipo de convenio de empresa (eso sería ilegal), y sin embargo existe.

La difusión de este sintagma contribuye sin duda a definir un problema y probablemente a ir resolviéndolo. Por tanto, se trata de

---

[38] Carol Hymowitz había escrito previamente el libro *A History of Women in America* en 1978 (Bantam Books, Nueva York).

una locución que no sólo cumple un papel identitario, sino también funcional y efectivo.

LEGÍTIMA ELECCIÓN

Los lenguajes identitarios sirven para agrupar a los miembros dispersos que defienden una causa, para resaltar su unión; para avanzar en la conquista de espacios. Y se hace muy difícil criticar esa lucha justa por quien comparte sus principios.

Ahora bien, consideramos obligado por honradez intelectual señalar un riesgo importante del que se nos alerta desde las ciencias sociales: que los postulados de la adhesión identitaria reclamen la exclusión de quienes no la compartan (como indicaba el editorial de *Gazeta de Antropología* de marzo de 2008). Y que esos términos, según nos previno el filósofo y semiólogo francés Roland Barthes, funcionen como un sociolecto que "da seguridad a todos los individuos que están dentro" mientras "rechaza y ofende a los que están fuera", creando un discurso "en el que no hay lugar para el otro". "De ahí la sensación de asfixia, de enviscamiento [irritación], que puede provocar en los que no participan de él".[39] Porque el carácter intimidante de un sociolecto no actúa solo hacia los que están excluidos, también es limitador para quienes lo comparten.

Así pues, el riesgo en el empeño de construir una corriente identitaria puede anular la pluralidad interna en la sociedad que comparte de hecho tal identidad, y expulsar de ese modo a quienes incluso aspiraban a sentirse parte en esa lucha.

Esto guarda su lógica interna en las corrientes totalitarias, pero no debe suceder en aquellas que nacen de postulados democráticos, en las cuales se puede admitir y considerar iguales a quienes defienden la misma causa con distintas palabras. Para ello, eso sí, hace falta que el lenguaje identitario, cualquiera que sea su objetivo, funcione como una legítima elección de cada persona y no se convierta nunca en una imposición social que se cobra como precio la exclusión de los otros.

---

[39]   Barthes, Roland (2009), *El susurro del lenguaje*, Barcelona, Paidós, págs. 153-156, trad. de Carlos Fernández Medrano.

4

MEJORAS EN EL *DICCIONARIO*

El *Diccionario* académico goza de una circunstancia que conviene resaltar: los hispanohablantes lo consideran suyo. Y por eso, como ocurre con las selecciones deportivas, cada cual alberga sus propias ideas sobre definiciones, inclusiones y salidas. A la docta institución llegan cientos de sugerencias al respecto, a menudo desde entidades sociales con propósitos dignos de elogio porque luchan por la defensa de colectividades discriminadas o minorías perjudicadas. La gente de buena voluntad se solidariza con ellas y sus propósitos, y tiende a apoyar por eso tales propuestas.

Entre esas posibles enmiendas figuran las que se refieren a acepciones peyorativas de determinados grupos (los gitanos, por ejemplo, o las personas con discapacidad), y al mismo tiempo solicitudes como la de una asociación de empresas con marcas de alta gama (Loewe y otras) que deseaban modificar la definición de *lujo*. Y también las sugerencias de filólogas que proponen soluciones ante los problemas o las incoherencias relacionadas con la consideración que se da a las mujeres en el *Diccionario* de las Academias.

Sin embargo, algunos de esos legítimos deseos chocan con una terca realidad: qué entienden con la palabra cuestionada millones de hablantes, qué presencia tiene en la vida real, cómo se ha usado en la literatura, qué valor sigue connotándola a pesar de que ello horrorice sinceramente a los afectados.

Si fuera cuestión de deseos, todos defenderíamos la desaparición de la palabra *asesino*.

Las definiciones de las palabras deben fundarse en un estudio minucioso de cómo las utilizan los hablantes. Y si con su uso provocan que un término se dirija como ofensa para un grupo de personas, la culpa no será de la Academia, del mismo modo que los periodistas no tienen la culpa de que exista Matteo Salvini. Ahora bien, debemos establecer una importante salvedad. Una cosa es la definición que de una palabra imponen su uso histórico o actual, y otra cosa que se introduzca cierto machismo o androcentrismo añadido en una definición o en el ejemplo con el que se ilustra.

Las filólogas Eulàlia Lledó, María Ángeles Calero y Esther Forgas publicaron en 2004, con una perspectiva feminista, un estudio muy preciso,[1] de 464 páginas, sobre la edición del *Diccionario* de 2001. En él analizan las palabras, sus definiciones y los ejemplos que se utilizan. Y resulta muy interesante esa mirada crítica; y, también, comprobar cómo bastantes de esos comentarios han sido asumidos por la Academia; es decir, no todos; y a veces sin que se sepa muy bien el criterio aplicado al respecto para la aceptación o el rechazo, pues se aprecian aparentes contradicciones.

El bisturí de las tres filólogas va diseccionando las líneas del *Diccionario* que reflejan una mirada masculina, "el modo de pensar, los usos y los prejuicios de quienes elaboran el *Diccionario de la Real Academia*" (pág. 446); y hace que el lector reflexione sobre cómo se podrían reescribir para neutralizar ese efecto.

Vamos a observar esos aspectos a la luz del libro de Lledó, Calero y Forgas.

DESIGUALDAD EN LAS DEFINICIONES

Las autoras dan cuenta, por ejemplo, de que en el *Diccionario* "la apariencia física cobra [en el caso de las mujeres] una importancia lexicográfica no paralela ni comparable con la de los hombres". "La juventud en las mujeres es definida positivamente, mientras que la vejez va acompañada de elementos negativos, como fealdad, gordura, etcétera". Un ejemplo: en la entrada *escurrido* se indica: "Dicho de una persona, y especialmente de una mujer: estrecha de

---

[1]   Lledó Cunill, Eulàlia (coord.), Calero Fernández, María Ángeles, y Forgas Berdet, Esther (2004), *De mujeres y diccionarios*, Madrid, Instituto de la Mujer.

caderas" (en la actualidad se mantiene igual). Ésta y otras muchas expresiones llevan a las filólogas a concluir que en el *Diccionario* de 2001 "las mujeres son censuradas por su aspecto físico, tanto por su fealdad como por su gordura o extrema delgadez".

Según se va demostrando a lo largo del trabajo, las referencias negativas de las palabras aplicadas a la mujer superan con mucho a las positivas: "Las mujeres altas, bajas, gruesas o flacas aparecen en el diccionario con una profusión que no encuentra paralelo en el caso de los varones".

Se entiende cuestión diferente si esa responsabilidad ha de adjudicarse a la Academia o bien al uso que los hablantes varones han acuñado. Son ellos (o parte de ellos) quienes han dirigido a las mujeres el significado de *ajamonarse* ("Dicho de una persona, especialmente de una mujer: Engordar cuando ha pasado de la juventud"). Y son ellos los que deben hacer que caiga en desuso (si no lo está ya). Y esto vale también para el significado de *jamona*, que equivale a "mujer que ha pasado de la juventud, y es algo gruesa"; y *narria* ("mujer gruesa y pesada, que se mueve con dificultad"); y *pandorga* ("mujer muy gorda y pesada, o floja en sus acciones"). Y otro tanto habrá de acontecer con la acepción de *carantoña* como "mujer vieja y fea que se aplica afeites y se compone el rostro para disimular su fealdad", acepción cuyo uso debe atribuirse a la crueldad de alguna gente, no al espejo que la refleja.

El adverbio *especialmente* aparece en muchas de las definiciones analizadas como un claro marcador peyorativo para la mujer. Así hemos visto que sucedía en *ajamonarse* y en *escurrido*, pero hay muchos casos más. Por ejemplo, en la acepción 18 de la entrada *forma*: "Configuración del cuerpo humano, especialmente el pecho, la cintura y las caderas de la mujer. [Ejemplo:] *Ya empieza a tener formas*".

Tales matices pueden entenderse desde el punto de vista lexicográfico, pero resulta más difícil de comprender que se apliquen en palabras tradicionalmente arrojadas contra las mujeres y no se siga el mismo camino con algunas relativas a los varones. Por ejemplo, en *maltratar* y en *trato* (locución *malos tratos*) o en *agresión* (locución *agresión sexual*), o en *abuso* (locución *abuso sexual*). En estas palabras la violencia se produce al "tratar con crueldad, dureza y desconsideración a una persona o a un animal", "sobre el cónyuge o las personas con quienes se convive" o "contra la libertad sexual de una persona", pero cualquier ser humano informado sabe bien la dirección de esas agresiones. Aquí no hallamos, por ejemplo en *abuso sexual*, el inciso "especialmente el cometido por el varón".[2] Y tales definiciones continúan inalteradas todavía hoy.

Las Academias recogen en lo referente a la violencia masculina unas descripciones más propias del derecho penal (incluso van marcadas con la palabra *derecho*) que no de la vida cotidiana. Y eso las presenta frías, distantes de la realidad social, escasamente empáticas.

Por ésos y otros ejemplos (algunos de los cuales se mantienen todavía en la edición de 2014), las autoras denuncian que "hay un desacuerdo entre el mundo y la manera como éste se representa en el *Diccionario*, que ha omitido cuidadosamente presentar a un hombre como perpetrador de algún maltrato". Asimismo, indican que la Academia ofrece una explicación del mundo "desde un punto de vista de hombre, católico y heterosexual".

No obstante, si bien es cierto que algunas de las expresiones machistas recogidas en el *Diccionario* van desapareciendo de la realidad, no lo hacen de la historia ni de la literatura: la referida acepción de *carantoña*, que se marcaba ya en 2001 como "poco usada", sigue figurando en la edición de 2014 (donde continúa con la misma marca). ¿Debe mantenerla la Academia? Aquí puede surgir un debate, porque en cualquier caso su sentido peyorativo siempre seguirá esculpido en aquella letra de Quevedo que un lector de hoy tal vez necesitase desentrañar con ayuda del *Diccionario*:

> *Y si en competencia tuya,*
> *era Daphne carantoña,*
> *ninfa que los escabeches*
> *y las azeitunas[3] ronda,*

---

[2]   Eso no significa que el *Diccionario* vete esa opción, porque contiene entradas en las que sí se recoge que algo negativo le concierne principal, especial o normalmente a un hombre, como en *propasarse*: "Dicho principalmente de un hombre: cometer un atrevimiento o faltar al respeto, especialmente a una mujer".

[3]   La grafía *azeituna* se usó hasta el siglo XVIII.

siendo tú el sol, ¡con cuál ansia
volaré yo cuando corras!

O esta otra de su coetáneo del Siglo de Oro, el murciano Salvador
Jacinto Polo de Medina:

Con justa razón le dan
en tu carantoña,[4] Antonia,
a iluminación demonia
verilis de Solimán.
Disgusto en vez de deleite
con mirarte se conquista.
Porque se atasca la vista
en el lodo de tu afeite.

¿Cómo entender hoy aquel significado si se retira esa acepción del
Diccionario? ¿Y cómo deducir, si suprimimos otras, que el "verilis
de solimán", ambos términos también en desuso, es una suerte de
cosmético que daba brillo al rostro?[5]

Sin embargo, las autoras no rehúsan definirse en esa encrucija-
da: "No es cierto", señalan en las conclusiones finales, "que la Real
Academia actúa simplemente como notaria de la realidad a la que
solamente refleja, realidad de la que es únicamente responsable
la sociedad hispanohablante en general". También es "jueza de
palabras y significados que sanciona a unas y otros por el mero
hecho de contenerlos; es decir, el diccionario es un texto al que la
sociedad concede un papel normativo".

Critican a continuación el "sesgo discriminatorio gratuito, la
definición tergiversada, los términos despectivos e hirientes y el

---

[4] La palabra *carantoña* se relaciona etimológicamente con *carátula*, una de cuyas
acepciones es *máscara*, término vinculado a su vez con la hipocresía; y tanto el
gesto cariñoso hipócrita como los afeites o maquillajes entroncan con lo artificial y fingido. La acepción todavía viva de *carantoña* mantiene ese matiz
peyorativo ("caricia, palabra o gesto afectuoso que se hace a una persona, a
veces con la intención de conseguir algo de ella").

[5] *Veril* (también *beril*) se llamó en el siglo XVII a una brillante piedra preciosa. El
berilo es un silicato de aluminio y de berilio "entre cuyas variedades destacan la
aguamarina y la esmeralda". *Solimán* significa "cosmético hecho a base de prepa-
rados de mercurio".

aire burlón o paternalista de algunas definiciones", rasgos que consideran "responsabilidad única de quienes las han redactado".

Se detienen por ejemplo en las entradas sobre seres mitológicos, como brujas y sirenas, de las que comentan: "Es curioso constatar que en varias de estas definiciones referidas a personajes femeninos negativos no se pone en duda la veracidad de la existencia de estos personajes maléficos".

Eso se percibe todavía en la definición de sirena: "Ninfa marina con busto de mujer y cuerpo de ave según la tradición grecolatina, y con cuerpo de pez en otras tradiciones, que extraviaba a los navegantes atrayéndolos con la dulzura de su canto". Aunque todos sepamos que se trata de seres inexistentes, la literalidad de la definición no lo refleja.

Y critican también que no se hayan incluido términos como *homoerotismo*, *homosocial*, *monoparental* o *cliterodirectomía*;[6] o la no adición de una entrada nueva para todo lo relativo a *género*; o la escasa definición de *maltrato*; o que no se añadan notas pragmáticas para significados lesivos (aunque ponen como ejemplo *maruja*, que sí las tiene).[7]

Sin embargo, en la versión de 2001 aprecian avances, aunque no sistemáticos, respecto de la edición anterior (1992). "Se han detectado algunas modificaciones que parecen destinadas a compartir el protagonismo entre hombres y mujeres".

Los juicios que emiten las autoras en el libro, aunque se pueden considerar subjetivos como opiniones que son, se basan en datos ciertos, y es admirable el trabajo que acometen y la denuncia de cientos de definiciones y ejemplos que caían en una visión masculina y sesgada de la realidad.

La redacción de las diferentes entradas del *Diccionario* contiene en verdad innumerables estilemas que corresponden a la perspec-

---

[6]   Las autoras consideran que esos términos estaban suficientemente documentados conforme a los criterios de la propia Academia.

[7]   En 2001, *maruja* se definía, con las marcas de "despectivo" y "coloquial", como "ama de casa de bajo nivel cultural". En 2014 se ha añadido *marujo* ("hombre que actúa como una maruja") y *maruja* se ha definido así (con las mismas marcas de 2001 y el añadido de "españolismo"): "Mujer que se dedica solo a las tareas domésticas y a la que suele asociarse a ciertos tópicos como el chismorreo, la dependencia excesiva de la televisión, etcétera".

tiva inconsciente de sus autores, en su mayoría hombres y españoles (exclusivamente hombres hasta que en 1978 ingresó en la Academia Carmen Conde).

Por ejemplo, puede deducirse bien dónde se encontraba geográficamente el académico que redactó un ejemplo que ilustraba la entrada *llamar*: "Aquí llamamos falda a lo que en Argentina llaman pollera".

Así figuraba, en efecto, en la edición académica de 2001, que es la comentada en el citado libro de 2004. Pero en la redacción del ejemplo actual, la perspectiva geográfica ha cambiado de continente: "Acá llamamos celular a lo que allá llaman móvil".

CORRECCIONES HECHAS

Hasta donde yo sé, está por emprender la tarea de elaborar un trabajo equivalente al de las tres filólogas, si bien referido a la edición de 2014 en relación con la de 2001, a fin de apreciar los cambios introducidos por la Academia en esa edición y comprobar si las autoras han sido escuchadas.[8]

Me he permitido hacer alguna cata al respecto (sin el rigor y el empeño que ellas emplearon) y he obtenido algunos indicios: la Academia ha retocado bastantes de los aspectos criticados por Lledó, Calero y Forgas (no dispongo del dato exacto de cuántos, cuya búsqueda requeriría un estudio sistemático y especializado), pero lo ha hecho de nuevo de manera irregular, como en 2001 respecto de 1992. Y se ha dejado otros sin modificación. Comentaré algunos de ellos.

El libro de las tres filólogas cuestiona por ejemplo la constante aparición en la edición de 2001 del sintagma "hombres de negocios" en distintas acepciones relativas a espacios y documentos:

Escritorio. Aposento donde tienen su despacho *los hombres de negocios.*
Borrador. Libro en que los comerciantes y *hombres de negocios* hacen sus apuntes para arreglar después sus cuentas.

---

[8]   No he encontrado datos sobre el número de acepciones modificadas en la edición de 2014 en función de las críticas realizadas por estas filólogas en 2004.

Libro de caja. Libro que tienen los *hombres de negocios* y comerciantes para anotar la entrada y salida del dinero.

Manual. Libro en que los *hombres de negocios* van anotando provisionalmente y como en borrador las partidas de cargo o data, para pasarlas después a los libros oficiales, si están obligados a llevarlos, por ejercer el comercio.

Pandectas. Entre *los hombres de negocios,* índice alfabético de nombres de personas con remisión a su cuenta.

Con ello, apuntan las autoras, "se atribuye exclusivamente a los varones el uso de espacios o de objetos ligados a trabajos que conllevan poder y prestigio profesional. Resulta sorprendente", expresan también, "que 'hombres de negocios' sea el único sintagma posible para referirse a las personas que ejercen este tipo de trabajos".

Y en eso ven, con toda lógica, una muestra de las diferencias que ofrecía el *Diccionario* de 2001 a la hora de atribuir ciertos lugares y utensilios a varones y mujeres. Éstas aparecen, por su parte, relacionadas con otros objetos y espacios: "costurero", "coqueto/a", "posada"…

¿Qué habrá pasado con esas definiciones que incluían el sintagma "hombres de negocios" en la edición de 2014?

Pues que ese sintagma se ha suprimido directamente y sin sustitución alguna en las acepciones correspondientes a *borrador* y *libro de caja,* mientras que en *manual* se ha sustituido por "los comerciantes" y el verbo ha cambiado de tiempo: "anotaban". Pero "hombres de negocios" no ha desaparecido ni en *pandectas* ni en *escritorio.* Eso sí, en esta última ya no se dice "donde tienen" sino "donde tenían".

En cuanto a *costurero/a,* en 2001 se definía en una de las acepciones como "Mesita, con cajón y almohadilla, de que se sirven las mujeres para la costura". Y ahora se indica: "Mesita con cajón y almohadilla que se utiliza para la costura" (se suprime "de que se sirven las mujeres").

A su vez, *coqueto/a* era en 2001 un "mueble de tocador, con espejo, usado especialmente por las mujeres para peinarse y maquillarse". Pero en 2014 esta acepción se define así: "Mueble de tocador, con espejo, usado para peinarse y maquillarse". (Idéntica supresión.) Y *posada* también cambia en la acepción correspondiente. Pasa de "En palacio y en las casas de los señores, cuarto destinado a la habitación de las mujeres sirvientes" a sustituir esta última locución por "de la servidumbre". Ya se ve que la Academia también sabe usar los sustantivos abstractos que evitan las duplicaciones, como tanto han recomendado los manuales para un lenguaje no sexista.

El libro de Lledó, Calero y Forgas denunciaba igualmente que en un buen número de lemas paralelos entre varones y mujeres la definición de la forma femenina difería notablemente de la masculina, con un evidente sesgo positivo en ésta.

Por ejemplo, en la locución *ser mucha mujer* (en la entrada *mujer*), se decía en 2001: "Ser admirable por la rectitud de carácter, por la integridad moral o por sus habilidades". En cambio, en *ser mucho hombre* se lee: "Ser persona de gran talento e instrucción o de gran habilidad". Nada de eso aparece ya en la edición de 2014.

También quedan reseñadas en el libro desigualdades de carácter histórico, de las que por el contrario "no podemos culpar al diccionario", señalan las autoras: "En la entrada *espalda* encontramos que la locución *relucir la espalda* significaba discriminatoriamente 'ser rico un hombre, o tener mucha dote una mujer". Pero en 2014 desaparecieron la locución y los términos que la definían.

En la entrada *forzar* de la edición de 2001 se produjo un avance respecto a la de 1992, como apuntan las filólogas. En su acepción tercera ya no se lee "gozar a una mujer contra su voluntad", sino "poseer sexualmente a alguien contra su voluntad". Ha sido retirado por tanto ese uso antiguo y ya poco habitual de *gozar,* un verbo que evoca además el placer de quien delinque y que parece obviar el dolor de quien padece la agresión; y se hace extensible la posibilidad de sufrir ese abuso a cualquier persona: "a alguien".

Sin embargo, en la entrada *fuerza* se apreciaba que los cambios de 2001 no habían sido sistemáticos, porque en la acepción 12 seguía impertérrito el verbo *gozar:* "Violencia que se hace a alguien para gozarlo". La crítica de las filólogas sí fue escuchada en la edición de 2014, donde la definición de *fuerza* aparece así redactada: "acto de forzar (poseer sexualmente a alguien contra su voluntad)".

También en la entrada *celambre,* citada en el libro con su definición de "celos de la mujer amada", se ha evitado "mujer" en la nueva definición: "celos (sospecha de que la persona amada mude su cariño)". Y en *dramaturgo,* que en 2001 no tenía su correspondiente femenino, se recoge ya la opción *dramaturga*. Lo mismo que pasa con *soldador* y *soldadora* (en 2001 sólo aparecía el masculino) y *yuntero* y *yuntera* (se añadió en 2014 el femenino). En la cata que hemos hecho, bastantes oficios que Lledó, Calero y Forgas denunciaban como solamente masculinos en el *Diccionario* han obtenido ya la *doble sexualidad* con la terminación en *-o* y en *-a*: *azulejero, adoquinador, armero, cabestrero, costalero, mayoral...* Pero ese proceso no ha alcanzado todavía a *baldosador, becerrero, brigadero* o *cubero*.

Y han desaparecido asimismo algunas de las definiciones crueles que recogía el libro, como en *gigantilla* ("mujer muy gruesa y baja"); mientras que *callo* ha pasado de "mujer muy fea" a "persona muy fea", con lo cual se puede endosar también a un varón.

La periodista Tereixa Constenla publicaba en *El País* en 2008 una información[9] en la que afirmaba: "Algunas definiciones de la RAE tienen un claro sesgo sexista". Y citaba seis ejemplos que a su vez figuran en el libro de Lledó, Calero y Forgas:

> *Babosear*. Obsequiar a una mujer en exceso.
> *Hombre*. Individuo que tiene las cualidades consideradas varoniles por excelencia, como el valor y la firmeza.
> *Huérfano*. Dicho de una persona de menor edad a quien se le han muerto el padre y la madre o uno de los dos, especialmente el padre.
> *Mujer*. Que tiene las cualidades consideradas femeninas por excelencia.
> *Niñada*. Hecho o dicho impropio de la edad varonil, y semejante a lo que suelen hacer los niños, que no tienen advertencia ni reflexión.
> *Periquear*. Dicho de una mujer: disfrutar de excesiva libertad.

Veamos cómo quedó todo eso en 2014:

> La definición "sexista" de *babosear* ha sido suprimida.
> La definición "sexista" de *hombre* se ha corregido: "Varón que tiene las cualidades consideradas masculinas por excelencia" (ya no se dice cuáles).

---

[9]   Constenla, Tereixa, "El lenguaje sexista. ¿Hay que forzar el cambio?", *El País*, 14 de junio de 2008. El 24 de noviembre de 2013, la misma autora dio cuenta de que esas definiciones se iban a corregir, dentro del reportaje "Menos sexismo en el nuevo *Diccionario*".

La definición "sexista" de *huérfano* se ha corregido: "Dicho de una persona menor de edad: A quien se le han muerto el padre y la madre o uno de los dos" (se ha suprimido "especialmente el padre").

La definición "sexista" de *mujer* se ha corregido: "Mujer que tiene las cualidades consideradas femeninas por excelencia". (Se convierte ya en simétrica con la de "hombre").

La definición "sexista" de *niñada* se ha suprimido.

La definición "sexista" de *periquear* se ha suprimido. Y también la entrada.

Este último verbo no figura, por cierto, en los bancos de datos de la Academia, que reúnen unos 700 millones de registros (palabras). Parece ser, por tanto, que ningún autor de importancia lo había utilizado.

Sin embargo, se mantiene en el *Diccionario* la definición de las locuciones *sexo bello* y *sexo débil* como "conjunto de las mujeres", frente a *sexo feo* y *sexo fuerte*, que hacen referencia al "conjunto de los hombres". Si bien en 2014 se aclaró en *sexo débil* que se trata de un uso "con intención despectiva o discriminatoria". Así que la responsabilidad, como en tantas otras definiciones, se sitúa aquí en el ámbito de los hablantes. Ellos son los que deben decidir si usan o no esa locución despectiva. El hecho de que algo se halle en el libro académico no significa que la institución esté animando a usarlo.

ARREGLOS PENDIENTES

En otros casos, las propuestas de las tres filólogas no surtieron efecto. Había y hay margen para retocar una acepción de *pingo* de 1992 definida como "mujer despreciable" y en 2001 como "persona casquivana o promiscua, especialmente una mujer". En 2014 no se retiró este último sintagma ("especialmente una mujer").

Andar de pingo (locución incluida en esa misma entrada) se definía así en 1992: "Andar una mujer de visitas y paseos en vez de estar dedicada al recogimiento y a las labores de su casa". Realmente machista esa óptica. Pero en la edición de 2001 cambió a: "Pasar mucho tiempo fuera de casa para divertirse sin hacer nada de provecho" (los hombres ya podían entonces andar de pingos igual que las mujeres, pero la diversión seguía considerándose como "una práctica poco provechosa", recuerdan las autoras). Y en 2014 se mantiene igual. María Ángeles Calero comentaba por su parte en 1999[10] la definición de *criar,* cuya segunda acepción establece: "Dicho de una madre o de una nodriza: Nutrir y alimentar al niño con la leche de sus pechos, o con biberón". Y opone con razón que la parte correspondiente al biberón bien podría incluir al padre… Pues bien, esa definición sigue intacta en 2019, veinte años después.

EJEMPLOS NO CORREGIDOS

En lo que respecta a los ejemplos que ilustran las definiciones del *Diccionario,* las filólogas Lledó, Calero y Forgas contabilizan algunos datos llamativos. Los antropónimos masculinos se reparten mayoritariamente entre "Juan" (83 ejemplos con ese nombre), "Pedro" (43) y "Antonio" (28). El primer nombre de mujer en la lista es "María", con 11 menciones. (Los dos siguientes son Juana, con 7, e Isabel, con 6). Sólo el antropónimo masculino "Juan" reúne más ejemplos, 83, que todos los femeninos juntos, que suman 57.

De añadidura, más de la mitad de los ejemplos referentes a las características morales de las mujeres eran negativos en la edición analizada. Exactamente 37, frente a 22 positivos y 22 neutrales. No es de extrañar que las autoras señalaran: "Se constata que el DRAE destaca principalmente lo que de malo pueda decirse de las mujeres".[11]

Esa presencia subliminal de autores masculinos en la redacción de los textos de 2001 se aprecia en ejemplos como éstos, que se mantienen iguales:

En la entrada *aries:* "Yo soy aries, ella es piscis". (Y ahí ese "yo" se adivina masculino en opinión de las autoras, aunque también se puede imaginar ahí la *voz* de una mujer). Y lo mismo pasa con

---

[10]   Calero (1999), pág. 96.

[11]   Ya no se considera adecuado usar las iniciales DRAE (*Diccionario de la Real Academia Española*), porque se elabora entre todas las Academias del español y no sólo por la RAE. El nombre oficial es *Diccionario de la Lengua Española.* Sin embargo, ha de tenerse en cuenta que la obra de las tres filólogas data de 2004, cuando las antiguas siglas se seguían empleando con normalidad.

otros signos del zodiaco: "Yo soy acuario, ella es piscis". Este segundo signo se repite en todos los demás: "Yo soy cáncer, ella es
piscis", "Yo soy capricornio, ella es piscis". "Yo soy tauro, ella es piscis". ¿Un reiterado homenaje quizá a alguna piscis?

Las autoras observan ciertos rasgos negativos en ejemplos como
el que figura en *trapo* con el sentido de *ropa* ("prendas de vestir,
especialmente de la mujer"): "Todo su caudal lo gasta en trapos".
Así continúa en 2019.

Y se comprende que resulte más ofensivo aún —en esta época
de continua violencia machista— que en esa misma entrada *trapo*
se ilustre de este modo la acción de tratar con desprecio o de forma
humillante: "Trata a su marido como a un trapo". Y no se ha corregido. Siendo escasa en el *Diccionario* la presencia de acciones
desempeñadas por mujeres, resulta que una de ellas se refiere a que
una esposa maltrata a su cónyuge.

En general, los ejemplos en que los sujetos son mujeres se vincu-
lan con los verbos *ser* y *estar* (es decir, las mujeres son y están),
mientras que los hombres hacen cosas (es decir, los sujetos masculinos se acompañan de verbos de acción).

A veces, no obstante, la mirada abrumadoramente masculina
del *Diccionario* crea un contexto que nos hace proyectarla sobre
ejemplos que de otra forma podrían salvarse de ese juicio. Así
sucede en la entrada *pronunciar*, una de cuyas acepciones se ilustra
así: "Esa falda blanca pronuncia tus caderas". Tal vez imaginemos
una voz masculina detrás, pero también se lo podría decir una
madre a su hija. No obstante, las propias autoras señalan que el
androcentrismo imperante no sólo afecta a algunos usos de la lengua, sino también en mayor o menor medida a la mente de mujeres y de hombres, y eso puede inducir ahí a pensar que la voz
enunciadora es masculina.

Otro tanto ocurre en la entrada *tacón*, cuyo ejemplo dice: "Lleva tacones para parecer más alta". Las autoras ven en ello "cierto
tono negativo", porque "habla del calzado como medio de simula-
ción". Ciertamente los zapatos de tacón son más usuales entre
mujeres que entre hombres, y cuando se escribió eso no había adquirido notoriedad todavía Nicolas Sarkozy.

Y si se observa androcentrismo en que la entrada *potingue* incluya el ejemplo "usa muchos potingues para que no le salgan

arrugas", quizá ello se deba también a que en el lector, o en las autoras, esté influyendo la realidad que nos rodea más que la literalidad de lo que el texto dice, porque en las palabras exactas de ese ejemplo no hay referencia al sexo de quien usa potingues.

ENMIENDAS INCORPORADAS

Como hemos comprobado anteriormente en lo relativo a las definiciones, también en el capítulo de los ejemplos se han introducido retoques en la edición de 2014 en el sentido planteado por las autoras en 2004 en su análisis de la edición de 2001.

Así, si respecto a *estéril* criticaron que se usase el ejemplo "mujer estéril" (por supuesto, también podrían serlo un varón o un animal), en la edición de 2014 ya no figura ese sustantivo: siguen "tierra, ingenio, trabajo estéril", pero "mujer" se ha eliminado de la enumeración.

En la entrada *triste,* el ejemplo "Antonia es mujer muy triste" se ha convertido en "Es una persona muy triste", sin sujeto. Y en *llamar,* se ha pasado de "Todos la llamaban orgullosa" a "Lo llaman orgulloso". Por su parte, el vocablo *posesivo* se ilustraba con "una madre posesiva", que ahora se ha transformado en "un amante posesivo".

El libro hacía también esta denuncia (pág. 35): "Dos ejemplos critican un bien tan escaso como es la libertad y ponen de manifiesto las difíciles relaciones que la Real Academia mantiene con ella", lo cual no ha de entenderse (interpretamos) como una mala relación de la Academia con la libertad en sí, sino con la manera de reflejarla históricamente en las definiciones relativas a la mujer.

Y continúan las autoras: "Así, en la acepción 'Desembarazo, franqueza' del artículo *libertad* encontramos la siguiente declaración de principios manifestada a través de un ejemplo acuñado en la Academia: 'Libertad. Para ser tan niña, se presenta con mucha libertad".

La definición actual lo ha resuelto: "Para ser tan joven, se presenta con mucha libertad". De ese modo, se incluye ahora un sustantivo de género común ("joven") en lugar de uno femenino ("niña"). Y desaparece cualquier sexismo.

En *alegre,* se recurría en 2001 al siguiente ejemplo para la acepción "Libre o licencioso en cuanto a las costumbres sexuales":

"Mujer de vida alegre", mientras que ahora se ha optado por "Persona de vida alegre" (se cambia "mujer" por "persona"). Y aquí la búsqueda de una definición no ofensiva quizá haya ido en detrimento de la propia veracidad. ¿Se dice realmente "es una persona de vida alegre"? ¿Y "es un hombre de vida alegre"? Tal vez habría bastado una nota pragmática que advirtiera del uso despectivo (y por tanto desaconsejable).

En la entrada *empedernido*, antes figuraba "habladora empedernida". En la edición de 2014 se ha equilibrado el asunto: "Fumador empedernido. Habladora empedernida". Pero se incurre en un cierto estereotipo: los hombres fuman y las mujeres hablan. Los hombres se muestran con una actitud externa y las mujeres con una supuesta costumbre intrínseca.

En la palabra *tipazo*, marcada como españolismo, la edición de 2001 añadía como ejemplo: "Aquella mujer tiene un tipazo". En 2014 se ha suprimido el ejemplo, pues la definición ("Cuerpo muy atractivo de una persona") no necesita mayores aclaraciones.

Las autoras critican en la página 79 de su libro que en distintas profesiones (ingeniero, médico, arquitecto… hasta un total de 13) se incorpore la precisión de que también se usa la forma en masculino para designar el femenino, como sucede en "ella es médico" o cuando incluso una profesional de la medicina dice "yo soy médico". Pues bien, la Academia suprimió todos esos ejemplos en 2014, así como la posibilidad misma de que se usen de ese modo. Queda claro que ha de decirse "yo soy médica".

En la entrada del sufijo *-uelo, -uela*, los ejemplos eran en 2001 los siguientes en lo que se refiere a su valor despectivo: "Escritorzuelo, mujerzuela". En la edición actual se ha alargado la lista: "Piecezuelo, jovenzuelo, mujerzuela, escritorzuelo". Y el único femenino es precisamente ése: *mujerzuela*.

Analizan también las tres filólogas un ejemplo que figura en la definición de *poema*: "El vestido de la novia era todo un poema". En 2014 se mantiene, pero la Academia añade para la acepción relativa a indicar algo ridículo o grotesco: "En algunos lugares de América se usa a veces con valoración positiva".[12]

---

[12] La Academia incurre aquí en pleonasmo, pues, según su propia definición, "valorar" es siempre algo positivo.

En cuanto a los cambios positivos operados en la edición de 2001 respecto a la de 1992, un ejemplo llama la atención de las autoras. En la entrada *más,* la edición de 1992 incorporaba: "Matilde es la más hacendosa de mis hermanas". Pero en la de 2001 el ejemplo se había corregido: "Catalina y Elena son las más inteligentes de mis alumnos". Así pues, señalan, "se reconoce que la inteligencia es también patrimonio femenino". Lo entendemos como ironía, lógicamente. "Este ejemplo", remachan, "es una auténtica primicia, puesto que creemos que es la primera vez que en un diccionario de la Real Academia se relaciona esta cualidad con el colectivo femenino."

Pero el *Diccionario* es una obra humana, y por tanto sujeta a errores y despistes. Así sucedió en 2001 al corregir una acepción de *cuerno* y *cornudo.*

En 1992 se definía *cuerno* como "Término con que irónicamente se alude a la infidelidad matrimonial de la mujer". Pero en 2001 la definición se arregla: "Infidelidad matrimonial" (por tanto, de cualquiera de los dos).

Respecto a *cornudo,* el *Diccionario* decía en 1992: "Dícese del marido cuya mujer le ha faltado a la fidelidad conyugal". Sin embargo, en la edición de 2001 no se corrige en el mismo sentido que *cuerno,* porque la definición de *cornudo* sigue aludiendo (aunque se admita *cornuda* en la propia entrada) al marido "cuya mujer le ha faltado a la fidelidad conyugal". Por tanto, según ese texto no hay *cornudas.* Y, por tanto, tampoco maridos infieles.

Ahora bien, sí se mejora en 2014: "Dicho de una persona, especialmente de un marido: Que es objeto de infidelidad por parte de su pareja". Por tanto, el diccionario recoge la posibilidad (tan real como la vida misma) de que haya cornudos y cornudas, si bien precisa que el término se aplica "especialmente" a los maridos. Y se añaden dos ejemplos, balanceados: "Abundan los chistes sobre maridos cornudos". / "Su mujer es una cornuda consentida".

En resumen, se puede deducir de todo lo expuesto más arriba que el *Diccionario* ha sido presa de visiones machistas, patriarcales o androcéntricas, pero también que se ha venido observando en los últimos años una clara voluntad de enmienda. Ahora bien, como indicábamos antes, está por escribir un trabajo equivalente al de Lledó, Calero y Forgas para analizar exhaustivamente los avances feministas de la edición de 2014 respecto a la de 2001 y para seguir denunciando las carencias que no se hayan resuelto.

TAREAS PARA OTRA EDICIÓN

No obstante, Eulàlia Lledó publicó una actualización parcial en 2019, en el capítulo titulado «La razón de las mujeres» de la obra colectiva *Más de 555 millones podemos leer este libro sin traducción*.[13]

En esas páginas pide que se recurra más en el *Diccionario* al uso de "notas pragmáticas" que avisen sobre el valor despectivo de muchos términos, como ha sucedido en *sexo débil*. Y defiende también la inclusión de las siguientes palabras: *sexolecto, feminolecto, masculinolecto, ginocrítica, ginecocrítico/a, hembrismo, heterosexista, homoerotismo, homoerótico/a, homosocial, soro ridad*,[14] *género* (en sus formas complejas: "perspectiva de", "estudios de") y *clitoridectomía*. Algunas de ellas ya se habían reclamado para la edición de 2001.

También señala que no se ha incorporado *androcracia* a pesar de que sí figura *ginecocracia* ("gobierno de las mujeres"), y critica las definiciones de *infibular, maltrato* o *ajamonarse* (estas dos últimas ya comentadas).

Lledó demanda también que se especifique "mujer" en lugar de "persona" en varias definiciones, por ejemplo en *abuso sexual* ("delito consistente en la realización de actos atentatorios contra la libertad sexual de una persona [mujer] empleando violencia o intimidación"). Realmente, la presencia de la mujer en *ajamonarse* y su ausencia en *malos tratos* o en *abuso sexual* suena poco cuidadosa si se mira en el contexto actual. Ahora bien, incorporar "mujer" a

---

[13]   Lledó, Eulàlia (2019), "La razón de las mujeres", en José María Merino y Álex Grijelmo (coords.), *Más de 555 millones podemos leer este libro sin traducción*, Barcelona, Taurus, págs. 243-262.

[14]   La palabra *sororidad* sí se incluyó, después de la terminación de ese libro en el que participó Lledó. Curiosamente, el día en que hago la comprobación en el *Diccionario* disponible en Internet (el 14 de agosto de 2019) veo también en el portal *change.org* que se mantiene una petición para que la Academia acepte esta palabra. Las dos últimas personas habían firmado 6 y 19 horas antes de mi entrada. El total de rúbricas recogidas sumaba ese día 2.382.
<https://www.change.org/p/real-academia-espa%C3%B1ola-incluir-la-palabra-sororidad-en-la-rae>.

la definición de *malos tratos* dejaría fuera a niños y niñas, por lo que convendría aclararlo también. Y, en ese caso, tal vez habría de prescindirse de la redacción de estilo jurídico que se lee ahora en tales entradas, para elaborar una más próxima a la realidad social.

La filóloga refleja avances en otras definiciones (algunas de ellas comentadas aquí), pero también reivindica el femenino *cancillera* y señala, entre otras, la discriminación que se da en *sombrero* ("prenda para cubrir la cabeza, que consta de copa y ala"): si usan este complemento las mujeres se convierte en "prenda de adorno". Y denuncia el uso abusivo del genérico *hombre* para referirse a los dos sexos.

No me extiendo más en sus aportaciones para no destripar el capítulo entero.

En definitiva, parece claro que aún queda camino por recorrer; pero quizá el movimiento feminista se diferencia mucho de los sindicatos, que proclaman sus logros por tierra, mar y aire cuando los consiguen (a veces también cuando no los han alcanzado aún). Porque muchos de los avances que se van produciendo en el *Diccionario* suelen pasar inadvertidos, no son celebrados como un éxito, y a menudo hasta se reclaman correcciones que ya se han hecho. A pesar de que acabamos de señalar modificaciones interesantes, no parece haberse alterado el discurso general sobre las resistencias académicas a los cambios. Y éstos se han producido, desde luego. Se ha hecho aquí una simple cata, y no un análisis minucioso; pero también es cierto que basta con una cucharada para probar si toda la sopa del plato está caliente o fría.

Entre las mejoras pendientes para la siguiente edición académica, y siguiendo también las sugerencias de las autoras, podemos defender por nuestra parte una relativa a la entrada *estilo,* en cuya locución *estilo literario* se cita a un varón, bien que merecidamente ("el estilo de Cervantes"); y en la acepción sobre música y obras plásticas, a otros dos (Miguel Ángel y Rossini), mientras que en la acepción de *estilo* como "gusto y elegancia" se aporta el ejemplo "Pepa viste con estilo". Pensar en un hombre a la hora de escribir o de crear arte y en una mujer a la hora de vestirse implica también una determinada visión del mundo.

CONCLUSIÓN

En la mayoría de los casos, las definiciones y los ejemplos que encontramos en el *Diccionario* en cuestiones referidas a la mujer se pueden defender individualmente sin dificultad, aislados unos de otros. Un lexicógrafo competente aportará razones de peso para explicar el texto de cada entrada y los motivos de uso que lo avalan. El problema, sin embargo, no se halla tanto en la individualidad de cada palabra con sus acepciones y la forma de ilustrarla como en un conjunto que compone una serie general en la que, al aplicar una visión igualitaria, se aprecian desequilibrios y asimetrías.

Creemos que la posibilidad de introducir algunos retoques en lo relativo a marcas de uso, ejemplos y definiciones es abordable sin traicionar el espíritu de lo que cada término significa en la realidad o en la literatura. Bastan leves correcciones para evitar esa imagen distorsionada de las Academias que se ofrece en algunos casos, percepción que no se corresponde con la personalidad y la sensibilidad de sus miembros.

Por tanto, no estamos aquí, entendemos, ante un problema de lexicografía, sino más bien ante una posibilidad de mejorar la imagen y la comunicación de las Academias hacia el público en general, pero no mediante su gabinete de prensa sino desde el propio *Diccionario*. Quizá fuera buena idea acometer un nuevo trabajo actualizado como el emprendido en su día por las tres filólogas, y después, con transparencia y rigor, explicar las razones de modificar o no las entradas más controvertidas, que, a tenor de la cata que hemos hecho, serán ya escasas si se comparan con las criticadas en la edición de 2001.

5

PROBLEMAS DE USO SEXISTA

El machismo que se expresa al hablar (muchas veces de forma inconsciente) no se halla en la lengua, en el sistema, sino en el uso. Sin embargo, las acusaciones de sexismo se dirigen a menudo contra la lengua en sí, que no tiene la culpa de nada y que se limita a servir de instrumento para que las personas se expresen conforme a sus ideas. No debemos responsabilizar al idioma de lo que se pueda decir con él. Con una misma lengua se miente y se dice la verdad, se muestra respeto a los demás y se ofende; con una misma lengua se puede ser machista o evitar aquellas opciones que incurran en discriminación. No hay que desviar hacia la lengua lo que es responsabilidad de los hablantes.

En el enunciado de un cartel situado a la entrada de un lugar público cuyo texto diga "No se permite la entrada a mujeres" no hay discriminación alguna relacionada con la lengua, pero sí con el contenido. Por tanto, hemos de distinguir entre sexismos de lenguaje y sexismos de hecho. Éstos se expresan con el lenguaje, pero no son culpa suya. Como escribe Eulàlia Lledó, "los contenidos sexistas son optativos, puesto que dependen de la mentalidad de quien habla".[1]

El sexismo lingüístico existe, por supuesto. Y se puede codificar en algunos rasgos que se reiteran tanto en el lenguaje público como en el privado. Pero casi todos se basan precisamente en alguna vulneración del sistema de la lengua mediante el uso de significados espurios o asimetrías.

---

[1] Lledó Cunill (2012), pág. 207.

Intentaré describir algunos de ellos a continuación, aun con la seguridad de que se quedarán fuera de este capítulo muchos otros que mi observación no ha alcanzado a captar.

PROBLEMAS DE LENGUAJE: SALTO SEMÁNTICO Y ASIMETRÍAS

Comenzaremos con los usos sexistas que son intrínsecos a la manera de usar el lenguaje, para continuar luego con aquellos otros que conciernen al contenido que se transmite.

El salto semántico

El nombre de esta desviación de la norma que deriva en sexismo se debe al ya citado Álvaro García Meseguer, pionero[2] de la reflexión sobre el sexismo en el idioma español.

El salto semántico se produce al usar un genérico masculino que se convierte a continuación en un masculino específico, una maniobra con la cual se expulsa a las mujeres del primero. Así lo vemos con claridad en el ejemplo inventado que usa García Meseguer para describir el asunto: "Los antiguos egipcios habitaban en el valle del Nilo. Sus mujeres solían acompañarlos a cazar o a

---

[2] García Meseguer fue la primera persona en España que construyó, en 1977, un ensayo y un discurso general sobre el machismo en el lenguaje (*Lenguaje y discriminación sexual,* Madrid, Edicusa, 1977), del que derivó un artículo publicado en *El País* el 14 de abril de 1978 (con el mismo título del libro), donde a su vez se resumía una conferencia pronunciada por él en la facultad de Filosofía de la Universidad Complutense de Madrid el día anterior. El 18 de enero de 1979, García Meseguer publicó en ese diario el artículo "El género y el sexo".

En otros trabajos posteriores, este autor se apoyó también en los estudios de filólogas feministas como María Ángeles Calero (que, entre otras obras, había publicado en 1991 *La imagen de la mujer a través de la tradición paremiológica española (Lengua y cultura),* Barcelona, Universitat de Barcelona); Aguas Vivas Catalá Gonzálvez y Enriqueta García Pascual (*Ideología sexista y lenguaje,* Barcelona, Galàxia y Octaedro, 1995), y Esther Forgas ("Sexo y sociedad en el último DRAE", *Universitas Tarraconensis,* X (1986), págs. 79-101). Y, por cierto, también en Ignacio Bosque ("de cuyo rigor científico como lingüista he tenido la fortuna de beneficiarme", según indicó en uno de los agradecimientos).

pescar". En "antiguos egipcios", cabría incluir a hombres y a mujeres. Sin embargo, la mención posterior a "sus mujeres" cambia de repente el significado y excluye de aquél a las egipcias.

A continuación, analiza el autor la canción del grupo Jarcha *Libertad sin ira* (de gran éxito en 1976, emblema de la Transición española y todavía muy recordada), cuya letra dice:

Pero yo sólo he visto gente
que sufre y calla dolor y miedo,
gente que tan sólo quiere
su pan, su hembra y la fiesta en paz.

Observamos ahí que "gente" aparece como un genérico que engloba a hombres y mujeres, pero inmediatamente se produce un salto semántico para excluir de él a las mujeres, pues se entiende que son los hombres los que quieren "su pan, su hembra y la fiesta en paz".

Por otro lado, la palabra *hembra* nos suena hoy inadecuada en ese contexto. Si acaso, podía sustituirse por *novia* para mantener el ritmo verbal y musical.[3] Pero eso no resolvería el salto semántico.

García Meseguer trae a colación también, entre otros, el ejemplo de un artículo de Camilo José Cela publicado en el diario *Información* de Alicante el 3 de diciembre de 1992 ("La gente cree que el colesterol y las señoras se reparten de balde"); y otro de Manuel Vicent en *El País* del 11 de diciembre de 1988 ("la gente guapa zampaba, diseñaba, fornicaba, especulaba, cabalgaba el BMW, se apareaba con duquesas en un terraplén").

A partir de sus explicaciones, nosotros hemos ido anotando algunos casos más:

Todos, desde los jefes hasta los guardias y sus mujeres, escuchan las tertulias radiofónicas. (*El País*, 5 de noviembre de 1995. Reportaje sobre una casa cuartel de la Guardia Civil en el País Vasco).

---

[3]   La canción, en cualquier caso, incluía elementos progresistas muy valiosos. Y la propia alusión al sexo (el querer a una hembra se englobaba en ese terreno) suponía entonces una notable transgresión de las costumbres sociales.

(Aquí se elimina de un plumazo a todas las guardias civiles, porque la frase "hasta los guardias y sus mujeres" excluye a "las guardias y sus maridos").

> Seiscientas ochenta personas se enfrentaban a la mítica distancia de los 100 kilómetros. Llevaban gorras con ventiladores, mochilas, cantimploras y pañuelos en el cuello para afrontar cualquier peripecia. Además disponían de cuatro puntos para repostar y del apoyo de esposas, novias y medio millar de voluntarios. *(El País,* 10 de junio de 1996).

(Se habla primero de "personas", para a continuación mencionar la ayuda de esposas o novias).

> Quienes corren el maratón son, en una pequeña proporción, hombres o mujeres menores de treinta años [...]. La inmensa mayoría son operarios, gentes de pueblo, trabajadores manuales. Corredores ellos y también sus esposas o sus novias, porque la afición se contagia apenas se asiste a la exaltación de quien corre. (*El País,* 24 de abril de 1999).

(Según ese texto, el contagio sólo se produce del hombre hacia la esposa, no al revés).

> [Los escritores] no podremos mantener las pensiones [...] y si queremos tener hijos, nuestras mujeres tendrán que dar un poco más de su dinero a su patrono para compensarle de las ausencias del parto. (*El País,* 2 de enero de 2001).

("No podremos mantener las pensiones" se refiere a todo el gremio, incluidas las escritoras que no son madres ni lo van a ser. Pero "nuestras mujeres" convierte la primera persona del plural en una referencia masculina).

> Se invita a los espectadores legos a que manden sus opiniones [...]. Da a los bobos presumidos la sensación ilusa de que "participan" [...] A lo sumo les sirve de desahogo, y para darles un codazo a sus señoras y espetarles orgullosos: "Mira, eso es lo que he enviado yo". (*El País Semanal,* 30 de mayo de 2010).

(Se invita a que escriban todos "los espectadores", pero "dan un codazo a sus señoras" permite entender que ellas ni han sido convocadas ni han escrito. La frase va precedida de distintos genéricos en los que no se explicita que se trate sólo de varones).

La mayoría de los vecinos de Adam Zai ha enviado a sus mujeres y niños pequeños con familiares en la cercana Nowshera, la capital comarcal *(El País*, 22 de agosto de 2010).

("La mayoría de los vecinos" abarca a mujeres y hombres, pero las mujeres quedan expulsadas del significado en cuanto se explicita que los vecinos envían "a sus mujeres" a otra capital).

Un pasaje del magnífico libro de Steven Pinker *El sentido del estilo*[4] cae asimismo en este uso.

Los escritores tecnológicos, con sus camisas de cuadros, se vengaron de los deportistas universitarios que se rieron de ellos y de las chicas que se negaron a quedar con ellos para salir.

("Los escritores" nos presenta un masculino genérico, pues no se ha precisado que sean varones; pero después nos encontramos con "las chicas que se negaron a quedar con ellos", lo cual excluye a las mujeres del primer enunciado. Y entendemos aquí que las "camisas de cuadros" no son distintivas de los hombres, pues las visten igualmente las escritoras tecnológicas).

También parecía un "salto semántico" la muy polémica declaración atribuida en abril de 2017 al comisario europeo Jeroen Dijsselbloem: "Los países del sur de la Unión Europea se gastan todo el dinero en copas y mujeres".

Se supone que esos países están constituidos por hombres y mujeres, sin embargo éstas (o al menos la mayoría de ellas) desaparecen del significado cuando se precisa que los habitantes de tales naciones se gastan el dinero "en mujeres".

Pero Dijsselbloem nunca dijo eso. Una agencia de noticias había incurrido en la infortunada costumbre de entrecomillar unas

---

[4]   Pinker, Steven (2019), *El sentido del estilo*, Madrid, Capitán Swing, pág. 80.

palabras textuales, intercalarles otras del periodista, silenciar varios vocablos... y ofrecer finalmente una idea que nunca se emitió; una ingeniería del texto en la cual los entrecomillados son ciertos pero la frase que los incluye resulta falsa.

La declaración original de Dijsselbloem en una entrevista con el *Frankfurter* era ésta: "En la crisis del euro, los países del euro del Norte han mostrado su solidaridad con los países en crisis. Como socialdemócrata considero la solidaridad extremadamente importante. Pero quien la exige también tiene obligaciones. Yo no puedo gastarme todo mi dinero en licor y mujeres y a continuación pedir ayuda".[5]

El comisario europeo había puesto el ejemplo consigo mismo ("yo no puedo gastarme todo mi dinero... en mujeres"), y no con "los países del sur de la Unión Europea" como se le había atribuido. Así que no se produjo salto semántico, sino salto periodístico.

En cambio, sí se aprecia salto semántico, por supuesto inconsciente como suele ocurrir, en las declaraciones de Paloma Santamaría, la ujier más veterana del Congreso español, al diario *El País* el 3 de agosto de 2019, en las que narra los cambios que había presenciado en la vida cotidiana de la institución durante sus 36 años de servicio. Al referirse a los teléfonos celulares, declara:[6]

> La revolución fueron los móviles. Antes había un teléfono fijo, llamaban las mujeres de los diputados, se cogía el recado y ellos devolvían la llamada desde una cabina.

Puesto que se está hablando en la entrevista sobre el Congreso de los Diputados, en el que participan también las diputadas, se expulsa a éstas de esa idea en el momento en que el texto informa de que "llamaban las mujeres de los diputados". Es de suponer que los maridos de las diputadas hacían lo mismo.

El salto semántico viene de lejos y trasciende los países. Lo hallamos por ejemplo en un texto del filósofo alemán Friedrich Nietzsche cuando escribe en *Más allá del bien y del mal*: "Suponien-

---

[5]   La frase clave en el original: "Ich kann nicht mein ganzes Geld für Schnaps und Frauen ausgeben und anschließend Sie um Unterstützung bitten".

[6]   Cuando se trata de entrevistas, siempre hay que dejar un margen de error para la posibilidad de que las declaraciones hayan sido mal transcritas.

do que la verdad sea una mujer [...], ¿no está justificada la sospecha de que todos los filósofos, en la medida en que han sido dogmáticos, han entendido poco de mujeres?".[7]

Nietzsche usa primero "todos los filósofos" y luego emplea "mujeres" de forma que "filósofos" pase a referirse solamente a los hombres. Suprimió así de un plumazo a filósofas como Hipatia de Alejandría (siglo v) o a Mary Wollstonecraft (siglo XVIII). Sin embargo, es obvio que se debe contextualizar la época en que vivió Nietzsche y la posibilidad de que no tuviera en su mente a esas mujeres.

Un caso semejante de salto semántico lo aporta la profesora Susana Guerrero Salazar en la *Guía* que elaboró para la Universidad de Jaén: "Otro sesgo sexista que se repite con mucha frecuencia consiste en citar a las mujeres como si constituyeran una categoría aparte y, por tanto, quedaran excluidas de otros colectivos: 'Se ofertan actividades deportivas para jóvenes, mayores y mujeres". En ese caso, añade, lo correcto habría sido "Se ofertan actividades deportivas para ambos sexos, tanto para jóvenes como para mayores".[8]

El "salto semántico" se suele producir de manera involuntaria, por falta de concentración o por desinterés. Creo que no se trata de un fenómeno frecuente, ni siquiera en el habla coloquial. Pero los profesionales de la palabra (periodistas, abogados, traductores, escritores, correctores...) deben estar atentos a este charco si desean eludir el sexismo.

Las asimetrías

También las asimetrías del idioma en relación con los sexos y los géneros son una fructífera fuente de sexismos, especialmente los llamados "duales aparentes" (como *asistente* y *asistenta*; *fulana* y *fulano*). Se trata a menudo de recursos asentados en el vocabulario de muchas personas y que se emplean de forma automática, sin reflexión, porque cumplen el papel de cualquier

---

[7]   Nietzsche, Friedrich (1972), *Más allá del bien y del mal,* Madrid, Alianza, pág. 17, trad. de Andrés Sánchez Pascual.

[8]   Guerrero Salazar, Susana (2012), *Guía para un uso igualitario y no sexista del lenguaje y de la imagen en la Universidad de Jaén,* Jaén, Universidad de Jaén, pág. 24.

otra palabra que llega al cerebro humano sin ningún proceso de selección ideológica, dentro del flujo de vocablos que surgen al hablar o escribir para enunciar una realidad o una idea.

Sin embargo, en la lengua escrita cabe exigir más atención hacia ellas.

Veamos algunas evitables, a título de ejemplo y de orientación (y sin ánimo exhaustivo, pues una relación completa alargaría innecesariamente este capítulo):

Varón / hembra

Las oposiciones correctas desde el punto de vista del lenguaje no sexista son *varón* y *mujer*, por un lado, y *macho* y *hembra* por otro. Cualquier alteración o intercambio entre ellas incurre en desigualdad. Por ejemplo, si se habla de "varones y hembras". La palabra *hombre* abarca como genérico a *varón* y *mujer* ("los problemas del hombre"); pero también funciona como específico en la oposición *hombre / mujer*. Sería deseable que *varón* ocupase paulatinamente ese terreno de *hombre* para evitar las confusiones del genérico y del genérico abusivo, que trataremos después.

Señor / señora

Aquí suele haber simetría, pero con excepciones. Por ejemplo, en la expresión "mi señora" que dice un hombre casado para referirse a su esposa (al menos en España). Esa locución puede tomarse como sexista, puesto que no se ha activado el equivalente simétrico "mi señor". También hay que evitar la asimetría de quien usa *señora* para una mujer y no lo hace en los mismos supuestos con un hombre, o viceversa.

Por otro lado, y como señala Robin Lakoff,[9] la palabra *señora* tiende a modificar el sentido de lo que se comunica cuando ocupa el lugar de *mujer*, porque confiere a la frase un tono frívolo o poco serio. Así lo percibimos en tres ejemplos que usamos en otros lu-

[9]   Lakoff (1995), pág. 59.

gares de este libro y para otros menesteres: En un artículo de Camilo José Cela: "La gente cree que el colesterol y las señoras se reparten de balde"; en el título de una columna sobre Antonio Banderas y Melanie Griffith: "Banderas y señora, locos en Venecia". Y en el texto relativo a un salto semántico: "A lo sumo les sirve de desahogo, y para darles un codazo a sus señoras". Llama la atención que el uso asimétrico de *señora* se produzca en textos que ya mostraban otros descuidos.

También se hace notar el uso de *señora* en supuestos que no encuentran equivalencia con *señor*: decimos "señora de la limpieza" pero no "señor de la fontanería", por ejemplo; y "peluquería de señoras", pero no "peluquería de señores" ("caballeros" traza su simetría con "damas"). Robin Lakoff añade al respecto que "si es posible usar en una frase tanto *mujer* como *señora*, el empleo de esta última tiende a banalizar el tema que se discute, poniendo con frecuencia sutilmente en ridículo a la mujer de la que se trate".

Sin embargo, en otros contextos se percibe *señora* como término meliorativo: "Es una señora de la escena", para referirse a una gran actriz. Ahora bien, en ese caso, ay, influye también el sentido de "larga trayectoria" y, por tanto, el de mujer de cierta edad.

Por todo ello, conviene detenerse un instante cuando sobreviene el impulso de escribir o decir "señora" y analizar sus circunstancias de simetría, si se desea evitar un uso sexista de la lengua.

Mujer / marido

Se produce asimetría a menudo en este caso, pues a "mi mujer" no le corresponde "mi hombre" (sí en catalán). Por eso el *Libro de estilo* de *El País* recomienda desde hace décadas "mi esposa" porque este caso sí hay simetría: *mi esposo / mi esposa*. No obstante, la asimetría *mujer / marido* constituye un uso muy asentado que se debería disculpar.

Pariente / parienta

Las mujeres no dicen ni "mi pariente" ni "mi pariento" para referirse a su marido. Por tanto, hablar de "la parienta" como mención de la esposa supone incurrir en asimetría. Esta opción, que nos parecería impresentable en un discurso formal, se admite generalmente en España en el terreno familiar o coloquial cuando los interlocutores entienden su sentido como desenfadado y sin mala intención.

Señorita / señorito

El término *señorita* se aplica como cortesía a una mujer soltera, pero no se atribuye de igual manera al hombre. Un *señorito* es generalmente un joven acomodado y de buena familia. En las escuelas, el alumnado solía llamar "señorita" a las maestras, y no a los maestros. Sí que se otorga un tratamiento simétrico en boca de los empleados del hogar o de los antiguos criados respecto a los hijos y las hijas de los dueños de la casa o del negocio, llamados "señoritos" y "señoritas" en igual medida. En cualquier caso, esos términos están entrando afortunadamente en desuso.

Un cualquiera / una cualquiera

La locución "es una cualquiera" para significar "es una prostituta" no encuentra su otro lado del espejo en "es un cualquiera", que tiene también un significado despectivo (un varón sin oficio ni beneficio, que no destaca) pero que no implica juicio moral.

También ha de prestarse atención a los duales aparentes *individuo / individua* y *elemento / elementa*, dependiendo de los contextos. (No es lo mismo "Mi prima es un firme elemento de esta familia" que "Menuda elementa es mi prima").

Fulano / fulana

"Me fui con una fulana" (prostituta) no significa lo mismo que "Me fui con un fulano", luego es sexista ese uso despectivo para la mujer. A veces, el significado de *fulana* como equivalente de *puta* invalida su empleo en contextos ajenos a ese sentido, por riesgo de percepción errónea cuando en realidad se quiere referir a una mujer anónima (hemos evitado aquí "una mujer cualquiera"). A menudo se expresa en su lugar *fulanita*, que evita la asimetría *(fulanita / fulanito)*.

Hombre público / mujer pública

Mujer pública significa desde hace siglos *prostituta* (y así se mantiene en el *Diccionario*), en escandalosa asimetría con *hombre público* ("que tiene presencia e influjo en la vida social", según la definición académica). Afortunadamente, este uso sexista se va perdiendo y poco a poco se irá denominando "mujer pública" sin matiz peyorativo a la mujer que ejerce como política profesional.[10] Ojalá los hablantes den motivos a la Academia para transformar esa definición y declarar la otra en desuso.

Solterón / solterona

La aparente simetría en los significantes no se da tampoco aquí en el significado. Como ya supo ver Robin Lakoff en inglés (y lo consideramos aplicable al español, al menos en el caso de España), *solterón* reúne connotaciones positivas: un varón que no se casa porque no quiere, pues no le faltan pretendientes. En cambio, la *solterona* no tuvo siquiera la oportunidad de casarse: una mujer que no ha sido solicitada nunca y que "es mercancía vieja no deseada".[11]

Por tanto, desde el punto de vista del estilo conviene evitar el término *solterona* si se desea eludir el lenguaje sexista, y usar simplemente *soltera* (tal vez "soltera empedernida" cuando se quiere expresar su voluntad innegociable de no casarse).

[10] Se ha abordado este dual aparente en el apartado tercero del capítulo 2: "El contexto cambia el significado".
[11] Lakoff (1995), pág. 74.

Modista / modisto

La palabra *modisto* incurre en una vulneración del sistema gramatical y en un evidente sexismo. Y aun así, abunda en los medios de comunicación (incluidos los progresistas).

Se aprecia con facilidad la asimetría: *modisto* es un profesional de la alta costura, normalmente muy prestigiado. Y *modista*, una costurera. Estamos aquí ante un masculino forzado, que va contra el sistema de la lengua porque el sufijo -*ista* forma una sola pieza en la que no hay flexión de género. El modista Lorenzo Caprile (licenciado en Lengua y Literatura) abomina de que se le llame *modisto* porque lo considera un término discriminatorio. Esa distinción social a través de la palabra entre *modisto* y *modista* como personas de distinto oficio no se dio, en cambio, con *cocinero* y *cocinera*.

La filóloga Eulàlia Lledó escribió un artículo en el *Huffington Post* español, el 16 de febrero de 2018, donde señalaba que quienes adopten *modisto* deberían aceptar *portavoza*, pues ambos son sustantivos de género común alterados en contra de las reglas del idioma; y sin embargo, *modisto* se consagró en el *Diccionario* de 1984 a fin de designar a hombres con ese oficio. Ella sugiere que la influencia de los modistas para no ser equiparados con las modistas de toda la vida propició que se aceptara la modificación.

Por tanto, la creación de *modisto* provoca un fallo en el sistema, igual que lo haría *portavoza*, que además en su segundo elemento incurriría en doble femenino (pues *voz* ya tiene ese género).

El problema que se deduce de lo que plantea Lledó reside en si pueden escandalizarse ante *portavoza* quienes defienden *modisto*. Y a mi entender, tiene toda la razón.

El *Libro de estilo* de *El País* dice sobre *modista:* "Aunque la Academia admite también 'modisto' debido a su extendido uso, en *El País* debe escribirse 'el modista', como 'el periodista', 'el electricista', etcétera, pues la palabra se forma sobre la base 'moda' y el sufijo -*ista*, que denota oficio o profesión y construye palabras de género común".

Así pues, el manual de ese diario rechaza desde hace decenios *modisto*. Pero se trata sólo de estilo, es decir, de una elección propia, encaminada a evitar cierto sexismo que se puede deducir del deseo de algunos diseñadores de no alinearse con la tradicional modista de barrio, a la que el diccionario académico de 1884 retrataba así: "Mujer que tiene por oficio cortar y hacer vestidos y adornos para las señoras".

Antes de incorporarse esa definición, se describía a la modista como "la que tiene tienda de modas"; porque entonces quienes componían o arreglaban vestidos se llamaban a su vez *costureras*.

El prestigio de la palabra *modista* fue creciendo, gracias a la categoría de muchos diseñadores y diseñadoras, pero quizá aquéllos, como explica Eulàlia Lledó, quisieron separarse del recuerdo histórico de costureras y modistillas. Desde luego, Lorenzo Caprile no figura en ese grupo.

Favorito / favorita

Se da un trato muy diferente al enunciar "el favorito del rey" y "la favorita del rey", en este segundo caso con implicaciones sexuales. Pero se trata de un uso anticuado y ya desaparecido, salvo en obras de ficción histórica. En cualquier caso, conviene estar alerta ante una hipotética expresión como "es la favorita del director general" si se manifiesta con intención injuriosa.

Apellido / nombre de pila

Cuando un contexto de referencia es predominantemente masculino, la mención de un apellido que no vaya acompañado del nombre de pila induce a pensar que se está nombrando a un varón. Así sucedía en el caso de la diplomática apellidada Martínez que recogíamos páginas atrás. Eso no ocurre, por el contrario, en un titular como "Muguruza sigue adelante en Wimbledon", pues el público destinatario del mensaje, ayudado por el contexto, sabe que se trata de una tenista.

La presencia en el lenguaje público de los apellidos que corresponden a mujeres adquiere así un papel importante en la búsqueda del equilibrio entre sexos (ahora se diría "un equilibrio de género"), siempre que quede claro que se trata de mujeres aunque no aparezca su nombre de pila. Es decir, se plantea el objetivo legítimo de que la pura expresión de un apellido no implique su adjudicación inmediata a un hombre.

Pero en este punto discrepamos ligeramente del tantas veces alabado aquí Álvaro García Meseguer. Este autor aportaba el siguiente ejemplo:[12] "Pérez tenía un hermano. El hermano de Pérez murió. Sin embargo, el hombre que murió nunca tuvo un hermano".

Y sí, en ausencia de contexto (una vez más estamos ante ejemplos de tubo de ensayo, no reales), puede ocurrir eso. Pero no sucedería lo mismo si sustituimos "Pérez" por "Muguruza": "Muguruza tenía un hermano. El hermano de Muguruza murió. Sin embargo, el hombre que murió nunca tuvo un hermano". Sería una manera extrañísima de referir ese hecho.

Se aprecia de nuevo el "ejemplo de laboratorio", o de acertijo de la sección de pasatiempos, porque en una expresión más natural se habría dicho: "Muguruza sólo tenía un hermano varón, y murió". ("Sólo tenía un hermano varón" tal vez se diría en lenguaje coloquial de España "sólo tenía un hermano chico" o "un hermano hombre").

Algunas revistas científicas están empezando a firmar los artículos de sus investigadoras con el apellido y el nombre completo (no solamente la inicial) para visibilizar los trabajos femeninos, porque la mera presencia de un apellido sin más podía dar a entender que se trataba de hombres, dada su clara mayoría entre los firmantes de esas publicaciones.

La búsqueda de la simetría, como regla general, evita los sexismos de uso de la lengua: si se menciona a los varones por sus apellidos, ha de acudirse a igual práctica con las mujeres. Y lo mismo si se les cita con el apellido y el nombre de pila.

No ocurrió así en enero de 2018, cuando el presidente del Parlamento de Cataluña, Josep Torrent, se refirió por dos veces a "la vicepresidenta Soraya" (Soraya Sáenz de Santamaría, vicepresidenta con Mariano Rajoy) y a continuación mencionó al último presidente de la Generalitat con la fórmula "el presidente Puigdemont".

---

[12]   García Meseguer (1996), pág. 33.

En efecto, el nombre de pila de la ex vicepresidenta aparecía de vez en cuando en el lenguaje público sin la compañía del apellido, mientras que se hace difícil imaginar una cita como "el presidente Mariano" [Rajoy] o "el presidente Pedro" [Sánchez]. También algunos periodistas (sobre todo en tertulias) han incurrido en esta discriminación al referirse a Soraya Sáenz de Santamaría como "Soraya" simplemente; y a Hillary Clinton como "Hillary", sin apellido, entre otros muchos casos. Lo mismo ha sucedido con Dilma Rousseff, citada con frecuencia en titulares de la prensa española como "Dilma", sin más, a diferencia de lo que ocurría con su contrincante, José Serra.

Se pueden encontrar en Internet muchos ejemplos de "Dilma promete" o "Dilma asegura", pero no de "José propone". Y sí, el nombre de la ahora expresidenta de Brasil es muy significativo, por inhabitual entre nosotros; pero también su apellido habría bastado para designarla.

Se han dado casos de nombres masculinos citados igualmente sin la compañía del patronímico. Sucedía con "Felipe" (González) en diarios de información general elaborados con técnica popular, y ocurre ahora con "Florentino" (Pérez) en la prensa deportiva (el presidente del Real Madrid). Cuando se trata de textos en los que no se produce asimetría entre hombres y mujeres, el fenómeno puede pasar como una mera economía tipográfica, aunque también el resultado ofrezca ángulos dudosos. Pero cuando en el mismo discurso o en la misma serie de textos se halla presente un nombre femenino al que no se trata del mismo modo que a sus iguales masculinos, deben saltar las alarmas.

Los usos sociales han establecido que llamar a alguien por su nombre de pila implica confianza, cercanía, subordinación. Hacerlo por el apellido señala distancia y respeto. Situar a las mujeres en el primer cajón y a los hombres en el segundo constituye un acto discriminatorio (quizá inconsciente, y por tanto comprensible) que vale la pena corregir.

También se llama "Letizia" en ciertos programas televisivos y en algunos medios impresos a la reina de España. Si se desea huir de los protocolos monárquicos —aceptados por lo general en los libros de estilo españoles— y por tanto no se desea decir o escribir "la reina Letizia" o "doña Letizia" (ya se haga o no como declara-

ción de principios republicanos), convendría entonces mencionar-
la por su apellido, Ortiz, igual que a cualquier otra ciudadana.

La filóloga Susana Guerrero Salazar, entre otras, ha señalado
este rasgo sexista de nombrar a las mujeres solamente por el nombre de pila. Una costumbre que viene desde los colegios, en muchas
de cuyas aulas se llama a los niños por el apellido y a las niñas a
menudo con diminutivos, incluso: "Cuando en un espacio como el
académico conservamos los tratamientos más respetuosos para los
varones y los más familiares para las mujeres, afianzamos la idea
de que los hombres son más importantes y, por tanto, merecedo-
res de ser tratados con más respeto. Hay que tener especial cuidado en que esto no suceda".[13]

Ya hace años que en España se corrigió la asimetría de no mencionar a las mujeres con cargo público por su mero apellido. Antaño no se habría escrito "Arrimadas anuncia" o "Díaz dice", sino
"Inés Arrimadas" y "Susana Díaz" como únicos sujetos posibles.
Y los diarios de sólo un par de decenios atrás habrían escrito "la
Merkel" como en su día hicieron con "la Thatcher", otra asimetría
notoria.[14]

Antes de la aparición de *El País* (1976), los apellidos femeninos
no se leían solos. Se decía "Margaret Thatcher" o "la señora Thatcher", y también "la Thatcher". *El País* introdujo la simetría en las
enumeraciones masculinas y femeninas: "Thatcher dice" y "Reagan
contesta". Pero a veces se colaba "la Thatcher" en textos menos
formales, tanto en ése como en otros diarios.

---

[13]   Guerrero Salazar (2012), pág. 24.

[14]   Da para toda una tesis doctoral la manera en que se recogían en España las
primeras menciones periodísticas de Margaret Thatcher tras ser elegida jefa de
los conservadores británicos. Reproduzco como ejemplo la publicada el 12 de
febrero de 1975 por el diario *Abc* en su portada, y con ella invito a quien lea estas
líneas a plantearse si con un primer ministro varón se habrían usado las mismas
palabras: "POR PRIMERA VEZ EN LA HISTORIA. La señora Margaret
Thatcher, casada y madre de dos hijos gemelos, fue elegida jefe del partido con-
servador británico por mayoría absoluta de 146 votos. Es la primera vez en la
historia del partido que una mujer ocupa el liderazgo. La señora Thatcher derrotó
con bastante facilidad a su contrincante más peligroso, el señor William Whitelaw.
Margaret Thatcher fue ministro de Educación en el Gabinete que Heath formó
en 1970".

Nombre / diminutivo

Aplicar diminutivos a las mujeres sin que ellas los hayan asumido como nombre propio carece de equilibrio con respecto a los hombres, y puede sentirse como condescendiente y hasta vejatorio. En el ámbito familiar y cercano puede depender de otros factores, generalmente afectivos. Pero en el lenguaje público ha de extremarse este cuidado.

El académico Dámaso Alonso (1898-1990) escribió que "este poder injuriante debe venir del uso del diminutivo con nombres propios de gentes y servidores de menor estado", con lo que se expresaba "condescendiente superioridad".[15]

Así que conviene olvidar expresiones como "mira, Juanita..." y otras que a veces se oyen en las oficinas en boca de un superior.

Artículo ante el apellido

"La Caballé", "la Callas", "la Tebaldi", "la Pantoja", "la Piquer", "la Thatcher", "la Merkel"... En el ámbito de la ópera este uso del artículo se considera un honor que resalta la importancia de la soprano. Pero también se pueden hallar ejemplos (fuera de ese terreno) en los que se adivina una intención despectiva:

> Como nadie abría la boca, la Tocino carraspeó y dijo que ella simplemente podía imaginar lo que el anónimo quería decir. (*El Mundo*, 12 de enero de 1997).

(Se refiere a la entonces ministra Isabel Tocino).

Los *chiquets* de la Rahola. (*Diario 16*, 22 de enero de 1997. Titular de primera página).

(Habla de la política independentista catalana Pilar Rahola).

---

[15] Alonso, Dámaso (1996), *Noción, emoción, acción y fantasía en los diminutivos*, Madrid, Gredos, pág. 39.

Mientras Aznar se afana en reponer la rueda de repuesto y encuentra a quien quiera sustituir al sustituto de la Ridruejo, los asuntos más importantes en Moncloa siguen su curso. (*El País*, 7 de febrero de 1997).

(Mónica Ridruejo, entonces directora general de RTVE).

. La Schiffer. (*El País*, 27 de febrero de 1997).

(Título de un comentario sobre la conocida modelo).

Alain Juppé y sus colaboradores, con la Schiffer por medio —novia de mago—, son los nuevos aprendices de brujo.

(Texto del mismo artículo).

Sea despectivo o no, se trata de una nueva asimetría; y quien la emita deliberadamente deberá plantearse si puede molestar.

Gobernante / gobernanta

La especialización previa de *gobernanta* como jefa de determinados servicios en un hotel dificulta el femenino terminado en -*a* cuando se trata de mujeres que gobiernan (como tal vez pasó con *la jueza* como "esposa del juez" para favorecer en su momento la opción *la juez*). Por eso se suele decir "la gobernante", expresión donde el artículo ya marca la visibilidad femenina. No creemos que aquí se produzca un problema de sexismo.

Cartero / cartera

En determinados oficios, como el anterior, la palabra que nombra a las mujeres ya estaba ocupada para otro significado: la gobernanta, la música, la química, la física…, la cartera. Pero los contextos suelen evitar la anfibología, y por tanto no parece necesario mantener la formulación masculina ("la cartero"). Cualquiera entendería los dos sentidos de una misma palabra en la oración "La cartera perdió la cartera".

Por otro lado, eso ocurre igualmente con otros masculinos que nombran dos significados: *frutero, botellero, asador, costurero, cajero*... Y también se entendería "El frutero me regaló un frutero" o "El cajero puso más billetes en el cajero".

Capitán / capitana, el lenguaje militar

El lenguaje militar, al menos en España, no acepta la flexión de las palabras que designan sus distintas categorías. Por tanto, no se habla de sargentas, comandantas, tenientas, soldadas...

Entendemos que en este ámbito, igual que en el resto de la lengua, todo cargo, oficio o empleo cuyo significante termine en -*o* puede enunciarse con terminación femenina si lo desempeñan tanto hombres como mujeres. No hay razón para preservar a los ejércitos de esta norma común. Y también puede darse la flexión femenina en palabras terminadas en -*nte:* clienta, presidenta, sirvienta, dependienta... y tenienta.

La excepción militar se hace más incongruente todavía en una palabra como *capitana,* que se aplica desde hace decenios a las mujeres en terrenos ajenos al castrense: "Es la capitana de la selección de hockey". Y que incluso figura en una antiquísima copla popular atribuida a los tiempos de la guerra española de la Independencia (1808-1814): "La Virgen del Pilar dice / que no quiere ser francesa, / que quiere se capitana / de la tropa aragonesa".[16]

En el caso de *general* y *oficial,* entendemos que ambos términos guardan analogía con vocablos como *comensal* o *corresponsal,* considerados del género común, y que por tanto no hace falta decir "generala" y "oficiala". Lo mismo sucedería con *alférez.* Sin embargo, en *coronel* valdría el criterio de "bedel" y "bedela", y por tanto debería flexionar en "coronela".

---

[16] Ramón de Mesonero Romanos recoge esta copla en su obra *Memorias de un setentón,* publicada en 1880. Se refiere a esos versos como "aquella estrofa inmortal de la clásica jota", Barcelona, 1994, pág. 132.

Piloto / pilota... y perito / perita

La norma general de que toda palabra masculina que denota profesión y acaba en el morfema *-o* terminará en *-a* para el femenino concierne también a *pilota,* por más que haya quien oponga que "suena mal". También sonaba mal "la ministra" en su momento, pero la sensación duró dos días porque el sistema de la lengua ampara esos femeninos y enseguida se perciben conformes con el genio del idioma. La profesora María Márquez lo comentaba en una entrevista: "No parece que sea un argumento lícito rechazar los femeninos porque suenan mal. Como señalaba el profesor Manuel Seco, suenan mal porque no los usamos, simplemente. A todos nos suenan naturales femeninos como *señora, española, infanta* o *parturienta,* que no existían en los orígenes de nuestro idioma".[17]

Decir "la piloto" (como "la abogado" o "la arquitecto") constituye una asimetría sexista. Sin embargo, la entrada *piloto* del *Diccionario* no prevé este femenino. El *Diccionario panhispánico de dudas,* elaborado también por las Academias, explica que esa formación "no es normal, aunque se ha usado alguna vez".

Otra flexión conflictiva se produce con *perito / perita* ("experto o entendido en algo"). Las Academias reflejan en su *Diccionario* la posibilidad de esa flexión, y no vemos tampoco razón suficiente para rehuirla. Sin embargo, se produjeron dudas en la prensa española cuando tres funcionarias de Hacienda comparecieron el 22 de mayo de 2019 ante el Tribunal Supremo en calidad de peritas en el juicio contra los políticos catalanes acusados de declarar ilegalmente la independencia de esa comunidad y de malversar distintos fondos para ello (entre otros cargos).

Así, se pudieron leer las formas "la perito" (agencia Europa Press, *La Vanguardia, El Economista*), "los peritos" (*El Independiente,* la agencia Servimedia) [18], "las peritas" (RTVE), "las pe-

---

[17]   Entrevista con María Márquez Guerrero, "El uso abusivo del género masculino en el lenguaje ha provocado la invisibilización de la mujer", diario digital *publico. es,* 5 de mayo de 2014.

[18]   El texto de esta agencia habla de "los peritos" y a continuación especifica los nombres de tres mujeres: "El martes próximo comparecerán a partir de las 10.00 horas tres peritos de Hacienda a propuesta de la Fiscalía, con cuyo testimonio se tratará de esclarecer si hubo malversación de fondos públicos. Los peritos son

ritos" (RTVE también) y "la perita" (diario *Segre, El Confiden-cial*).

No obstante, algunos medios evitaron esa duda y prefirieron hablar de "las expertas".

Con *perita* nos topamos obviamente con un valor doble (se puede entender como diminutivo de una fruta), pero el contexto (una vez más) puede resolver la ambigüedad. Además, el uso habitual de una forma que está en línea con el genio del idioma acabará desactivando las renuencias.

Asistente / asistenta

El asistente desempeña un oficio de ayudante o de subalterno de un superior (asistente del general, profesor asistente[19]). La asistenta es en España la mujer que trabaja por horas en un hogar. Se hace difícil evitar esta segunda denominación, pero cada vez oímos con más frecuencia "la señora que trabaja en mi casa", "la limpiadora", "la chica que viene a limpiar"... (en el caso, claro, de que se trate de mujeres); y pierde terreno "la asistenta". La única solución para resolver este dual aparente consistiría en que el uso dejase de especializar *asistenta* con esa función, algo que de momento está lejos de ocurrir pero que se puede aventurar para un futuro.

Por otro lado, *asistente* puede funcionar como palabra de género común *(el asistente / la asistente)*, con lo cual se da en ella una clara simetría para los casos que no se refieren al trabajo en el hogar. ("El fuera de juego fue señalado por la asistente").

Uno / una

El pronombre indefinido *uno* permite el femenino *una* cuando la hablante se refiere a sí misma. "Una ya no está para estas cosas".

María del Carmen Tejera Gimeno, Sara Izquierdo Pérez y Teresa Cecilia Hernández Guerra".

[19]   Sería mejor sustituir ese anglicismo (clonación de *asistent*), usado a veces en el mundo académico, por "profesor ayudante".

También es frecuente que una mujer se sienta incluida en *uno* y lo utilice, tanto en el lenguaje oral como en el escrito. En ninguno de los dos casos apreciamos problema de sexismo.

Referencias a la ropa

No disponemos de datos para cuestionar las definiciones del *Diccionario* en lo referente a los términos *calzonazos* y *bragazas*, porque se hace difícil documentar expresiones que forman parte principalmente del lenguaje oral y popular. Así que simplemente expresaremos una intuición al respecto: tal vez estos vocablos ya no significan exactamente lo que indica la obra académica.

En sus respectivas entradas se recoge que tanto "un bragazas" como "un calzonazos" son hombres que se dejan dominar por su pareja. Sin embargo, tal vez hoy esas expresiones despectivas se apliquen en general a alguien sin fuerza de voluntad en general, sin carácter y sin ánimo para enfrentarse a la adversidad o a los deberes que la vida impone. Si así fuera, no habría que considerarlas sexistas, sobre todo porque se equilibran la una con la otra, pues están basadas en una prenda femenina y en otra masculina; y porque se puede decir tanto "es un bragazas" como "es una bragazas", y "es un calzonazos" como "es una calzonazos".

Ahora bien, si tenemos en cuenta las definiciones del *Diccionario* y las damos por vigentes, nos hallaremos ante unos términos machistas de tomo y lomo. Nótese además el tono de las definiciones: "Bragazas: Hombre que se deja dominar o persuadir con facilidad, especialmente por su mujer".[20] "Calzonazos: Dicho de un hombre: que se deja dominar por su pareja".

Una manera razonable de ver a las personas a quienes se dirigen esos desprecios se reflejaría en otro tipo de consideraciones: "Hombre que atiende a las razones de su pareja", "Hombre al que se puede convencer con argumentos, especialmente los de su mujer", pongamos por caso. Pero, obviamente, eso convertiría en positivos unos términos que son claramente peyorativos en el uso.

---

[20]   Las definiciones sexistas que incluyen el término "especialmente" han sido abordadas con más detalle en el capítulo 4.

Por su parte, las expresiones *bajarse los pantalones* y *quedarse en bragas* se han fosilizado y han perdido su sentido literal. Y nos parecen intercambiables una y otra, sin distinción de sexos, porque un hombre se puede quedar en bragas y una mujer bajarse los pantalones, metafóricamente en ambos casos.

Bajarse los pantalones significa "claudicar en condiciones más o menos humillantes". Y "en bragas" equivale a "sin preparación ni recursos" (*quedarse en bragas, me pillaron en bragas...*).

La expresión *quedarse en bragas* suena sexista, pero hoy en día la puede decir un hombre refiriéndose a sí mismo: "Me quedé en bragas cuando mi jefa me lo preguntó". Lo mismo sucede con "bajarse los pantalones": "La presidenta de la comunidad se bajó los pantalones con las protestas de mi vecino".

Sí se da sexismo, en cambio, al mencionar como sinécdoque o referencia prendas inequívocamente masculinas o femeninas, y ya al margen de frases hechas. La oración "Este equipo directivo debe quitarse la corbata y bajar a conocer la realidad" excluye a las mujeres que formen parte de él.

En cuanto a la ropa que visten las personas, también hallamos asimetrías cuando, sobre todo en textos periodísticos, se repara en el atuendo de las mujeres y no se aplica la misma atención respecto al de los hombres. Eulàlia Lledó recoge, entre otros, este ejemplo publicado en *La Vanguardia* el 22 de octubre de 2008: "No es todo cuestión del dinero que das a los bancos, como revelan las quejas de la bellamente escotada Merkel acerca de las intenciones que alberga hacia ella Sarkozy".[21]

Asimetrías de los órganos sexuales

Normalmente se aprecia sexismo en las referencias a los órganos sexuales, porque no se dan simetrías. Pero hay matices. El desequilibrio de un término en concreto (como *coñazo*) se puede compensar al observar el léxico en su conjunto. Cierto que *coñazo* es un concepto negativo que no encuentra simetría exacta, pero también

---

[21]   Lledó Cunill (2012), pág. 38.

se entienden por peyorativos *chorrada* y *pijada*, así como *soplapollez* y *cojonazos* (persona indolente), todas ellas basadas en los órganos sexuales masculinos. En cambio, *pasarlo teta* es algo positivo.

En la mayoría de los ejemplos que se suelen aportar a este respecto se ha desvanecido la referencia del significado original, según pasa también con *hijoputez*.[22]

Como muestra de la pérdida de sexismo de estas expresiones, se aprecia que las lindes entre el lenguaje del varón y el de la mujer se van difuminando cada vez más a la hora de usar estas referencias a los órganos sexuales, de modo que acaban lexicalizadas y pierden su significado exacto.

Por ejemplo, el domingo 5 de mayo de 2019 escribía Elvira Lindo en *El País:* "Tres marcas para un solo futuro Gobierno, así se vendía hasta anteayer, de ahí que los votantes, imagino, se hicieran la picha un lío". En ese genérico "los votantes", obviamente, entran las votantes.

Y el 28 de agosto de 2019, la actriz Anabel Alonso declaraba en un titular de *El País:* "Ahora hay que cogérsela con papel de fumar". Y en el texto: "Ahora hay que cogérsela con papel de fumar. El humor se basa en no tener pudor […], pero ahora todos pueden sentirse ofendidos con cualquier cosa".

Por tanto, las electoras "se hacen la picha un lío" y los votantes "son un coñazo", y todos ellos deben "cogérsela con papel de fumar" si hacen chistes. Del mismo modo, un hombre puede "quedarse en bragas" y una mujer "bajarse los pantalones". Pensamos que no hay sexismo en ninguna de esas expresiones.

Histérica / histérico

También se ha perdido la referencia léxica original en el término *histeria* (excitación nerviosa), que da el derivado *histérico* y se aplica ya con normalidad a los hombres. La palabra tiene el mismo origen que útero (en griego, *hystera*) porque la enfermedad nerviosa llamada *histeria* se relacionó con este órgano femenino. Hace

---

[22]   Figuran en el *Diccionario coñazo, chorrada* y *pijada*. Pero no *soplapollez* (aunque sí *soplapollas*), ni *cojonazos*, ni *hijoputez*.

dos siglos los diccionarios decían que *histeria* era una "enfermedad peculiar de las mujeres". La Academia ha borrado esos rastros en sus últimas ediciones.

Aunque se dio una discriminación en su día, el uso actual se puede considerar adecuado.

Mujer de vida alegre

Esta expresión no tiene su equivalente en "hombre de vida alegre", porque en el primer caso significa *prostituta*. Lo mismo sucede con *mujer de vida fácil*. (Triste ironía la de llamar "fácil" o "alegre" a esa vida).

El *Diccionario* no adjudica la expresión "de vida alegre" a las mujeres (recoge el ejemplo "persona de vida alegre"), pero sí lo hace el uso. El uso sexista.

Zorro y zorra

Tradicionalmente, un zorro era un hombre astuto; y se reservaba el femenino *zorra* para la ramera. Conviene huir de esta asimetría, que por ventura va cayendo en desuso. Pero no se justifica la petición de que desaparezca del *Diccionario*, porque se halla en nuestra literatura (en la que abundan personajes representados como asesinos, ladrones… y también como machistas; que deben expresarse conforme a esos rasgos en la ficción) y el lector del futuro o el extranjero de ahora tal vez necesiten encontrarle una explicación lexicográfica cuando se topan con ese uso.

La entrada actual del *Diccionario* incluye una de las "marcas pragmáticas" que defienden las filólogas feministas. Ahora mismo la Academia señala esa acepción de *zorra* como despectiva y malsonante.

La usará legítimamente un novelista que la ponga en boca de un personaje maleducado o machista, pero el hablante común hará bien en evitarla.

Machada / hembrada

Obviamente, *hembrada* no está ni en el *Diccionario* ni en el uso. Por eso *machada* se convierte en un término asimétrico y poco recomendable. La Academia indica que este sustantivo significa "acción valiente", pero en el léxico del deporte adquiere un valor más cercano a "hazaña": "El equipo logró la machada de remontar tres goles", por ejemplo. Sin embargo, su uso no se refiere solamente a deportistas varones, porque lo he anotado también en referencia a equipos femeninos: el 16 de octubre de 2015, en una emisora española se anunciaba que el equipo femenino del Atlético de Madrid había eliminado al Zorky de Moscú con una remontada. Y el locutor anunció en los titulares, a las 6:28 horas: "Machada del Atlético en féminas".

¿Puede una mujer lograr una machada? Sí, ciertamente; pero no deja de sonar un tanto chusco, porque la palabra se basa en la raíz *macho*. Hemos hablado antes de que la mujer ha de apropiarse de los masculinos genéricos como ya se apropió de palabras basadas en raíces relativas a *hombre*, como *homenaje* o *patria potestad* y *patrimonio*. No sé si aquí el asalto se producirá pronto, ni tampoco si implicará algún beneficio, pues parte de un origen peyorativo.

En los siglos XVIII y XIX, *machada* significaba solamente *necedad*; y con ese sentido llega hasta 1984, año en que la Academia le añade la acepción de la valentía, después de que el uso la incorporara.

Una alternativa más suave nos la trae el término *hombrada*, cuya definición ha sido modificada recientemente por la Academia. En 2017 todavía se recogía "Acción propia de un hombre generoso y esforzado". Pero ahora el *Diccionario* dice: "Acción meritoria y esforzada", en una enmienda más de las establecidas con sentido feminista, pues con esa redacción se admite la posibilidad que una mujer consiga una *hombrada*. Pero eso no dejaría de chirriar un poco, y quizá guardaría relación con el genérico abusivo. En cualquier caso, se puede sustituir con ventaja por "hazaña".

Hombría

He aquí otro término asimétrico (no se dice *mujería*, ni *mujería de bien*). *Hombría* se define como "cualidad buena y destacada de hombre, especialmente la entereza o el valor"; además de "probidad" y "honradez" para la locución *hombría de bien*. Quien desee evitar términos asimétricos puede emplear esos equivalentes que ofrece el *Diccionario*.

Doble femenino

La desigualdad en el trato de los géneros en la lengua se produce a veces, paradójicamente, por exceso en la representación femenina. Así ocurre cuando se habla por ejemplo de que "se inaugura una exposición de mujeres pintoras". Denunciaron esta práctica las estudiosas del lenguaje sexista profesoras Catalá y García Pascual, que ya en 1995 aportaron numerosos ejemplos reales.[23]

Esto tiene su importancia, porque en esos pleonasmos "la identificación social o profesional [de las mujeres] queda en segundo término, por debajo de su condición como género-sexo femenino", mientras que "en el caso de los varones, su pertenencia al género masculino tiene una función secundaria. Lo sustantivo es su posición en lo público, lo que les identifica como individuos".

En los ejemplos que ambas autoras aportan, "la condición sexual aparece como la sustantiva, lo demás se considera adjetivo; se percibe a la mujer antes como mujer que como individuo". Por tanto, su papel en la sociedad, su función profesional, se relega en relación con su sexo.

Eulàlia Lledó también considera inadecuado ese uso[24] "que se caracteriza por un cierto esencialismo". Y cita, entre otros, estos ejemplos reales: "La ministra acudió al Palacio Real con moño recogido (peinado habitual de las *mujeres militares*)", "La nueva orden propone primar a *las mujeres cineastas*". "La ex ministra Dilma Rousseff se convertirá en la primera *mujer presidenta* de Brasil".

---

[23] Catalá Gonzálvez y García Pascual (1995), pág. 19.
[24] Lledó Cunill (2012), pág. 82.

"Comprometida a favor de los derechos de *las mujeres musulmanas,* la ex diputada vive bajo protección policial". "La catalana Arantxa Sánchez Vicario es la única *mujer española* que ha ganado en Nueva York". En todos esos ejemplos sobra la palabra *mujer.*

También condena esta práctica la guía de uso no sexista impulsada por la Diputación de Málaga, cuyo texto indica que tal fórmula oculta la identidad social o profesional de la mujer "destacando como sustancial su condición sexuada". Y cita, entre otros ejemplos, uno publicado en *El País* en 2001: "¿Qué podemos hacer hoy las *mujeres parlamentarias?*". A lo que opone: "No tiene sentido introducir el término *mujer* cuando a nadie se le ocurriría redactar un titular que dijera '¿Qué podemos hacer hoy los hombres parlamentarios?".[25]

La ensayista estadounidense Robin Lakoff[26] aborda también ese caso. "Puesto que no se dice 'hombre ingeniero', la discrepancia sugiere que esa actividad es normal en el hombre, pero no en la mujer".

Sin embargo, estos razonamientos de autoras feministas (recogidos también en distintos manuales de lenguaje igualitario[27]) no han impedido que una organización profesional de la judicatura se denomine Asociación de Mujeres Juezas,[28] en aparente perjuicio de las posiciones feministas sobre el lenguaje.[29]

PROBLEMAS DE CONTENIDO

Abordamos ahora las situaciones en las que se incurre en sexismo o machismo mediante el contenido de lo que se expresa; es decir, con el fondo del mensaje.

---

[25]   Ayala Castro, Guerrero Salazar y Medina Guerra (2006), pág. 73. Las mismas autoras habían elaborado la guía para la Diputación de Cádiz: *Guía para un uso igualitario del lenguaje administrativo,* Cádiz, Diputación de Cádiz, 2004.
[26]   Lakoff (1995), pág. 60.
[27]   Guía del Ayuntamiento de Madrid, página 11.
[28]   Véase <http://www.mujeresjuezas.es/>.
[29]   Escucho esa misma locución ("es una mujer jueza") a una periodista de la Cadena Ser a las 11.57 h del 19 de agosto de 2019.

Perspectiva masculina

Pecamos de androcentrismo (es decir, de adoptar una perspectiva masculina) al instrumentar una óptica discriminatoria a través del lenguaje. Por ejemplo, si ante la llegada de un actor y una actriz igualmente famosos se dice que él acudió acompañado por ella. Ese uso se ha observado en ciertas ocasiones al informar de que Penélope Cruz acompañaba a Javier Bardem, y similares situaciones. Se podía haber dicho al revés (Cruz llegó acompañada por Bardem), mas parece mejor explicar que "Penélope Cruz y Javier Bardem llegaron juntos".

Esa perspectiva androgénica se observa en el titular de un artículo publicado en *La Razón* el 8 de septiembre de 1999: "Banderas y señora, locos en Venecia". Como señalábamos unos párrafos más arriba, hemos de preguntarnos si la prueba inversa funcionaría: "Griffith y señor, locos en Venecia". (La actriz Melanie Griffith estaba casada entonces con Antonio Banderas).

Los dos actores habían aparecido unos años antes en otro caso de androcentrismo (por supuesto, sin culpa alguna por su parte), esta vez en el diario *El Mundo* del 25 de febrero de 1996:

> Antonio Banderas, este trueno de Los Ángeles, sí que va vestido de Nazareno por Málaga. Y en cuanto se hizo pareja estabilísima de Melanie Griffith, le faltó tiempo para traérsela a Málaga este verano, dicen que a descansar; pero no. Para mí tengo que todo era para que aprendiera a hacerle huevos fritos con chanquetes como se los hace su madre.

Por lo que se ve, el autor considera un papel de las madres y las esposas cocinar como el marido quiere. Y ni se plantea que Antonio Banderas hubiera viajado a Málaga para aprender él a cocinar los huevos fritos con chanquetes a fin de preparárselos después a Melanie Griffith.

La visión masculina se muestra también en un ejemplo recogido por Eulàlia Lledó[30] (entre otros muchos similares) en el diario barcelonés *La Vanguardia* el 14 de abril de 2007.

---

[30]   Lledó Cunill (2012), pág. 38.

El texto traza un perfil de la economista Shaza Riza, esposa de Paul Wolfowitz, quien, siendo presidente del Banco Mundial, apareció en unas fotografías descalzo, en una mezquita de Estambul, con unos notorios tomates (agujeros) en sus calcetines.

El articulista describía a Riza como "más profesional que ama de casa". "Por eso", añadía, "a nadie le extrañó que, en su visita a Estambul, Wolfowitz se mostrara con un aspecto tan desaliñado al lucir unos enormes tomates en sus calcetines".

Es decir, el comentario señalaba a la esposa del presidente del Banco Mundial por el hecho de que éste no exhibiera los calcetines en buenas condiciones. Y arroja la presuposición de que a las esposas les corresponde ese cometido, tal vez porque el esposo tiene asuntos más importantes que tratar.

Las visiones androcéntricas se manifiestan a menudo de forma inconsciente. Por ejemplo, cuando alguien dice "Me cae muy antipática la mujer del vecino"...[31] Que es, obviamente, la vecina.

Y adquieren mayor gravedad en el uso profesional, como se plasmó en *El Mundo* del 21 de julio de 1996 en un artículo de opinión: "Lo de la tertulia de la mujer de Lorenzo Díaz fue precioso".

La referencia a la prestigiosa periodista Concha García Campoy como "la mujer de Lorenzo Díaz" (prestigioso y periodista también) incurría claramente en este vicio subliminal. Y si no fuera subliminal, sino consciente, nos parecería peor; aunque se hubiera utilizado en tono de broma o irónico.

Desprecios, menosprecios, insultos

Al margen de los matices sobre sexismo y lenguaje, se debe huir de descalificaciones globales de una mujer o de las mujeres en general (igual que de cualquier hombre). Y también, de las descalificaciones particulares si se relacionan con el aspecto físico.

Un artículo publicado en el diario *Abc* el 29 de diciembre de 1996 criticaba a una diputada de izquierdas por unas declaraciones

---

[31]   Tomo el ejemplo de García Meseguer (1996), pág. 43.

que el autor consideraba relativas a un asunto menor. Y añadía: "Esa 'femenina' sensibilidad para lo nimio y esa inclinación a quedarse en lo fútil y alejarse de lo fundamental e importante es lo que ha impedido hasta ahora a las mujeres ocupar los puestos que, por otras virtudes y capacidades, debieran ocupar en nuestra sociedad". Este texto (que contenía otros desprecios hacia la diputada y que hemos preferido omitir) sirve, no obstante, para darse cuenta de cómo ha mejorado la situación, porque hoy nos parece impensable algo así en cualquier articulista, incluso de la ideología de quien lo firmaba.

El *Diccionario* está lleno de palabras insultantes para la mujer. No debemos culpar a sus páginas ni a las Academias, que recogen lo que hay, sino a la cultura machista que ha acompañado a la sociedad hispanohablante durante siglos.

Sin embargo, no siempre esos insultos se toman de personas reales para llevarlos al *Diccionario*. Los novelistas y los dramaturgos están en su derecho de ponerlos en boca de sus personajes, sobre todo si los quieren desacreditar a través del lenguaje que emplean.

Por esas razones, al Diccionario no le queda más remedio que incluir una palabra como *tarasca,* por ejemplo, que significa "mujer temible o denigrada por su agresividad, fealdad, desaseo o excesiva desvergüenza" (sólo falta añadirle "asesina"...). Porque la usó, entre otros, Pérez Galdós en una de sus novelas para retratar a un personaje que la empleaba (en este caso, que la pensaba). Y si un personaje ficticio la pronuncia, eso suele deberse a que tal vocablo se halla (o se hallaba) en la realidad. Por tanto, lo ideal es conseguir una realidad que haga impensables o inverosímiles esos usos.

Por supuesto, también existen injurias generales y otras destinadas a los hombres, pero las referidas a las mujeres se suelen basar en aspectos muy asimétricos. Quien desee documentación al respecto puede acudir al *Inventario general de insultos,* de Pancracio Celdrán.[32]

Una de las series más lamentables de injurias de los varones a las mujeres parte de la idea de que la única sexualidad admisible es la que conduce al coito; y de esa sinrazón nacen términos como

---

[32] Celdrán, Pancracio (1995), *Inventario general de insultos,* Madrid, Ediciones del Prado.

calientapollas, calientabraguetas, calientapichas, levantapollas, levantabraguetas.

Incluso el insulto a un hombre puede convertirse en menosprecio de la mujer, como sucede en el caso de *nenaza* ("varón afeminado y cobarde"). Mientras que la mujer que exhiba cualidades tradicionalmente atribuidas a los varones será juzgada como *marimacho* ("mujer que en su corpulencia o acciones parece hombre").

Refranes

El lenguaje popular está lleno de refranes y dichos que se reproducen en los ámbitos familiares y coloquiales y que ofenden a las mujeres. Pero, tras muchos años (o siglos) de recibir estoicamente esas faltas de respeto, ellas han dejado de tolerarlos. Ya no se toman como bromas sin importancia sino como caldo de cultivo de una falta de respeto que deriva en consecuencias peores.

La filóloga María Ángeles Calero denunciaba estas prácticas en unas declaraciones al *Diario del Alto Aragón,* de Huesca, el 9 de noviembre de 2009: "Los insultos que reciben las mujeres aluden a un comportamiento sexual, como 'puta' y sinónimos, o al aspecto físico, como 'loro', 'vacaburra' o 'ballena'. Es un vocabulario en que las mujeres debemos tener un aspecto determinado y comportarnos de una determinada manera. No hay algo parangonable con los varones. A ellos se les insulta por guapos, 'señoritos', 'guaperas', y a las mujeres, por feas".

El refranero popular da buena prueba de esa tradición centenaria de vejación de la mujer. Reproduzco, no sin cierta vergüenza y a efectos documentales, algunos de ellos: "El raso y la mujer, prensados o acuchillados han de ser". "La mujer es animal que gusta del castigo". "Gozallas, sacudillas y dejallas". "Asnos y mujeres por la fuerza entienden". "La mujer y el potro, que los dome otro". "La mujer y la sartén en la cocina están bien". "Una mujer y un calendario sólo sirven para un año". "La mujer y el horno por la boca se calientan". "La mujer, bien tratada y sujetada". "A la mujer y al can, el palo en una mano y en la otra el pan". "A la mujer brava, soga larga". "Asno de gran asnedad quien pregunta a una mujer su edad". "A la mujer y al ladrón quítales la ocasión". "A la hija tápala la rendija". "De mujer libre Dios nos libre". "Palabra de mujer no vale un alfiler".[33] "A la mujer y a la burra, zurra".[34]

Calero ya había estudiado con profundidad ese terreno en su obra *La imagen de la mujer a través de la tradición paremiológica española*,[35] de donde García Meseguer toma estos ejemplos, entre otros: "La mujer y el vino engañan al más fino", "El lloro de la mujer no es de creer", "Más vale pelear con una fiera que sufrir mujer vocinglera", "En casa de mujer rica, él calla y ella repica".

Estos refranes rara vez aparecen en los medios de comunicación, y seguramente se hallan en retirada también en el lenguaje privado. Ojalá se queden finalmente relegados a los libros, en boca de personajes poco recomendables y como muestra de una crueldad machista que va en retroceso.

Lenguaje agresivo

En el ámbito privado (rara vez en los medios de comunicación) se suelen emplear metáforas agresivas para referirse a las relaciones sexuales desde el punto de vista masculino: "Se la tiró", "Se la pasó por la piedra", "Me la cepillé".

Vale la pena reflexionar sobre las imágenes mentales que esas locuciones activan, y sobre el valor ofensivo que pueden suponer en determinadas situaciones.

Puedes besar a la novia

Las películas estadounidenses han extendido en los últimos años la frase "Ya puedes besar a la novia", dirigida por el oficiante al novio en las bodas de varón y mujer. Una costumbre que hasta hace bien poco no se usaba en España, y que todavía se da en pocos

---

[33]   Martínez Kleiser, Luis (1989) [1953], *Refranero general ideológico del español*, edición facsímil, Madrid, Hernando.
[34]   Celdrán, Pancracio (2009), *Refranes de nuestra vida*, Barcelona, Viceversa.
[35]   Calero (1991).

casos. Lo cual no impide que la veamos en las series de televisión...
españolas. Incluso con efecto retroactivo.[36]

La fórmula suena sexista (¿por qué se dirige al novio?), a diferencia de la opción "Podéis besaros". Y en cualquier caso, implica conceder al notario, al juez, al alcalde o al sacerdote una autoridad moral para permitir un beso con el que, por otra parte, los novios pueden obsequiarse cuando lo deseen, antes o después de estar casados.

La prueba de la inversión

Ante la imposibilidad de recopilar todas las posibles asimetrías reales o aparentes y de ofrecer soluciones tajantes al respecto, dejamos aquí una sugerencia general como resumen: conviene preguntarse, antes de utilizar alguna palabra específica para una mujer, si se emplearía el mismo término con un hombre. Y viceversa.

Asimetrías no relevantes

No obstante, también se dan algunos desequilibrios entre masculino y femenino que, en mi opinión, no constituyen sexismo propiamente. Decimos *darse la vida padre* y no *darse la vida madre*, pero se trata de una expresión fosilizada en la que "padre" en realidad no significa *padre*. No obstante, quien desee huir de esa locución puede decir en su lugar *darse la gran vida*.

Y en el españolismo vulgar *de puta madre*, usado por hombres y mujeres en ámbitos no formales para expresar acuerdo, o tal vez euforia, tampoco *madre* significa nada relativo a las madres. Ni *puta* nada relativo a las putas.

Asimismo, en México y otros países se dice *a toda madre* como elogio (cosa o persona muy buena, magnífica, estupenda).

---

[36] Oigo la fórmula en julio de 2019 en la serie *El secreto de Puente Viejo*, cuando el cura don Berengario dice al oficiar la boda entre Isaac y Elsa: "Isaac, ya puedes besar a la novia". La acción de esa serie se desarrolla en los primeros años treinta del siglo xx.

Se trata en los tres casos de expresiones (entre otras muchas posibles) que han perdido su sentido literal.

A veces se dan asimetrías que se compensan con otras en sentido opuesto en ejemplos diferentes. *Lucir palmito* (coloquialmente, lucir el "talle esbelto de la mujer") no encuentra equivalente masculino, pero *hombre de pelo en pecho* tampoco lo tiene en el ámbito femenino. *Marimacho* no dispone igualmente de su opuesto, pero en el otro lado quedan sin reflejo femenino insultos como *adán, mingafría* o *pisaverde*.

Ahora bien, sí se pueden establecer unas líneas generales muy distintas en los insultos a varones y mujeres. Los que reciben ellas conciernen sobre todo a su aspecto físico y sus maneras; los que se dirigen a ellos les reprochan ciertos modos que pueden interpretarse como afeminados.[37] Por tanto, algunos insultos dirigidos a los varones ofenden a las mujeres en el mismo impulso de voz.

Por su parte, el término *prohombre* ("hombre de personalidad muy destacada, que goza de gran consideración") no encuentra tampoco su otra cara de la moneda en *promujer*. Esta segunda opción está prevista por el sistema (nada se opone a ella desde el punto de vista morfológico), pero no se ha activado en la práctica. Quien desee hacerlo, ahí la tiene.

---

[37] Calero (1999), pág. 98.

6

PROPUESTAS DEL FEMINISMO VIABLES AUNQUE, ALGUNAS, INNECESARIAS

Las guías de uso no sexista de la lengua y las autoras feministas que tienen acceso a los medios de comunicación han aportado algunas ideas interesantes (y otras también controvertidas) encaminadas a reducir el sesgo machista en el lenguaje.

Esas propuestas nacen de una conciencia de lucha justa, que compartimos. Y que está resultando útil porque sirve para concienciar a la sociedad sobre las desigualdades históricas que la mujer ha sufrido y las que aún padece (sobre todo en determinadas culturas de hegemonía masculina).

Las filólogas feministas, que por lo general han hecho planteamientos viables y nos han enseñado algunos de los problemas del sexismo, han propuesto alternativas aceptables porque encajan en la lengua y el discurso sin excesivas distorsiones (aunque resulten innecesarias en algunos casos gracias al contexto, como hemos venido sosteniendo).

Recogeremos aquí varias de ellas, no sin mencionar de nuevo que se trata de planteamientos que nos parecen válidos para la *lengua cultivada*: es decir, para la comunicación pública (política, periodística, administrativa), sobre todo si se quiere participar de los rasgos identitarios del feminismo. No se puede pedir a la ciudadanía común que se estudie y ponga en práctica estos consejos.

Sobre todo, porque creemos sinceramente que no hay ninguna necesidad, puesto que la gente se entiende con los genéricos sin ningún problema de exclusión.

Una de esas recomendaciones viables y que no violentan la lengua invita a usar *quien* para evitar así *los que*; pero si alguien dice en una reunión familiar de primos y primas, tíos y tías, "el que saque la carta más alta empieza el juego", no puede haber lugar a confusión.

Ahora bien, interesa recoger y secundar las aportaciones inteligentes y válidas que se han puesto sobre la mesa y que sirven de alternativa para quienes deseen cumplir con los requisitos supuestamente no sexistas; porque con ellas evitarán al menos caer en usos contrarios al genio del idioma, a la economía del lenguaje y, a veces, al sentido común.

De manera análoga a lo que planteamos en el capítulo 5, distinguiremos entre *conflictos de lenguaje* (especialmente del lenguaje público) y *conflictos de contenido* (especialmente en los medios de comunicación).

LOS CONFLICTOS DE LENGUAJE:
EL GENÉRICO ABUSIVO COMO PARADIGMA

Cada redactor y cada escritor elegirá a su gusto y conforme a su estilo alguna de las alternativas que se ofrecen a continuación. Estas soluciones se pueden percibir como alambicadas, sobre todo porque están empezando a extenderse y no han alcanzado todavía el dominio general.

Según señalábamos al presentar este capítulo, nos parece difícil que, salvo entrenamiento, se empleen de manera espontánea en el lenguaje común y el familiar o coloquial. Y, como indicaba Ignacio Bosque, su reducción al ámbito administrativo y político contribuirá a alejar este lenguaje del común que usa la gente. Pero al menos encajan con el genio del idioma.

El genérico masculino, que consideramos válido y que es consecuencia de la aparición del femenino —a causa de la visibilización de la mujer en el idioma indoeuropeo—, no debe considerarse machista, ni masculinista, ni androcéntrico. Pero sí se dan a menudo usos, especialmente con la palabra *hombre,* que hacen sentirse legítimamente incómodas a personas de sensibilidad igualitaria.

El vocablo *hombre* procede del acusativo latino *hominem* (el nominativo es *homo*), que equivalía a "ser humano". Tanto el griego como el latín disponían de una palabra para referirse a la especie humana en general: *ánthrōpos* y *homo*, respectivamente; de otra para designar al varón: *anḗr* y *vir*, y de otra para referirse a la mujer: *gynḗ* y *mulier*. Pero en castellano, *hombre* (equivalente de *ánthrōpos* y *homo*) ha ampliado su espacio a aquel en el que ya se hallaba *varón* (*vir* en latín). Y de ahí sale este "uso abusivo". Porque disponemos de *hombre* como genérico, *varón* como específico y *hombre* en función redundante de *varón*.

Homo y *humus* (tierra) estaban etimológicamente relacionados, y *homo* significaba por tanto "nacido de la tierra" (lo que valía para los dos sexos). Pero en el uso durante siglos, *vir* y su equivalente *varón* irían perdiendo peso frente a la expansión semántica de *hombre* (antes, *homo-hominem*). Y de aquellos barros tenemos estos lodos.

El viejo valor doble de *hombre* suena hoy a veces abusivo, a pesar de que el *Diccionario* precisa un significado que abarca a los dos sexos: "Ser animado racional, varón o mujer". Sin embargo, el uso continuo y estable como equivalente de varón provoca que se sienta extraña, por ejemplo, su presencia en la definición de *humano*: "Dicho de un ser: Que tiene naturaleza de hombre (‖ser racional)". La aclaración entre paréntesis deja claro el sentido fijado de *hombre*, pero quizá podamos apreciar aquí una excepción entre las palabras que se usan como genérico.

La profesora María Márquez Guerrero describe el "genérico abusivo", que ya ha sido mencionado aquí en capítulos anteriores, en una obra sobre sexismo lingüístico publicada en 2016.[1] En ella señala que, tras la Revolución francesa, la Asamblea Nacional aprobó la *Declaración de los derechos del hombre y del ciudadano*, pero tales derechos correspondían solamente a los varones. Por eso "el hombre y el ciudadano" constituían un abuso como genéricos.

Márquez añade que "la interpretación general del masculino como específico en enunciados potencialmente universales pone seriamente en duda el concepto de genérico. Por esta ambigüedad, el masculino genérico se revela como insuficiente e impreciso, ya que no solo no designa con transparencia la realidad, sino que incluso nos impide percibir o imaginar cambios en situaciones, aunque se estén produciendo de hecho".

---

[1] Márquez Guerrero (2016).

Ante esta ambigüedad semántica, Márquez cree una medida correcta "utilizar *varón* en lugar de *hombre* en contextos específicos", y recoge la tendencia a sustituirlo también por *persona*. La profesora cita estudios según los cuales el término *hombre* tiende a ser interpretado como específico (es decir, como "varón") en un 90 por ciento de los casos, "de ahí que vaya siendo sustituido por otros como *persona, ser humano, individuo, gente*, etcétera, con una mayor capacidad de referencia genérica".[2]

Páginas atrás comentábamos la expresión "hombres de negocios", incluida en algunas definiciones de objetos usados supuestamente por ellos. Y ciertamente, en ese caso se hace difícil ver mujeres dentro de esa palabra. El vocablo *hombre* adquiere ahí demasiado peso en su acepción de *varón*.

El catedrático de Zaragoza José-Luis Mendívil opina también que "el uso de *el hombre* en lugar de *la especie humana* en expresiones como 'La evolución del hombre' o 'El hombre llegará a pisar Marte' refleja un sesgo sexista en el uso del español (aunque no necesariamente de la persona que lo usa, normalmente por mera costumbre)". "En ese ámbito", agrega, "la intervención es deseable y, cabe esperar, fructífera para la necesaria tarea de resaltar la visibilidad del lugar de las mujeres en los avatares de nuestra especie".[3]

La también catedrática Estrella Montolío escribe al respecto: "Usar el sustantivo *hombre* no ayuda a visualizar la labor de las mujeres en iguales tareas", y pone a su vez el ejemplo de "la llegada del hombre" a la Luna en 1969, para indicar que habría sido mejor decir "la humanidad" o "el ser humano".[4]

"Lo que intento sugerir", añade Montolío, "es que todos seamos conscientes de nuestros sesgos de género al escribir sobre ciencia, economía, cultura y arte, deporte y ocio. *Persona, ser humano* o *humanidad* son sustantivos en los que resulta más fácil que una de nuestras hijas, de nuestras niñas o jóvenes se sienta incluida y representada".

---

[2] Los estudios citados corresponden a Giorgio Perisinotto (1983); y Rodríguez Fernández (2009).
[3] Mendívil Giró (2013).
[4] Montolío Durán, Estrella (2019) *Tomar la palabra. Política, género y nuevas tecnologías en la comunicación*, Barcelona, Universitat de Barcelona, págs. 107 y 110.

Es cierto que el genérico *hombre* representa a las personas: a los hombres y a las mujeres. Y que *hombre* se oponía a *animal*; y también a *Dios* o *dioses*. Pero hoy suenan cada vez más ajenos esos usos cuando los encontramos en contenidos de hace años.

El programa *Conexión vintage*, de TVE, dirigido por Paco Grande, emitía en agosto de 2019 un documental sobre el periodista deportivo José María García. En una de las escenas retrospectivas del programa *Dos por dos* (presentado en 1978 por Isabel Tenaille y Mercedes Milà), el famoso locutor escuchaba esta pregunta: "¿Eres el hombre más informado?". Y respondía: "En este país hay muchos hombres de los que se dedican a la información deportiva que están tan enterados como José María García".

En aquellos tiempos ya estaba trabajando como periodista deportiva Mari Carmen Izquierdo. Y la propia Milà cubría informaciones sobre motociclismo. En cualquier caso, visto ese programa con los ojos de hoy, la palabra *hombre* provoca cierto desasosiego.

La incomodidad que causan algunos de sus usos como genérico se demuestra en que el vocablo no progresa adecuadamente cuando se mueve por otros derroteros, a diferencia de cualquier otro vocablo similar.

Este fenómeno lo explicaba muy bien la escritora feminista Laura Freixas, consultada en un reportaje publicado el 5 de marzo de 2012 en *El País:* "Para decirlo gráficamente: prefiero decir *ser humano* en vez de *hombre* porque puedo decir: 'Como ser humano moderno, yo...' y no: 'Yo, Laura Freixas, en tanto que hombre moderno...'. O porque si digo 'El hombre medieval moría con frecuencia en el campo de batalla', nadie se pregunta de qué morían las mujeres. Se supone que *hombre* abarca a ambos sexos pero, ¿acaso podemos decir: 'El hombre medieval a menudo moría de parto'?".

Otro tanto ocurría al leer en el diario *El Mundo* del 15 de febrero de 2001: "Es una enfermedad que no afecta al hombre". Y en ese caso, y sin otro contexto, nos quedamos pensando si se referirá al varón o al género humano.[5]

Por todo ello, se puede considerar la propuesta de la *Guía* del Ayuntamiento de Málaga: "Es conveniente usar el término *hombre*

[5]   Tomo el ejemplo de Ayala Castro, Guerrero Salazar y Medina Guerra (2006).

solo cuando nos refiramos al sexo masculino. Para englobar a los dos sexos es preferible emplear términos genéricos, colectivos o los desdoblamientos *hombres* y *mujeres* o *mujeres* y *hombres*". [6]

Al mismo tiempo, "y teniendo en consideración estas alternativas, se puede seguir utilizando, de acuerdo con las normas del español, el masculino plural como genérico en aquellos contextos en los que resulte suficientemente claro que incluye a ambos sexos y no resulte confuso". Como se ve, esa *Guía* no lleva la lucha contra el genérico masculino a todos los rincones.

En resumen, consideramos que en este punto son viables y hasta recomendables las sugerencias procedentes de las filólogas feministas.

Además, con el uso de *hombre* como genérico en singular corremos el riesgo de caer en una suerte de *salto inverso*. En el salto denunciado por García Meseguer, un genérico masculino se convertía de repente en específico masculino. Aquí, en cambio, un genérico masculino se convierte de repente en femenino. Es lo que sucede con este ejemplo fícticio: "La Seguridad Social ampliará la atención sanitaria al trabajador que tenga más de diez años de cotización a fin de que evite las listas de espera para recibir tratamiento ginecológico".

Esas incongruencias y ambigüedades son posibles, ciertamente, y cuestionan el valor absoluto de *hombre* como genérico, así como de algunos otros masculinos en esa función, especialmente si se usan en singular.

En efecto, podemos leer "El hombre primitivo pintó las cuevas de Altamira"; y ahí tomamos *hombre* como especie humana, porque quién sabe ahora si aquellas maravillosas pinturas salieron de mano masculina o femenina..., o de ambas. Pero no diríamos "El hombre primitivo padecía problemas de útero". En cambio, si leyéramos, en situación idéntica gramaticalmente, "El hombre primitivo sufría problemas de próstata", tomaríamos sin conflicto alguno *hombre* como específico y no como genérico, a diferencia de lo que nos sugería el ejemplo anterior. La asimetría parece clara.

---

[6] Medina Guerra (coord.) (2002).

García Meseguer ya señaló esas contradicciones, con este ejemplo: "El hombre es un mamífero. El hombre es un mamífero que amamanta a sus crías".[7]

Por todo ello, entendemos que se recomiende evitar en la medida de lo lingüísticamente posible ese genérico abusivo en la lengua cultivada. Y esto conduce a que se extienda la aversión a expresiones donde no sería necesario, en puridad, alterar el uso del genérico. Es decir: la sustitución de "los derechos del hombre" por "los derechos humanos" o "los derechos de la persona" es más bien una operación innecesaria para la comprensión general pero, en cualquier caso, compatible con el sistema de la lengua.

Si se desea eludir expresiones que puedan considerarse sexistas, conviene huir asimismo de locuciones como "el hombre de la calle" o "el ciudadano de a pie" para escribir en su lugar "la gente de la calle" o "la gente de a pie" (mejor que "los hombres y las mujeres de a pie").

Excluimos de estas consideraciones la exclamación "¡hombre!", que se entiende en cada caso en función de una situación concreta (para expresar sorpresa, asombro, ánimo conciliador) y se puede aplicar a mujeres: "¡Hombre!, Renata, ya tenía ganas de verte", "Graciano, no te pongas así, hombre". Del mismo modo, a una mujer le podemos decir "¡Pero hombre!, no te esperaba".

Como apoyo a este argumento, recordemos que el español dispone de muchas otras exclamaciones cuyo sentido depende de la situación y que se han independizado de lo que la palabra en concreto significa: "¡Leches!", "¡cojones!"... Y antaño, "¡canastos!".

En resumen, consideramos que actualmente se producen situaciones de incomodidad de ciertos hablantes (sobre todo si hacen un uso profesional de la lengua) y de ciertos receptores del mensaje con el genérico *hombre*, sobre todo en singular. Eso les ocurrirá si se topan con un viejo *Manual de aislamiento técnico* donde se dice: "Protegemos al hombre respetando el ambiente". Creemos que hoy no se habría escrito así ese lema en ningún manual.

En general, la palabra *persona* sustituye con ventaja a *hombre* como genérico, tanto en singular como en plural; y está disponible

---

[7]   García Meseguer (1996), pág. 48.

el término *varón* si se desea significar su oposición frente a *mujer*. Y la misma utilidad aporta la locución *ser humano*.

En cambio, se puede aceptar el genérico *hombre* en alusiones históricas, menos problemáticas: "el hombre de las cavernas", "las edades del hombre", etcétera.

Así que coincidimos con lo que escribe la lingüista Mercedes Bengoechea: "Los textos escritos hace años han quedado rápidamente anticuados: tan grande ha sido la transformación social y simbólica que estamos presenciando".[8] Y lo ratifica la *Guía* de la Diputación de Málaga:[9] "Cualquier persona que relea un periódico de los años setenta, por ejemplo, puede percatarse de que, aunque no tanto como sería de esperar, se han producido cambios relevantes".

Otros conflictos de lenguaje
Elisión de masculinos superfluos

A menudo, la duplicación se puede sustituir por el silencio: en lugar de "Congreso de diputados y diputadas" basta con decir "el Congreso". En vez de "los sindicatos de trabajadores y trabajadoras", "los sindicatos".

Una oración como "Esta medida beneficia a todos los miembros y todas las miembros de la asociación" se puede sustituir por "esta medida beneficia a toda la asociación". Y lo mismo pasa con "Estoy a disposición de todos ustedes y de todas ustedes", circunstancia en la que bastaría con "Estoy a disposición de ustedes".

Uno de los casos más habituales, ya comentado anteriormente, lo aporta el saludo "Buenas tardes a todos y a todas", cuando bastaría con decir "Buenas tardes".

Estas propuestas de supresión no solamente evitan el sexismo sino que mejoran el estilo.

---

[8]   Bengoechea, Mercedes (1999), "Nombra en femenino y masculino", en *La lengua y los medios de comunicación*, Madrid, Universidad Complutense de Madrid; "Historia (española) de las primeras sugerencias para evitar el androcentrismo lingüístico", *Discurso y Sociedad*, vol. 2 (2000), pág. 38.
[9]   Ayala Castro, Guerrero Salazar y Medina Guerra (2006), pág. 40.

Sustitutivos no sexistas

Como hemos señalado al referirnos al genérico hombre, el vocablo *persona* constituye la alternativa ideal. También "mi esposa" nos parece mejor que "mi mujer", por la asimetría expuesta más arriba.

Los genéricos abstractos

Una forma hábil de evitar las duplicaciones, siempre tediosas, se basa en sustituirlas por sustantivos genéricos abstractos. Esta posibilidad se ha consolidado ya en algunas colectividades profesionales. El anteriormente "Colegio de Abogados" se denomina ahora "Consejo General de la Abogacía".

Y en efecto, en vez de "los alumnos y las alumnas" se puede decir "el alumnado". En lugar de "los profesores y las profesoras" se dispone de "el profesorado". En vez de "los ciudadanos y las ciudadanas", "la ciudadanía". En lugar de "los clientes y las clientas", "la clientela". Del mismo modo, cabe reemplazar "los jóvenes y las jóvenes" por "la juventud".

Las filólogas feministas añaden opciones como "la Redacción" (y no "los redactores y las redactoras"), "la candidatura" (por "los candidatos y las candidatas"), "la profesión periodística" (en vez de "los periodistas y las periodistas"), "el electorado" (en lugar de "los electores y las electoras), "la jefatura" (para no decir "los jefes y las jefas")…

Esta práctica resulta viable en muchos supuestos, sí, y en ellos aporta soluciones; pero hay otros casos en los que ofrece problemas. No todos los sustantivos genéricos se pueden sustituir así: a partir de "los ciudadanos" se puede hablar de "la ciudadanía", pero a partir de "los españoles" no se ha formado un abstracto inclusivo de mujeres y hombres como "la españolada" o "la españolía"; ni a partir de los concejales se ha creado "la concejalidad". (La "concejalía" se refiere al cargo o al departamento que dirige el concejal, pero no al edil mismo). "Los peatones y las peatones" no se puede reemplazar por "el peatonado"; "los participantes y las participantes" no tiene su alternativa en "el participantado"…

Y un segundo conflicto se da con la ambigüedad que producen esos abstractos en determinados contextos. El sintagma "los problemas de los niños y las niñas" no dice lo mismo que "los problemas de la infancia". En el primer caso, la duplicación puede referirse a unos problemas concretos que sufren unos niños concretos; mientras que el segundo se refiere a unos problemas abstractos inherentes a esa edad. Por tanto, será necesario estar al tanto de los contextos en cada situación.

Como han señalado las Academias en la *Nueva gramática*, esas soluciones "son imperfectas desde el punto de vista léxico o desde el sintáctico y también pueden resultar inadecuadas, además de empobrecedoras". Porque "mis profesores" no equivale a "mi profesorado", ni "mis médicos" a "mi medicina" o "mi sector sanitario; ni "nuestros vecinos" a "nuestro vecindario", ni "hubo demasiados organizadores" es lo mismo que "hubo demasiada organización".[10]

Eso no impide que los genéricos abstractos resulten adecuados en determinados casos, como hemos señalado. A veces están al alcance otras soluciones: en lugar de "los concejales y las concejales", es viable "la representación municipal" (si el contexto no convierte la opción en confusa) y otras similares. Y en los gentilicios, se puede acudir a la palabra *pueblo:* "El pueblo andaluz" (los andaluces y las andaluzas), "el pueblo egipcio" (los egipcios y las egipcias). Y también, como sinécdoque, al todo por la parte: en vez de "los granadinos y las granadinas juegan 200 millones a la lotería", cabe decir "Granada juega 200 millones".

Por otro lado, la institución denominada Defensor del Pueblo (a veces desempeñada por una mujer) podría alterar su denominación (si no la oficial, que eso llevará un trámite, sí la coloquial) para ser conocida como "la Defensoría del Pueblo".[11]

La opción de "quien"

Otros genéricos masculinos se componen a partir de la locución *los que:* "Los que quieran participar, tienen que inscribirse". Como ya hemos sugerido antes, se puede evitar con el pronombre *quien:* "Quien quiera participar".

[10]   Real Academia Española (2009), pág. 88.
[11]   Bengoechea (1999).

La opción de "alguien"

En lugar de "cuando uno quiere salir de España", se puede eludir el masculino con "cuando alguien quiere salir de España".

La opción de "cada"

En vez de "los miembros", se puede decir "cada miembro". Pero ya hemos visto en el capítulo 2 que eso no funciona en todas las combinaciones (a diferencia del masculino genérico). Por ejemplo, en "Todos los candidatos debatieron juntos" no cabe el reemplazo por "Cada candidato debatió junto".

La opción de "cualquiera"

Se puede usar en lugar de *todos*: Así, ante la opción de decir o escribir "Todos los interesados pueden acudir al registro", se considera mejor "Cualquier persona interesada puede acudir"...

"Todo el mundo"

El masculino genérico *todos* también tiene alternativa: donde se dice "Todos quedaron contentos" se puede elegir "Todo el mundo quedó contento", si bien implica una extensión ligeramente mayor.

Cuidado con las sinécdoques

Las sinécdoques (la parte por el todo) o metáforas que se refieren a aspectos intrínsecamente masculinos, especialmente de la vestimenta, no se deben utilizar cuando se está hablando de un grupo de hombres y mujeres. La *Guía para un uso igualitario del lenguaje periodístico* promovida por la Diputación de Málaga incluye este ejemplo, publicado en la revista *Diez minutos* el 5 de septiembre de 2003: "Así como parece que la corbata es un dogal casi insoportable, ocurre lo mismo con esa otra corbata laboral de horarios y rutinas".

Evitar "señora de"

La expresión *señora de* agregada a un nombre de mujer no tiene equivalente en el caso de los varones; y por tanto conviene evitarla. "Te confirmo que Visitación Martínez, señora de Riquelme, figura entre los invitados". Lo mismo sucede con adjudicar a una mujer el apellido de su marido, salvo que ella lo prefiera.

Huir de términos asimétricos

Procede no emplear *machada* ni *machote*, ni *prohombre*, ni *modisto*, ni tantos otros términos que no encuentran su correspondencia exacta referida a las mujeres. La simetría constituye una idea clave para evitar el sexismo. No se puede anunciar, como se decía hace no tantos años, "Se celebrará la competición de 400 metros vallas damas" si no se emplea el simétrico "caballeros" para la prueba masculina.

Veto a los despectivos de mujer

Ni *verdulera* ni *portera* ni *lagarta* ni otros sustantivos similares se pueden usar en contextos despectivos, sobre todo si se da la asimetría con el masculino: "Tu amiga habla como una verdulera" ("persona descarada y ordinaria", según el *Diccionario*), "Le fue con el cuento como una portera".

Alternancia de géneros

Las antiguas duplicaciones de cortesía anteponían los femeninos a los masculinos ("señoras y señores", "damas y caballeros"), pero las actuales hacen lo contrario: "Los alumnos y las alumnas", "ciudadanos y ciudadanas". No ofrece mayores problemas seguir la recomendación de las guías contra el lenguaje sexista de alternar sucesivamente ese orden a lo largo del discurso.

En las enumeraciones y ejemplos, también es buena idea intercambiar los géneros. "Y eso lo sabe cualquier abogada, cualquier procurador, cualquier juez novato de primera instancia, cualquier magistrada".

Femeninos profesionales

Todas las profesiones terminadas en -*o* se pueden volver al femenino con -*a*. No se deben considerar menos importantes estas últimas y por tanto preferir ser nombrada como *la abogado, la médico, la ingeniero*. En este caso, creemos también que se debe seguir la recomendación.

Impersonales disponibles

Sí, hay que tener los verbos impersonales a mano. Porque en lugar de "Los suscriptores pueden recuperar el dinero de la cuota" cabe decir "Se puede recuperar el dinero de la cuota". Los participios se reemplazan a su vez con formas verbales compuestas por "se": en lugar de "quienes estén suscritos", cabe decir "quienes se hayan suscrito".

Esta propuesta requiere de un alto grado de concentración en el hablante, pero puede usarse sin tensiones en el lenguaje administrativo.

LOS CONFLICTOS DE CONTENIDO

Una vez repasados los conflictos que se producen con el uso del idioma, vamos a examinar ahora los relativos al contenido: aquello que se cuenta con las palabras. Y en este punto estamos totalmente de acuerdo con los planteamientos del feminismo.

Estos problemas se dan de una manera en la vida cotidiana y de otra en los medios de comunicación. Los diferenciamos en dos bloques por eso mismo.

Tratamiento en los medios
El aspecto físico

En el lenguaje público se suele dar una importancia desmesurada al aspecto físico de las mujeres o a su vestimenta. Esto, en el caso de España, se produce con crudeza en el trato proporcionado a la reina Letizia, hasta el punto de que a menudo cualquier actividad suya (social, caritativa, familiar) queda opacada por ese aspecto. Sobre todo porque no estamos, de nuevo, ante un caso de simetría con el varón.

Obviamente, los personajes públicos están sometidos al escrutinio de los medios y de los ciudadanos, y la Reina también; no se pretende aquí ningún tipo de censura. Se intenta apelar más bien a la responsabilidad general, pues la referencia mediática de la consorte del rey como prototipo femenino hace que esa práctica se proyecte sobre todas las demás mujeres, que se ven reflejadas así en una necesidad de cuidar su ropa hasta el más mínimo detalle. Una obligación a la que no se somete a los políticos varones.

El papel secundario

Los medios de comunicación tienden a presentar a la mujer en papeles secundarios respecto de los hombres: como esposas, hijas o madres de un varón. También se da mayor presencia suya en lo relacionado con el espectáculo y la televisión (actrices, presentadoras) que con actividades técnicas o científicas.

Del mismo modo, en esos ámbitos académicos o de expertos las opiniones recabadas para aportar entrecomillados a los reportajes se atribuyen con mayor facilidad a los hombres.

El papel pasivo

La mujer es mostrada en los medios con un papel pasivo, algo que ocurre tanto cuando aparece en calidad de víctima como cuando se la presenta como un objeto de deseo. Para combatir esa imagen, vale la pena resaltar el papel activo de las mujeres en el ámbito público y también en el privado.

Por otro lado, se debe respetar al máximo a las víctimas de violencia machista para que no sufran una doble exposición mediática.

La palabra "hembrismo"

Una de las maniobras de lenguaje promovidas desde posiciones de ultraderecha consiste en el intento de oponer a *machismo* el vocablo *hembrismo*, como si se tratara de dos movimientos simétricamente confrontados.

La periodista Milagros Pérez Oliva considera que se trata de una de las "trampas lingüísticas que la extrema derecha utiliza para desacreditar al feminismo inventándose términos", y que pretende equiparar *hembrismo* con *machismo* y trasvasarle toda su carga semántica negativa, "en un intento no disimulado de convertir a la víctima en verdugo".[12]

El feminismo ataca al machismo, pero no se pueden parangonar los significados de ambos vocablos. Para empezar, el feminismo es constitucional y el machismo no. Se han fundado organizaciones feministas pero no las hay machistas (serían ilegales). El feminismo busca la igualdad entre los sexos, y el machismo defiende y ejerce el predominio del varón sobre la mujer.

En busca de algún tipo de simetría, siquiera sea verbal, los ultraconservadores han encontrado el término *hembrismo* para que al menos se produzca una equiparación en las respectivas raíces: *macho* y *hembra*. Pero ni siquiera así lo consiguen, porque *macho* ha adquirido durante los siglos (por algo será) connotaciones negati-

---

[12]   Pérez Oliva (2019), pág. 15.

vas específicas, al contrario que *hembra*. De hecho, el *Diccionario* de 1780 ya incluía esta acepción de *macho:* "El hombre necio y tonto". Por el contrario, la entrada *hembra* nunca ha recibido consideraciones semejantes en el *Diccionario*.

Así pues, para que *hembrismo* se opusiese a *machismo* se necesitaría un salto en el vacío, porque *machismo* parte de una raíz peyorativa y *hembrismo* no. Obviamente, con el término *hembrismo* se intenta desacreditar al feminismo reduciéndolo a lo que no es.

Pero no se trata de la única maniobra destinada a desacreditar el feminismo. "A la misma categoría", escribe también Pérez Oliva, "pertenecen expresiones también inventadas como *nazifeminismo, yihadismo de género* o *feminismo supremacista*".

Preguntas asimétricas

Tanto en entrevistas como en reportajes que trazan el perfil de un personaje se alude con frecuencia a las tareas de la mujer en el hogar: "¿Y cómo podrá compatibilizar esta nueva responsabilidad con tres hijos en casa?". Una vez más, hay que plantearse si se evidenciaría la misma actitud ante un hombre.

Ojo con las conjunciones

No he hallado en las guías de recomendaciones sobre el uso del lenguaje (tal vez por despiste mío o por la imposibilidad de revisar los cientos de ellas que se han publicado) ninguna alerta hacia las conjunciones adversativas y concesivas. Y en ellas se puede emboscar alguna idea sexista. Me refiero a expresiones como "Trabaja muy bien, *aunque* está embarazada", o "es una mujer, *pero* muy competente".

Noticias sobre violencia machista

Las informaciones sobre violencia machista han de abordarse con mucha delicadeza. Se debe facilitar siempre en ellas el número telefónico de contacto con la institución oficial dedicada a la asistencia y protección de las mujeres y las víctimas (en España, el 016), pero sobre todo se debe adjudicar el protagonismo de la narración a quien mata, no a quien muere. Porque las acciones sociales, la prevención, el juicio, deben centrarse en el autor como responsable (aunque, obviamente, también se adopten medidas de protección para la víctima, pero destinadas a que sea él quien quede aislado). Una "orden de alejamiento" no pretende apartar a la mujer del varón, sino al revés. Por tanto, un titular como "Una mujer muere a manos de su marido" se debería sustituir por "Un hombre mata a su esposa".

También ha de cuidarse el periodista de no inducir en el lector la idea de que alguna culpa tenía la mujer ("A pesar de los malos tratos, no había denunciado", "Se separaron pero regresó con el maltratador"...). En muchísimas ocasiones, la víctima no es libre para tomar decisiones y está condicionada por razones económicas o paralizada por el terror que le impone su pareja. No se puede tratar su caso como el de cualquier otra persona.

En esos crímenes, también conviene prescindir de las opiniones de vecinos o amigos que tiendan a justificar o explicar el asesinato. Muy a menudo desconocen los hechos pero se sienten obligados a hablar porque alguien les ha puesto un micrófono delante. En cambio, pueden aportar más contexto y datos generales los profesionales dedicados a estudiar estos hechos.

Estas prácticas ayudan además a no presentar lo ocurrido como algo aislado, sino como parte de una situación social que atenta contra las mujeres y su libertad. Y que tampoco es fruto de situaciones patológicas del hombre que se deberían percibir en signos externos, porque muy a menudo se trata de individuos a quienes los testigos se referirán después como "una persona normal".

Asimismo, los asesinatos y malos tratos a los niños forman parte de ese clima de violencia contra la mujer, pues el agresor ataca a los hijos para causarle a la madre un daño insoportable.

Los periodistas contribuirán también a paliar estas situaciones si informan sobre las penas impuestas a los agresores y no se olvidan de los asesinatos al poco de ocurrir; si comunican a los potenciales autores que el machismo está condenado socialmente y que ningún entorno justificará la violencia. Asimismo, deben denunciar los casos en que las autoridades no han proporcionado a las víctimas una protección razonable.[13]

---

[13]   Eulàlia Lledó Cunill publicó en el libro de 1999 *Cómo tratar bien a los malos tratos. Manual de estilo para los medios de comunicación*, Sevilla y Málaga, Instituto Andaluz de la Mujer, unas recomendaciones para informar sobre violencia machista, y las repitió en 2003 dentro del libro *Medios de comunicación y violencia contra las mujeres*, coordinado por Mar Ramírez-Alvarado y promovido también por la Junta de Andalucía, pág. 218. La autora señalaba en este segundo caso que las reproducía porque "en general siguen vigentes". Las citamos a continuación:

1) No presentar cada crimen, agresión, asesinato, violación, etcétera, como un caso aislado, sino como un *continuum* de casos y un estado de cosas general.

2) Remarcar que el terrorismo doméstico es un crimen que vulnera los derechos humanos, y que es la víctima y no el criminal quien se ha de esconder e incluso abandonar su hogar.

3) Remarcar que los malos tratos son un aspecto más y no están fuera de la violencia patriarcal.

4) Dejar de atribuir, como causa primera o última instancia, el crimen o delito a un hecho aislado.

5) Evitar la presentación de los asesinatos o los malos tratos como resultado de un crimen "pasional".

6) Una mujer, por el hecho de denunciar malos tratos, no es una mujer cobarde ni pusilánime.

7) Incidir en la desprotección legal de las mujeres que denuncian malos tratos o algún tipo de violencia sexuada.

8) Hacer constar en las noticias los nombres de los agresores.

9) Hacer constar en las noticias los nombres de las juezas y de los jueces, los y las fiscales, por ejemplo, que se encargan de los crímenes.

10) Hacer constar a las autoridades que han ido (así como las que, por contra, no han ido) a los entierros de víctimas del terrorismo doméstico.

11) Publicar noticias sobre el dinero público utilizado en la prevención y en los medios para la resolución de los crímenes debidos a la violencia sexuada.

12) Incidir en la existencia de los malos tratos psíquicos.

13) Realizar un seguimiento de las noticias y de los datos que se dan sobre terrorismo familiar y violencia sexuada.

14) Publicar la opinión de personas expertas y el testimonio de las implicadas.

15) Prestar atención a las imágenes que acompañan a los artículos o noticias.

En el punto 8, considero que, con excepciones razonables, los nombres de los agresores, como con cualquier otro delito, se deben facilitar después de que medie resolución judicial.

Ni celos *ni* pasional

Los "celos" aparecen en las informaciones sobre violencia machista, pero los celos no pueden justificar nada. La presencia de esa explicación ha de contextualizarse de modo que no se entienda como un atenuante del delito. Al contrario, constituye un agravante; porque los celos implican posesión: un "problema de celos" es un problema de falsa propiedad, igual que los habituales eufemismos "problema sentimental" o "problema personal en la pareja".

Otro tanto sucede con la precisión de que el autor del crimen "estaba bajo los efectos del alcohol" o "bajo los efectos de la droga". Eso se tomaría también como agravante en un accidente de tráfico, y no ha de presentarse como disculpa en un delito de violencia machista.[14]

Y, por supuesto, ninguno de esos asesinatos se puede calificar de "crimen pasional", como si el hombre hubiera perdido su voluntad, dominado por la pasión. Las pasiones son controlables por los seres humanos, y en la mayoría de los casos adquieren rasgos positivos, o cuando menos no causan mal a nadie: pasión por la música, pasión por el fútbol, pasión por los viajes, pasión por las amistades… Ninguna pasión justifica o explica un crimen.

Tratamiento en privado

El lenguaje privado masculino usa algunas palabras discutibles desde el punto de vista de la igualdad de los sexos. No podemos acometer aquí una elaboración exhaustiva, sólo pretendemos mostrar algunas naranjas en mal estado para que quien lea estas líneas se haga una idea sobre qué frutos andan por el suelo. Las aportamos por nuestra cuenta.

[14] Lledó Cunill (2012), pág. 204.

Mandona

Se suele aplicar peyorativamente a mujeres firmes, con determinación, que defienden sus criterios. Se da aquí una nueva asimetría, porque un varón recibiría en el mismo caso cualquiera de esas otras tres opciones con carga positiva.

La catedrática Estrella Montolío propone evitar este adjetivo negativo y elegir opciones como "decidida", "valiente", "comprometida", "resolutiva", "solvente". Esta investigadora de la comunicación sexista recoge como ejemplo una frase de la cantante Beyoncé: "No soy mandona. Soy la jefa". Y añade la catedrática catalana: *"Mandona* ha sido el calificativo con el que tradicionalmente se ha amordazado a cualquier mujer que se ha salido mínimamente de su papel esperado de 'discreto segundo término".[15]

Consolador

Otro vocablo de enfoque sexista es *consolador,* que significa "aparato, generalmente en forma de pene, utilizado para la estimulación sexual"; una definición académica que evita dar otras pistas biológicas y por tanto incluye a hombres y mujeres como posibles usuarios del instrumento.

Esa acepción se incorporó al *Diccionario* en 2014. En la edición de 2001 aún se definía el adjetivo "consolador" con una mera obviedad: "Que consuela".

El aparato parece haber recibido su nombre de algún varón, por la óptica masculina del asunto: si no me tienes a mí, tendrás que consolarte con algo. Se presenta como una especie de *plan B,* y no como una *primera opción* si así lo desea el usuario. Es decir, "Confórmate con una bicicleta si no tienes una moto".

"Consolar" significa "aliviar la pena o aflicción de alguien". En la masturbación del hombre, por el contrario, no hay evocación alguna del consuelo, sino una idea de autosuficiencia. Las muñecas hinchables no tienen nombre de remedio para las aflicciones.

---

[15]   Montolío Durán (2019), págs. 85 y 115.

¿Cuál podría ser el recambio no sexista de esa palabra? A veces, "vibrador", pero no siempre se trata de un aparato con pilas. Quizá por eso empieza a usarse el vocablo *dildo*, que, para variar, procede del inglés, donde tanto la palabra como el objeto han acreditado su uso desde hace siglos, si bien no se ha logrado determinar la etimología.

Y en caso de que alguien deseara evitar tanto el cuestionable vocablo *consolador* como ese anglicismo no muy extendido en el mundo hispano, dispondría de locuciones probables como "pene de plástico" o "falo artificial".

No obstante, si miramos cómo se dice *consolador* en francés (y se dice *gode*, vocablo relacionado con *gozo;* y con *gaudium* en latín), también podemos pensar en el neologismo *gozador*. Por ejemplo, en frases así: "Le compramos para la despedida de soltera un gozador". ¿Gozador? Quizá sea demasiado para el puritanismo reinante.

Con el mismo sentido, aunque distinta etimología, también serían posibles el *disfrutador* o el *alegrador*. Esta última denominación empieza a tener cierta popularidad, y algunas voces han propuesto en plataformas de Internet su incorporación al *Diccionario*.

Cabría recordar, asimismo, que los antiguos griegos llamaban a este instrumento *ólisbos,* vocablo que no recogen las Academias pero sí el *Diccionario del español actual* de Seco, Andrés y Ramos (1999). Los fabricaban con madera o cuero y los untaban con aceite. Y como al parecer la palabra *ólisbos* estaba relacionada en griego con la raíz del verbo "deslizar", ahí tenemos otra alternativa más discreta: "A mi hermano le regalamos un deslizador".

Con estas opciones no se lamentaría subliminalmente la ausencia de nadie desde el mismo nombre de la palabra, sino que se evocaría la decisión libre de la persona que decidiese bastarse a sí misma.

Lío de faldas

Un tercer ejemplo de esa forma inadecuada de llamar a las cosas es la locución *lío de faldas*. Por ejemplo, en frases como "Perdió el empleo por un lío de faldas", "Tuvo que irse del pueblo por una cuestión de faldas". De esa forma, la falda (prenda prototípica femenina, como vimos al principio de este libro) se asocia con algo problemático a lo que no conviene acercarse.

La asimetría queda clara cuando pensamos en el escasísimo uso de su simétrico *lío de pantalones*.

Los *líos de faldas* reciben en el lenguaje preciso otros nombres menos sexistas: *infidelidades, engaños...*; y cuando esa locución actúa como eufemismo, se puede utilizar *abusos* o *maltrato*.

Cabeza de familia

La locución *cabeza de familia* ha entrado en desuso pero, por increíble que parezca, hasta 1998 figuraba en las estadísticas oficiales españolas.

Su enunciado evoca aquellas elecciones franquistas en las que se dividía a los electores y a los elegidos en tres sectores: el tercio familiar, el tercio sindical y el tercio corporativo. En el tercio familiar solamente podían votar los cabezas de familia, lo cual excluía en la práctica el voto de las mujeres.

La expresión *cabeza de familia* podía corresponder a un hombre o a una mujer, pero en este segundo caso solamente si faltaba el hombre. Cuando aparece en algún documento, activa de inmediato la idea del machismo.

Pues bien, ahora el cabeza de familia se denomina en las estadísticas "sustentador principal", si bien eso puede llevar a confusiones y discusiones, porque en muchos hogares habrá dos sustentadores en medida muy semejante.

Ama de casa

De profesión, "ama de casa", se decía antes; o "sus labores", no hace tanto. Y eso porque una mujer se encargaba en exclusiva de soportar todo el peso del hogar. No existe la simetría "amo de casa". Y hasta junio de 2019 se mantuvo esa categoría en los sondeos del Estudio General de Medios (EGM), destinado a medir los hábitos de consumo (incluido el de medios de comunicación).

Hasta ahora, se consideraba que "las amas de casa" elegían el detergente, la mantequilla, las galletas y otros productos de consumo familiar. Pero esa responsabilidad no recae ya en las "amas de casa", sino en quien resulte ser "responsable de las compras habituales del hogar"; es decir, el RCH.

La palabra "responsable" es común en cuanto al género, ya funcione como sustantivo o como adjetivo. Decimos "el responsable" y "la responsable", así que de este modo se evita la denominación exclusiva femenina "ama" y se acude a una palabra que engloba a hombres y mujeres. Nada que reprochar.

Lo curioso es que desde 1992 y hasta junio de 2019 se utilizaba "amas de casa" como término genérico que englobaba a los hombres y a las mujeres que iban a mercados, supermercados e hipermercados. Porque no en todos los hogares vive una mujer, y no en todos los hogares donde vive una mujer es ella quien se encarga de las compras habituales, aunque eso sí ocurra en la inmensa mayoría de los casos.

Por tanto, los encuestadores del EGM marcaban en la casilla "ama de casa" los casos pertinentes de un soltero, un viudo, uno de los hombres de una pareja masculina (o los dos) y del marido o novio que, alterando el desigual reparto social, se ocupaban de llenar la cesta de la compra. Un ejemplo más de que la realidad termina cambiando el significado de las palabras.

Deporte femenino

La irrupción del deporte femenino (y los éxitos de las selecciones españolas) ha planteado también algunos problemas de lengua. Para empezar, se cuestionan ya algunas antonomasias según las cuales las locuciones "la selección" o "el equipo nacional", o "el mundial" se refieren a las competiciones y equipos masculinos.

El lenguaje se mueve continuamente con antonomasias porque facilitan la comunicación. En el léxico periodístico español, "el Golfo" es por antonomasia el golfo Pérsico ("Ya ha pasado mucho tiempo desde la guerra del Golfo"), y llamamos por antonomasia "el Peñón" al de Gibraltar. Del mismo modo, si oímos "el gol de España en el Mundial" entenderemos por antonomasias sucesivas que se trata de la selección española de fútbol, del Mundial de Suráfrica y del gol de Iniesta; aunque España haya conseguido otros muchos goles en otros muchos mundiales. Del mismo modo, se habla de "la selección de baloncesto" como referencia antonomásica a la masculina.

Pues bien, eso empieza a cambiar. Poco a poco, una oración como "Estuvimos viendo un partido de fútbol" inducirá a la duda de si se trata de una competición masculina o femenina, y será necesario precisarlo. Para eso hace falta, una vez más, que la realidad modifique el lenguaje, y no al revés.

Por otro lado, los deportes de mujeres han de adoptar y a la vez adaptar el léxico de los masculinos, a fin de cambiarlo de género cuando proceda.

Se puede decir "el extremo derecho" para un jugador de fútbol, pero ¿también "la extrema derecha" para una futbolista? He aquí algunas posibles soluciones, relativas al balompié (y que pueden servir como analogía para otras disciplinas):[16]

> *árbitro, árbitra.* Los sustantivos que empiezan por *a-* tónica mudan el artículo: (*el hacha, el agua, un águila…*; pero *las hachas, las aguas, unas águilas…*). Árbitra también empieza por *a-* tónica. Sin embargo, se sale de esa regla porque está referida a una persona y tiene masculino *(árbitro)* y femenino (lo que no ocurre con *hacha, águila* y las demás). Por tanto, se debería decir *la árbitra* y no *el árbitra.*

> *asistente.* No hay vulneración de la norma al decir *la asistente* (como *la cantante, la estudiante*), fórmula que conviene emplear como referencia a una juez auxiliar o a una ayudante del entrenador o de la entrenadora. De ese modo, se evita un eventual doble sentido con *la asistenta* ("la asistenta es muy casera").

> *capitán, capitana.* Aunque en la terminología militar se mantiene (indebidamente) la forma *la capitán*, en el léxico deportivo se flexiona: "La capitana del equipo".

---

[16]   Me extendí sobre este asunto en el artículo titulado "La extremo derecho o la extrema derecha", publicado en *El País* el 17 de junio de 2019 con motivo del Campeonato Mundial Femenino de Fútbol.

defensa. El femenino puede provocar ambigüedad por confundirse con la línea defensiva ("la defensa fue muy eficaz"). En caso de anfibología, puede usarse *la defensora.*

delantero, delantera. También se da una posible anfibología por confusión con el significado de *línea delantera* ("La delantera del equipo no funcionó"). En tales casos, conviene usar *la atacante.*

delantero centro, delantera centro. Se puede escribir *la delantera centro* para el femenino. La palabra *centro* señala una posición en el campo.

el extremo derecho, la extremo derecha. La palabra *extremo* no se refiere a la persona, sino a una parte del campo alejada del centro (es decir, el extremo de un terreno). Por tanto, en este vocablo no tiene por qué darse flexión en el léxico deportivo. Así lo marcan las Academias. Conviene escribir *la extremo derecha* o *la extremo izquierda* (si bien es válido igualmente *la extremo derecho* o *la extremo izquierdo*). De ese modo, se evita la anfibología ("Ganaron el partido gracias a la extrema derecha").

el guardameta, la guardameta. El *guardameta* y *la guardameta* sirven como opciones correctas. Los sustantivos compuestos son comunes en cuanto al género: *la portavoz, la portaestandarte, la cuentacuentos.*

el juez de línea, la juez de línea. El artículo que precede al sustantivo impide la invisibilidad de la mujer. Del mismo modo, se puede decir *la juez árbitro, la juez de silla, la juez auxiliar.* También es viable *jueza* para quien use ese término en el lenguaje general.

el lateral derecho, la lateral izquierdo. Las palabras *lateral* y *derecho*, como sucede con *extremo*, se refieren a un lado del campo, y no a la persona que lo ocupa.

el medio, la media. Acortamiento de *mediocampista* o de *medio volante.* Las Academias consideran que tiene flexión (*el medio* y *la media*). En caso de doble o triple sentido ("Se rompió la media"), se puede sustituir por *la mediocampista.*

el medio centro, la media centro. Puede decirse *la media centro.*

el mediapunta, la mediapunta. Este término no figura recogido en el *Diccionario.* Es palabra común en cuanto al género: *la mediapunta* y *el mediapunta.*

el meta, la meta. Abreviación de *guardameta.* Puede emplearse en femenino, *la meta,* siempre que no implique posibilidad de doble sentido ("El club consiguió la meta que pretendía"). En ese supuesto, se puede sustituir por *la portera, la guardameta, la arquera...*

el portero, la portera. En masculino *portero* tiene su perfecta correspondencia femenina en *portera.* "La portera fue la mejor". Lo mismo vale para *arquera.*

la técnico, la técnica. Es posible, desde el punto de vista morfológico, decir "La técnica preparó bien a su equipo". En los supuestos de posible ambigüedad ("El equipo ganó gracias a su técnica"), pueden usarse *entrenadora* o *preparadora.* En estos casos, sin embargo, debe desecharse la opción *la míster,* por incongruente.

Conclusión

Las propuestas de las guías y manuales destinados a lograr un uso del lenguaje menos sexista incluyen algunas soluciones válidas para la *lengua cultivada* (en la que se integran el lenguaje de la política y de los medios de comunicación), y hasta aconsejables si se desea formar parte del movimiento identitario del feminismo. Son en líneas generales las que hemos incluido en este capítulo.

Sin embargo, parece menos viable aplicarlas en la vida privada, cuando se suele hablar de forma espontánea.

Si estas recomendaciones se emplean frecuentemente en la lengua escrita y en los discursos públicos, tal vez dentro de unos decenios pasen al hablante común. Pero, hoy por hoy, no se le puede exigir a nadie que las aplique con naturalidad.

Por todo ello, quizá las palabras escritas por Aguas Vivas Catalá y Enriqueta García Pascual sean un buen resumen de lo dicho hasta aquí: "Se puede ser feminista sin destrozar el lenguaje. Pero difícilmente se puede evitar un uso sexista de la lengua sin ser feminista". (Lo cual no implica que expresarse espontáneamente en la vida particular signifique siempre ser machista).

7

PROPUESTAS DEL FEMINISMO
DIFÍCILES DE APLICAR

Así como hemos considerado viables, en el capítulo anterior, algunas propuestas de filólogas feministas para evitar las duplicaciones sin contravenir las normas de la gramática (sobre todo en la *lengua cultivada*), en los siguientes apartados comentaremos algunas en las que vemos mayor dificultad.

DUPLICACIONES CONSTANTES

Las guías de comunicación no sexista incluyen algunas propuestas que no parece sencillo aplicar. La primera de ellas, como ya se ha comentado, se relaciona con las duplicaciones. En el capítulo 6 indicábamos que éstas pueden formar parte de la *lengua cultivada* (o del lenguaje público) y aun así con muchas cortapisas. En el lenguaje privado nos parecen inviables.

La insistente campaña duplicadora ha contribuido, sí, a formar una conciencia general. Pero incluso las más exitosas campañas publicitarias caducan algún día y son retiradas para no cansar al público y resultar contraproducentes. De hecho, el machacón desdoblamiento del género (si fuera esporádico y más simbólico en un discurso se digeriría mejor) agota seguramente a muchas personas, y tal vez les hace pensar si no se atenta ya contra su inteligencia cuando alguien dice "los diputados y las diputadas de mi grupo"; porque todos los españoles saben que los grupos están formados por diputados y diputadas, y la duplicación parece decirles que no se han enterado.

ADJETIVOS DE SUSTITUCIÓN

Otra de las propuestas que se plantean en esas guías se basa en buscar adjetivos de sustitución para los que tienen flexión de género. Se ha buscado esa opción a partir de la consciencia de que las duplicaciones se complican a medida que aumentan las palabras concordadas. Es decir, cuando a los sustantivos los acompañan pronombres o adjetivos.

Según esta propuesta, adjetivos que tienen marca de género (como *listo/lista, buena/bueno, emprendedor/emprendedora…*) se pueden sustituir por otros que carezcan de ella *(formidable, competente, amable, triste…)*. Así, en vez de "los niños contentos y las niñas contentas" se debería decir "los niños y las niñas felices"; y en lugar de "los niños y las niñas son muy listos y listas" se diría "los niños y las niñas son muy inteligentes". Pero en estos casos el hablante o escribiente vería limitada su libertad para expresarse, porque eso implica abandonar la idea que se tiene en la cabeza y sustituirla por otra que no es exactamente la que se pensaba comunicar.

SUSTANTIVO POR DELANTE

Una sugerencia referida a los adjetivos y a los participios sustantivados que indican sexo a través del género propone que a ambos los anteceda un sustantivo genérico y se convierta la palabra marcada en un nombre común de la misma familia léxica: en lugar de "enfermos" o "enfermas", se debería decir "los seres con enfermedad".

Vemos esta opción imposible en el habla coloquial, y complicadísima para los periodistas (sobre todo, para quienes por trabajar en medios audiovisuales se expresan en ciertos espacios de forma improvisada). En los medios impresos y en los diarios digitales, el aumento de matrices dificultaría la tarea de cuadrar los titulares.

Una de las *Guías* consultadas propone el siguiente cambio: en lugar de anunciar que se necesita "*un responsable* para el asesoramiento y coordinación de los centros", se debería especificar que se busca "una *persona responsable* para el asesoramiento y coordinación de los centros". Pero aquí, como en muchos otros supuestos, cambia el significado del conjunto al añadirle ese significante. Porque *responsable* pasa entonces de sustantivo a adjetivo. No es lo mismo la "persona que tiene a su cargo la dirección y vigilancia del trabajo" ("el responsable de la fábrica", "el responsable de la sucursal") que la "persona que pone cuidado y atención en lo que hace o decide" (es decir, "una persona responsable").

Otras propuestas relativas al lenguaje periodístico (generalmente redactadas por personas ajenas a esa profesión) propone sustituir "Seis muertos en accidente de carretera" por "Seis personas muertas en accidente de carretera". Independientemente de que aquí la visibilidad femenina no es muy trascendente, se olvida que cuadrar un titular de prensa se parece mucho a resolver un crucigrama: las casillas disponibles son las que son.

En la misma guía se defiende otra sustitución inviable: en vez de "La Junta estudia sancionar el abandono de 15 ancianos", debería haberse escrito "de 15 personas mayores" o "personas ancianas".

Y en eso mismo insisten otras propuestas: "Los más votados" se puede sustituir por "Quienes hayan obtenido mayor número de votos"; y "Nadie está más convencido" por "Nadie tiene más convencimiento".

Y en otra leemos que en vez de "Los asalariados" conviene decir "La población asalariada".

Ese tipo de estiramientos son contrarios al estilo periodístico, y harían todavía más aburridos los textos de muchos redactores.

En cambio, otra solución incluida sí formaría parte de cualquier manual de periodismo: la que consiste en sustituir adjetivos por verbos cuando queda esa opción: en lugar de "Decide quién será el ganador", se prefiere "Decide quién ganará"; una fórmula más directa.

SOLUCIÓN DEFICIENTE

Una de las guías propone una extraña solución para evitar el siempre tedioso desdoblamiento: en vez de "Al acto están invitados todos los profesores, que podrán acudir con sus mujeres" (donde se considera que "profesores" no incluye a "profesoras") se sugiere esta fórmula: "Al acto está invitado el profesorado, que podrá acudir con su pareja".

Aunque no se puede objetar gramaticalmente, el resultado suena chusco en su estilo, pues parece haber una sola pareja para todos los profesores. A veces se dan esas paradojas del lenguaje, en las que algo aceptado como gramatical carece de buen estilo. Sucede por ejemplo con la oración "El 15 por ciento de las mujeres está embarazado" (que también sería sintácticamente correcta).

EXIGENCIA DE CONCENTRACIÓN

Entre las sugerencias lingüísticamente irreprochables que exigen del hablante o del redactor un gran esfuerzo de concentración apreciamos especialmente el juego de concordancias que apuntan algunas guías, destinado a evitar que la duplicación se extienda por todo el texto.

Supongamos que se ha de evitar una oración como "Los investigadores y las investigadoras más citados y más citadas". La segunda cláusula "más citados y más citadas" se resumiría en un lenguaje natural en "más citados" ("Los investigadores y las investigadoras más citados"). Para evitar esa vuelta al masculino genérico, existen estas opciones: "Los investigadores y las investigadoras más citadas" (que daría un sentido confuso, pues cabe entender que sólo las investigadoras son más citadas); y "Los investigadores y las investigadoras que más se citan". Y esta última es la alternativa que se recomienda.

Ahora bien, eso puede aplicarse en la lengua escrita solamente si quien redacta dispone de ciertas habilidades. Y, por otra parte, no se ve la necesidad de sustituir el sintagma "más citados" del primer ejemplo, porque la supuesta visibilidad de la mujer mediante los significantes ya ha quedado suficientemente clara con la primera duplicación ("los investigadores y las investigadoras"). No se anularía, pues, con la aparición del participio "citados".

Otras duplicaciones propuestas dan lugar a ambigüedades de significado. Por ejemplo, en vez de "La coordinación, elaboración y publicación corresponde al Secretario general de la Universidad" habría de escribirse "La coordinación, elaboración y publicación corresponde a la Secretaria o al Secretario general de la Universidad". De lo cual puede deducirse que hay dos. En esos casos se apunta en otras guías la solución: "corresponde a la Secretaría General". Pero, como ya se ha comentado en el capítulo relativo a la Constitución española, en tal caso se involucra a todo un departamento y no sólo a su responsable.

Algunas otras propuestas similares aportan soluciones a problemas inexistentes, y tienden a alargar el discurso. Por ejemplo, la *Guía* de Comisiones Obreras defiende la sustitución de "Este convenio afectará a todos los trabajadores contratados en la empresa" por "Este convenio afectará a todo el personal que, en régimen de contrato de trabajo, preste sus servicios en la empresa".[1]

LA ARROBA Y OTROS SIGNOS

Otra propuesta bienintencionada aboga por el supuesto morfema @ (arroba), para escribir "profesor@s" o "ciudadan@s".

Algunos leerán en ese signo una *a* y otros una *o* (yo leo una *a*), pero unos y otros se toparán con un problema común: no hay manera de pronunciar ese signo, salvo diciendo la palabra completa: *arroba*.

El problema no sucederá sólo al hablar, sino incluso al leer. Porque en toda lectura se produce en nosotros un proceso de subvocalización, como bien nos han demostrado los poetas: al leer, las palabras resuenan en nuestros oídos aunque las desentrañemos en silencio; y por eso repudiamos las cacofonías incluso si las vemos sin oírlas. ¿Y cómo podemos leer en nuestra mente el signo de la arroba? La moderada *Guía* de la Diputación de Málaga indica que la arroba "no es un signo lingüístico" y "no debe utilizarse".

Todo esto es aplicable a otra aparente solución como la 'x' ("los trabajadorxs") o las barras que indican duplicación: "Estimados clientes/tas". También se desaconseja su uso en la mencionada *Guía*, donde se señala al respecto: "No posee fácil lectura, salvo que pronunciemos los dos sustantivos completos [...]. Siempre que sea posible es mejor emplear un genérico, colectivo, abstracto, etc.".

[1]   Bravo Sueskun, Carmen, y Antón Fernández, Eva (2010), *Guía para un uso del lenguaje no sexista en las relaciones laborales y en el ámbito sindical*, Madrid, Secretaría confederal de la mujer de CCOO y Ministerio de Igualdad, apartado 2. 2.

INTERSEXUALES, TRANSEXUALES, TRANSGÉNERO

No hemos abordado con detenimiento en esta obra el caso del género gramatical en lo que concierne a las personas intersexuales, transexuales y transgénero, entre otras identidades sexuales. La primera razón de ello tiene que ver con el desconocimiento del autor acerca de esas realidades (tan minoritarias como respetables) y su relación con la gramática. El *Diccionario* define a los intersexuales como aquellas personas que muestran, en grados variables, caracteres sexuales de ambos sexos; y son transexuales quienes "mediante un tratamiento hormonal e intervención quirúrgica adquieren los caracteres sexuales del sexo opuesto". Pero el término "transgénero" no aparece definido.

Hablar de dos sexos y de dos géneros ("binarismo de género") hace que algunas de estas personas se sientan discriminadas, pues formarían parte de un tercer y hasta de un cuarto y un quinto grupo. También por eso han nacido en esas colectividades reivindicaciones destinadas a obtener el morfema *-e*, reclamado igualmente por un sector del feminismo lingüístico, incluso la arroba (@) o la 'x', porque entienden que no señalan ni un género ni otro de forma expresa.

Realmente, se hace difícil hallar una solución específica al respecto. En un caso así, y debido a mi desconocimiento, me remitiré al principio general de que cada uno se sitúe donde le parezca mejor (los transexuales suelen preferir ser mencionados por su sexo de destino y no por el de origen) y de que ha de respetarse la manera en la que cada cual quiere ser nombrado por razón de su sexo. Para ello, obviamente, hace falta conocer con anterioridad su preferencia.

Por otra parte, ese nuevo léxico relativo a las nuevas formas de identidad sexual ha dado paso a unas palabras con las que se define desde esas colectividades a las personas que están conformes con el sexo que les asigna su documento nacional de identidad: *cisexual* y *cisgénero* (opuestos a *transexual* y *transgénero*). A veces se usa solamente el abreviamiento *cis*.[2]

---

[2] En español, el prefijo *cis-* significa "de la parte o del lado de acá".

También se ha construido el término *cisheteropatriarcado,* a fin de designar críticamente a la sociedad en la que domina el criterio del hombre heterosexual y cisgénero.

ADVERTENCIA SENSATA

Las guías y recomendaciones de uso no sexista no se deben tomar como gramáticas escolares que han de aprenderse, sino como un toque de atención que invite a los hablantes a reflexionar sobre la lengua y sobre la desigualdad. Si en algún momento se impusieran de un modo coercitivo, estaríamos radicalmente en contra de ellas. Por ejemplo, en el supuesto de que se obligara a los contratistas de instituciones públicas a cumplirlas so pena de no obtener las adjudicaciones, o se retiraran subvenciones a editoriales o medios de comunicación que las desoyeran, o si se sancionara a los funcionarios que no las siguiesen.

Por todo ello parece apropiado reproducir esta sensata advertencia que da la profesora Mercedes Bengoechea en una de esas guías:

No se pretende obligar a todo el mundo a usar todo el repertorio de alternativas que proporcionamos. Muchas de ellas no gustarán a unas personas; otras preferirán utilizar unas alternativas en un texto y otras en otro texto. Tampoco se trata de recomendar a nadie que opte por alternativas por las que no sienta convencimiento o con las que no se identifique. Quizá dentro de pocos años unas hayan cuajado de forma definitiva y masiva en el castellano y será más fácil nuestra identificación con ellas (sólo hay que recordar las primeras veces que se escuchó decir "la fiscala" o "la concejala"; hoy sin embargo, se han sedimentado y la RAE ya reconoce "la edila", "la fiscala" o "la concejala" junto a "la edil", "la fiscal", "la concejal" y "la juez") y otras hayan desaparecido de la lengua. No debe surgir la alarma ante el hecho de la vacilación que acompaña a toda transformación: es signo de la frescura y vitalidad de una lengua y una sociedad en perpetuo estado de mejora.[3]

---

[3] Bengoechea, Mercedes (2006), *En femenino y en masculino. Nombra.en.red*, Madrid, Instituto de la Mujer, págs. 28 y 29.

8

EL FEMENINO GENÉRICO, A VECES SÍ

EN CASO DE PREDOMINIO

Algunas propuestas feministas defienden nombrar en femenino las profesiones o los grupos donde se manifiesta un predominio de mujeres. Con arreglo a eso, incluso el Consejo de Ministros español pasaría a denominarse Consejo de Ministras (pues cuenta con once mujeres y siete varones).

Sin embargo, la norma que los hablantes se han dado a sí mismos indica que el masculino genérico se limita a señalar de una forma cualitativa que en la colectividad designada por él hay hombres y mujeres, sin entrar en cuestiones cuantitativas. Si hubiera un solo varón en el Gobierno, no se podría decir Consejo de Ministras, con arreglo a esas reglas seculares. Pero probablemente tampoco si todos sus miembros fueran mujeres, entre otras razones porque la fórmula jurídica, la institución, se denomina "Consejo de Ministros", y así figura en la Constitución. Y aun si se cambiase ese texto legal para permitir el nuevo nombre, las leyes del idioma seguirían teniendo la última palabra.

Porque "Consejo de Ministros" abarca todas las situaciones posibles. "Consejo de Ministras", no. "Consejo de Ministros y de Ministras", tampoco; pues legalmente pueden darse Gobiernos de sólo varones y de sólo mujeres.

La filóloga Mercedes Bengoechea ha aportado la idea de un *femenino universal* que engloba a personas de los dos sexos. Y recoge este ejemplo publicado en un diario nacional: "Las trabajadoras —son casi todas mujeres— han decidido ponerse en huelga", frase en la que un femenino sexuado (trabaja-doras) representa al colectivo mixto.[1]

Dentro de esos femeninos universales, se establece una división entre el *femenino universal compartido y solidario*, por un lado, y el *universal absoluto* por otro.

En el primero, el *femenino universal compartido y solidario*, los varones están incluidos y con su uso "no se pretende hacer de la experiencia y denominación de las mujeres la regla de la experiencia y denominación humanas". En el *femenino universal absoluto*, en cambio, "se hace de la experiencia y denominación de las mujeres la regla de la experiencia y denominación humanas".

FEMENINO COMPARTIDO Y SOLIDARIO

Bengoechea incluye en el *femenino compartido* "aquellos textos que adoptan el término *persona* o justifican la utilización del femenino apelando a la persona como referente elíptico o expreso". De ese modo, interpretamos nosotros, el nombre del partido español Uni-das Podemos (fruto de la unión de Podemos y de Izquierda Unida) estaría inserto en ese tipo de femenino al sobrentenderse "las per-sonas". Es decir, "las personas Unidas Podemos". Lo mismo ocu-rriría con el genérico "todas las estudiantes de la clase", en el que se sobrentendería "todas las personas estudiantes de la clase".

"La lenta pero incesante difusión del femenino universal", señala Bengoechea, "lo convierte en un fenómeno interesantísi-mo para los feminismos, porque este uso arrebata textualmente a los varones la legitimación para hablar desde sí sobre la huma-nidad".

La profesora de Alcalá cita en su trabajo diversos textos publi-cados en Internet, uno de los cuales dice: "Lo que no se nombra no existe y, como todas somos *personas*, yo creo que lo adecuado es el uso del femenino como genérico, admitiendo justamente la elip-sis de la palabra *personas*".

---

[1]   Bengoechea, Mercedes (2015), *Cuerpos hablados, cuerpos negados y el fascinante devenir del género gramatical*, Alcalá de Henares, Universidad de Alcalá, págs. 6 y ss.

FEMENINO UNIVERSAL ABSOLUTO

En este grupo se incluyen los casos de hombres "que se sienten parte del grupo 'mujeres' (no del grupo 'personas') y enuncian su yo en femenino"; y también "las mujeres que se atreven a colocarse en el centro de la enunciación y el discurso y van discurriendo, reflexionando sobre la vida o la condición humana en femenino, dejando que su *yo* se proyecte en la humanidad".

El *femenino universal absoluto* se manifiesta en oraciones de este tipo: "Yo, como lectora...", "para cualquier arquitecta como yo"...; porque en ellas se proyecta el *yo* como experiencia universal de la persona que lee el libro o de quien ejerce la arquitectura.

Este *femenino universal absoluto* que funciona mediante proyección es enunciado a veces por varones. En ese apartado encajan los ejemplos que recogí durante los Juegos Olímpicos de Londres, en 2012, y que ya comenté en *El País*:[2]

El 5 de agosto de 2012, a las 20.22 horas, dijo el periodista Francisco José Delgado, en la Cadena SER, al transmitir un partido de la selección española femenina de waterpolo:
"¡Si ganamos, estamos clasificadas!".

El entrenador del equipo femenino de balonmano aconsejó pocos minutos después a sus jugadoras durante un *tiempo muerto*, en el minuto 28 de partido y cuando vencían 24-20 a Noruega:
"¡Jugamos tranquilas, ¿eh?!"

A las 23.25 del mismo día, Manu Carreño, entonces director del *Carrusel Olímpico*, aventuraba en la misma emisora, y refiriéndose a las posibilidades de la regatista española Marina Alabau en *windsurf*, que iba camino de la medalla:
"Si estamos entre las siete primeras vamos a ser oro".

---

[2]   Artículo titulado "Jugamos tranquilas, ¿eh?", publicado en *El País* el 19 de octubre de 2012. Mercedes Bengoechea recoge esos ejemplos en su referido trabajo (2015), págs. 13 y 14.

Y aún se añadiría un cuarto ejemplo, el día siguiente, 6 de agosto, a las 20.44 horas: el periodista de la Cadena SER José Antonio Ponseti anunciaba, un tanto decepcionado, pues tenía mejores expectativas para las nadadoras de la sincronizada: "Somos terceras después de las rusas".

Por su parte, Jesús Gallego, a las 0.13 del viernes 10, hablando de la derrota en la final de waterpolo, se autocriticaba como si hubiera participado en la competición:
"Hemos pecado un poco de inexpertas".

Una cita muy similar a una de esas frases, y pronunciada seis años después, la aporta la tesis doctoral de Susana Rodríguez Muñoz sobre la Fundéu.[3] Su texto recoge unas palabras de "un entrenador de la selección femenina de baloncesto" pronunciadas en 2018 durante una conferencia de prensa en la que dijo: "Si jugamos contentas, jugamos tranquilas".

Y yo mismo anoté una más el 7 de julio de 2019, cuando el periodista de la Cadena SER Francisco José Delgado dijo tras la final de baloncesto Francia-España en el campeonato de Europa femenino (ganó España 86-66):
"Todos los equipos lo van a tener muy difícil cada vez que jueguen contra nosotras".

Como se ve en esos ejemplos, ya hay hombres que, cuando se hallan ante una idea que refleja la presencia predominante de mujeres, empiezan a incluirse voluntaria y espontáneamente en el género femenino..., sin por ello haber cambiado de sexo.

Ante esos casos, Bengoechea señala: "Que los hombres adopten circunstancialmente una posición enunciativa en femenino es tanto o más revolucionario que si lo hacen las mujeres. Y esta nueva flexibilidad para la adopción de punto de vista se ha llegado a manifestar en instancias asombrosas, por ejemplo, en un dominio hasta ahora masculino por excelencia: el deporte". "Nos encontra-

---

[3]   Rodríguez Muñoz, Susana (2019), *La Fundación del Español Urgente (Fundéu) (2005-2019). Norma e innovación para un buen uso del lenguaje periodístico*, Tesis Doctoral, capítulo "Lenguaje y sexismo. ¿El género de las palabras o palabras de género?", Madrid, Universidad Complutense de Madrid, pág. 64.

mos", añade, "ante un uso que puede influir en el desplazamiento y la transformación del sistema de género y la desaparición de nuestra conciencia del binomio sexo = género gramatical".[4]

El hecho de que el trabajo de Bengoechea esté datado en 2015 explica la ausencia de algún comentario sobre el caso posterior de Unidas Podemos y el uso de "nosotras" como genérico que suele emplear su portavoz en el Congreso, Irene Montero.

Este fenómeno fue abordado en 2017, en cambio, por el profesor de la Universidad de Oviedo Javier San Julián Solana,[5] quien señala que el femenino genérico "provoca una suerte de *extrañamiento* que desvía la atención hacia la expresión misma, en detrimento de la función comunicativa". Y, coincidiendo con lo que señalábamos aquí sobre el lenguaje identitario, opina que "el femenino genérico actúa como marca (interna y externa) de pertenencia a un grupo social diferenciado, o al menos de solidaridad hacia él". Eso explica su uso reducido al ámbito político y activista.

El profesor de Oviedo llama la atención sobre la difícil gestión del femenino genérico cuando éste implica matices peyorativos (algo que ha sobrellevado sin problemas el masculino genérico). Y recoge un tuit de Alberto Garzón, dirigente de Unidas Podemos, quien emplea un femenino englobador para referirse a sus propios pero se apea de él a continuación cuando se trata de sus extraños: "¿Miedo a que *nosotras* traigamos miseria? ¡Llevan años trayéndola *ellos*!" (19 de junio de 2016).

Este hecho coincide con el que señalábamos en páginas precedentes: se duplican unos sustantivos pero no otros: "Los trabajadores y las trabajadoras" frente a "los ricos" o "los corruptos" sin duplicación.

En sus conclusiones, San Julián remata:

Frente al carácter estructuralmente marginal del léxico, la condición de término no marcado que posee el género masculino en español constituye un hecho perteneciente a la esfera del sistema, al núcleo duro de la lengua, en suma. Un núcleo que permanece impermeable

---

4   Bengoechea (2015), págs. 13 y 14.
5   San Julián Solana, Javier, "Consideraciones glotológicas en torno al femenino genérico", *Verba Hispanica*, 25 (2017), págs. 117-131.

a las connotaciones y a las distintas ideologías [...]. Esta apreciación da pie a suponer que la plena implantación del femenino genérico en el español corriente tiene poquísimas posibilidades de producirse, máxime cuando interfiere con el desarrollo de la capacidad de 'desplazamiento' de la lengua y, en última instancia, entorpece la función esencial de cualquier sistema lingüístico: la comunicativa. [...] Ahora bien, la aparición del femenino inclusivo —ocasional, eso sí— tiene más posibilidades de consolidarse en el discurso político, donde actuaría a modo de enseña de una actitud colectiva y solidaria.

(Esto último es lo que hemos llamado aquí *lenguaje identitario*).

En resumen, creemos que los femeninos en los que se sobrentiende "la persona" ("Las [personas] españolas somos muy eficaces") se toparán con muchas dificultades para progresar en el uso general, a pesar de la punta de lanza que constituyen la denominación Unidas Podemos y los discursos de sus dirigentes, que son tomados por gran parte del público en general como algo ajeno y hasta extravagante.

Sin embargo, algunos genéricos femeninos sí pueden alcanzar cierto éxito:

1. Los usos periodísticos y deportivos en los cuales el narrador varón se incluye en el equipo femenino, del mismo modo que ya se venían incorporando los periodistas con los equipos masculinos ("Somos campeones de Europa", "Somos campeonas de Europa").

2. Los femeninos absolutos donde se proyecta el *yo* de la hablante como experiencia universal: "Yo, como ciudadana, estoy obligada a votar" (y no "como ciudadano").

Ambos supuestos no tienen por qué ser exclusivos de la *lengua cultivada*, sino que también nos parecen imaginables en las conversaciones familiares o coloquiales. "Como que me llamo Héctor, que podemos quedar campeonas del mundo esta tarde".

9

COLOFÓN

Con este mismo sistema de lengua (el *sistema* es una cosa y los *usos* son otra) se puede construir una sociedad igualitaria si nos aplicamos a la tarea y no nos distraemos en el camino. Para ello habrá que luchar contra la violencia machista, el patriarcado, la brecha salarial, la desigualdad en el hogar, la discriminación de las trabajadoras, el control de los muchachos varones sobre los teléfonos de sus novias, la publicidad sexista o el tratamiento de la mujer en los videojuegos.

Las sociedades humanas deben buscar la igualdad real de sus integrantes, y en ese proceso habrán de colaborar hombres y mujeres. Unidos en la misma lucha.

El lenguaje tampoco está exento de discriminaciones, ni de ser criticado justamente con una perspectiva feminista. Pero no es fácil de manejar mediante intervenciones ajenas a su evolución propia.

En cualquier caso, cuando todos esos problemas acuciantes estén resueltos (ojalá pronto), la realidad habrá cambiado los contextos; los contextos habrán transformado el sentido de las palabras, y los genéricos masculinos se convertirán en una mera convención porque habrán sido asaltados por las mujeres al invadir sus significados, como ya ocurrió con *homenaje* o *patrimonio* o *patria potestad*; y como han logrado hacer los homosexuales masculinos al apropiarse del vocablo *matrimonio* (de *mater*, madre). Ojalá las mujeres ocupen muy pronto los terrenos que les corresponden, tanto en la realidad como en sus reflejos; entre ellos, el lenguaje.

Y cuando ese momento llegue, cuando el objetivo se alcance, a nadie le importará ya el papel de la gramática en estos asuntos. Y tal vez hasta resulte sorprendente entonces que se haya publicado un libro como éste.

10

BORRADOR DE PROPUESTAS DE ACUERDO
SOBRE LENGUAJE INCLUSIVO

Un borrador, sí. El autor de este trabajo no representa a nadie ni le ha sido conferida autoridad alguna, ni siquiera académica especializada, para adentrarse en este terreno. Su persona no puede avalar las consideraciones que se plantean, y por eso aspira a que los razonamientos aquí aportados se defiendan por sí mismos.

Y puesto que todas estas páginas se han presentado como un borrador, se les pueden añadir enmiendas. Los argumentos expuestos admiten mejoras y nuevas perspectivas, así como la corrección de los datos incluidos o la adición de los que no hubieran sido considerados.

Sólo hará falta, claro, que tales enmiendas estén respaldadas asimismo por una argumentación.

* * *

Una vez llegados aquí, y tras haber ofrecido razones contextualizadas sobre el uso del llamado lenguaje inclusivo, planteamos finalmente el siguiente *Borrador de propuestas de acuerdo*. El autor no desea tener la última palabra en este asunto, sino solamente ofrecer un marco que pueda ayudar a una aproximación de posturas cada vez más necesaria.

BORRADOR DE PROPUESTAS DE ACUERDO SOBRE LENGUAJE INCLUSIVO:

1. El masculino genérico no se implantó a causa del dominio de los varones en la sociedad. Se creó en el idioma indoeuropeo,

hace miles de años, como consecuencia de la aparición del género femenino en esa lengua. Por tanto, el masculino genérico no es fruto del patriarcado, sino de la *visibilización* de las mujeres y las hembras cuando se hicieron presentes en el idioma. Argumentación en páginas 14 a 32.

2. El genérico es masculino en el significante pero no en el significado. Cualquier análisis al respecto debe contar con el juego de contextos que se produce en cualquier comunicación humana. Los ejemplos que se suelen incluir en los documentos y guías favorables a la duplicación son analizados *en laboratorio*, fuera de la realidad y, por tanto, alejados del entorno, el ambiente y la conversación que permiten una comunicación leal y eficaz. Argumentación en páginas 33 a 65.

3. Muchas palabras que no figuran en un texto se recuperan por vía contextual. No están en el significante, pero sí en el significado. No hay que confundir ausencia en el significante con invisibilidad en el significado. Argumentación en páginas 65 a 72.

4. Lo que no se nombra sí existe; y además se deduce del enunciado. Los estudiosos de la pragmática han demostrado que el contexto recompone las omisiones cuando se mantiene una conversación natural. No se puede acusar de ocultación o de procurar la invisibilidad de la mujer a quienes hablan entre sí cumpliendo el *principio de cooperación* y *la máxima de relevancia*. Argumentación en páginas 72 a 83.

5. No se debe censurar ningún uso del pasado a la luz de los criterios de hoy. Expresiones que ahora se repudian formaban parte hace años del lenguaje común y se pronunciaban sin maldad alguna. Ha de tenerse en cuenta siempre la teoría del *efecto dominó* en los eufemismos. Argumentación en páginas 53 a 57.

6. Las duplicaciones no contravienen el sistema de la lengua, y se emplean desde los primeros documentos en castellano. Su uso moderado contribuye a enviar un mensaje de igualdad entre hombres y mujeres.
Argumentación en páginas 114 a 116.

7. Una moderada duplicación —sobre todo en la *lengua cultivada*, es decir, en la actuación sobre el lenguaje público y administrativo— servirá legítimamente hoy como símbolo de que se comparte esa lucha por la igualdad; siempre que esto no implique considerar machista a quien prefiera emplear el genérico masculino por creerlo igualmente inclusivo y además económico.
Argumentación en página 115.

8. Las duplicaciones, tal como se plantean en las guías de uso no sexista del lenguaje, ofrecen notables zonas de sombra que las hacen inaplicables en muchos casos. Esas lagunas no se dan con el masculino genérico cuando se entiende inclusivo.
Argumentación en páginas 57 a 64.

9. Las duplicaciones se considerarán lógicas en cierto grado de uso mientras se den situaciones de desigualdad entre varones y mujeres. Cuando la igualdad total se haya alcanzado, la lengua será reflejo natural de ella y la visibilidad de la mujer no necesitará de artificios en el lenguaje, gracias al juego de contextos que domina la comunicación humana.
Argumentación en páginas 273 y 274

10. El hecho de que el masculino sirva para abarcar a los dos sexos cuando actúa como genérico es parte de un engranaje habitual en la lengua, que dispone de mecanismos similares en los cuales una parte nombra a un todo, sin que eso guarde relación alguna con el androcentrismo.
Argumentación en páginas 65 a 72.

11. Las mujeres tienen la oportunidad de apropiarse del masculino genérico como se apropiaron de palabras como *homena-*

je (del occitano *home*, hombre), *patrimonio* o *patria potestad* (de *pater*, padre), que en otros tiempos correspondían solamente a los hombres. O como los homosexuales varones se apropiaron legítimamente del término *matrimonio* (de *mater*, madre). Y si las mujeres se apropian del genérico masculino, las duplicaciones carecerán de sentido.
Argumentación en páginas 83 a 85.

12. Las duplicaciones, aun siendo prescindibles por lo general para el correcto entendimiento de lo que se dice, han logrado un efecto de comunicación evidente a fin de llamar la atención sobre las desigualdades entre varones y mujeres en las sociedades actuales. En ese sentido, han sido muy positivas.
Argumentación en páginas 112 a 116.

13. La Constitución española contiene exactamente 491 palabras correspondientes al masculino genérico o "género no marcado", sobre los 18.473 términos que componen su texto. La duplicación de todas ellas haría tediosa la lectura de varios artículos y no alteraría jurídicamente ni un solo derecho de las mujeres (que son idénticos a los que tienen los varones). Por tanto, la modificación de la ley fundamental tendría objetivos meramente simbólicos y comunicativos.
Argumentación en páginas 89 a 99.

14. Algunos términos defendidos por el feminismo (como *jueza* o *género*) no son necesarios para la lengua común, sino que forman parte de un lenguaje identitario muy útil para tomar conciencia de grupo. En el caso de la locución *violencia de género*, conviene revisar su eficacia y escuchar las opiniones de algunas feministas que ponen en cuestión ese término tan ambiguo y polivalente, derivado de un eufemismo inglés. Y que, además, no menciona en el significante el género del que se habla (omite que esa violencia la ejercen los varones). Es preferible la opción *violencia machista*.
Argumentación en páginas 127 a 162.

15. El lenguaje identitario del feminismo es legítimo, siempre que sus promotores no sancionen socialmente a quienes declinen seguirlo. Forman parte de ese léxico especial palabras como *jueza, género, sororidad, patriarcado, empoderamiento, cosificación, 'manspreading', 'mansplaining', androcentrismo* y otras. El lenguaje identitario, cualquiera que sea su objetivo, ha de funcionar como una legítima elección de cada persona, y no se convertirá nunca en una imposición social que se cobre como precio la exclusión de los otros.
Argumentación en páginas 126 y 162 a 174.

16. El idioma dispone de recursos para evitar el uso abusivo de masculinos genéricos, recursos a los que se puede acudir sin violentar el sistema de la lengua. Sin embargo, su empleo en el lenguaje coloquial y familiar se presenta muy difícil. Es más viable en el *lenguaje cultivado* o público, porque requiere de un entrenamiento y de un cierto grado de concentración.
Argumentación en páginas 231 a 238 y 262.

17. La feminización de oficios y cargos ha de alcanzar también a los de las Fuerzas Armadas que admiten flexión: *la capitana, la sargenta, la comandanta, la soldada...* No hay razón para que el mundo militar sea ajeno a este proceso que viven el resto de los oficios y profesiones.
Argumentación en páginas 213 a 215.

18. Hace falta seguir actualizando el *Diccionario* para limpiarlo de expresiones y ejemplos que se pueden percibir como asimétricos (desde el punto de vista de la igualdad de sexos) en las definiciones de palabras cuya inclusión en él sí es necesaria. Sería deseable una comisión de académicas y académicos que revisase todas esas entradas a la luz de los trabajos de las filólogas Lledó, Calero y Forgas.
Argumentación en páginas 175 a 188.

19. La Academia ha mostrado en el periodo 2001-2014 una clara actitud de corregir el *Diccionario* para evitar usos in-

convenientes desde el punto de vista de la igualdad. Por tanto, no es justo seguir hablando del inmovilismo académico ni de sus reticencias ante las propuestas que proceden del feminismo. Sorprendentemente, las modificaciones introducidas no han sido celebradas por las feministas como meritorios éxitos de su lucha.
Argumentación en páginas 188 a 191.

20. Tanto en la lengua escrita como en la oral se dan usos sexistas que se pueden corregir, y que abarcan por un lado a la forma de expresarse y por otro a los contenidos que se transmiten. En la forma se encuadran el *salto semántico*, las asimetrías, los duales aparentes y el genérico abusivo, entre otros rasgos. En el contenido, los insultos y los refranes despectivos o vejatorios.
Argumentación en páginas 196 a 253.

21. El *salto semántico* debe evitarse a toda costa en el lenguaje público. Consiste en usar un genérico masculino que se convierte en masculino específico al introducir después un femenino que lo limita, pues de ese modo las mujeres quedan excluidas del genérico.
Argumentación en páginas 196 a 201.

22. Los duales aparentes deben ir desapareciendo del habla. Se trata de asimetrías como las que se dan entre los sentidos de *mi pariente* y *mi parienta*, *un fulano* y *una fulana*, *solterón* y *solterona*, *zorro* y *zorra*, *señorita* y *señorito*, *modista* y *modisto*, entre otros. Y también se deberían evitar expresiones sin equivalente femenino como *machada*, *hombrada* y *hombría*.
Argumentación en páginas 202 a 221 y 227 y 228.

23. Los fenómenos sexistas se identifican con facilidad mediante la prueba de la inversión, que consiste en darle la vuelta a la frase para proyectar sobre el hombre lo que se aplica a la mujer, y viceversa.
Argumentación en páginas 222 a 228.

24. Se incurre en androcentrismo cuando se observa la vida de los seres humanos con una perspectiva exclusivamente masculina.
Argumentación en páginas 223 y 224.

25. Los refranes machistas tienen mucha presencia en la cultura popular, y deben quedar proscritos del lenguaje, no sólo del público, sino también del privado; igual que los menosprecios, las agresiones y los insultos que se dirigen a las mujeres desde algunas frases hechas.
Argumentación en páginas 226 y 227.

26. Algunos objetos y algunas ideas no están bien nombrados desde el punto de vista de la igualdad, porque sus designaciones se concibieron con un sesgo masculino. Es el caso de *mandona, consolador, lío de faldas, cabeza de familia* o *ama de casa.* Conviene buscar alternativas a esas expresiones y otras similares.
Argumentación en páginas 250 a 253.

27. En ocasiones se da un uso abusivo del término *hombre*, que provoca contraindicaciones y malentendidos. Conviene en ésos casos acudir a las opciones *seres humanos* y *personas*; y en el supuesto específico, al término *varón* y, obviamente, también al vocablo *mujer.*
Argumentación en páginas 232 a 238.

28. El tratamiento de la violencia machista en los medios debe abordarse con extremo cuidado, para lo cual es necesario seguir una serie de consejos. Entre ellos, dar el papel de la acción criminal al varón, así como evitar que se vea a la mujer como responsable de lo ocurrido si no ha denunciado las agresiones.
Argumentación en páginas 246 a 248.

29. Debe quedar proscrita del lenguaje sobre violencia machista la locución *crimen pasional*; y nunca se deben presentar los celos o el alcohol como atenuantes.
Argumentación en página 249.

30. Las guías y recomendaciones sobre el uso no sexista del idioma no han de tomarse como si fueran gramáticas escolares de obligado cumplimiento, sino como llamadas de atención sobre la desigualdad entre hombres y mujeres. La aplicación de estas guías no debe imponerse coercitivamente desde las administraciones públicas ni a contratistas ni a receptores de subvenciones.
Argumentación en páginas 99 a 112 y 265.

31. Las guías y recomendaciones sobre el uso no sexista del idioma ofrecen algunas propuestas viables que no dañan la estructura y el uso general de la lengua; aunque resulten difíciles de aplicar en el lenguaje común, coloquial y natural porque requieren de mucha concentración. Entre ellas figuran el uso de genéricos abstractos ("la ciudadanía" en lugar de "los ciudadanos y las ciudadanas"), la opción de *quien* en lugar de *los que*, la opción de *alguien* en lugar de *el que* o *los que*, la opción de *cada* en vez de *todos*, la opción de *cualquiera* en sustitución de *todo el que* o de *todos* o la opción de *todo el mundo* en vez de *todos*.
Argumentación en páginas 238 a 244.

32. En los medios de comunicación no se debe otorgar una asimétrica atención a la presencia física o a la ropa de las mujeres en la vida pública, ya sea en la política o en los espectáculos. Y no se deben plantear a las mujeres en las entrevistas preguntas que no se hacen a los varones.
Argumentación en páginas 216, 217 y 244.

33. Opciones como la invención del morfema *-e* para el genérico son prácticamente imposibles de aplicar en una lengua que hablan más de 570 millones de personas. Ni siquiera todo el sistema educativo argentino al servicio de una causa consiguió en el siglo XIX en ese país acabar artificialmente con el *vos* para imponer el *tú*. Las lenguas no se construyen y modifican *desde arriba* (ya se trate de los medios de comunicación, la administración pública, la enseñanza o la política), sino *por abajo*: entre la gente. También se aprecia escasa viabilidad de signos como

la arroba (@), que no es una letra, o como la *x* para componer palabras supuestamente genéricas como *l@s español@s* o *lxs españolxs*. Entre otras razones, porque no se pueden pronunciar. Argumentación en páginas 116 a 120 y 263 a 265.

34. El femenino genérico (en lugar del masculino) es factible en algunas ocasiones pero imposible en otras. Entre los supuestos viables figura el que consiste en que los varones se incluyan voluntariamente en enunciaciones femeninas. De este uso ya se han documentado casos en los medios informativos. Argumentación en páginas 267 a 272.

35. Cuando todos los problemas de la desigualdad entre sexos estén resueltos, el género gramatical perderá toda trascendencia, porque la lengua es una proyección de la sociedad. Y cuando ese momento llegue, cuando el objetivo se alcance, quizá a nadie le importe ya la gramática. Los accidentes gramaticales se quedarán en meras herramientas para la comunicación, sin que se otorgue mayor trascendencia a la coincidencia o no entre el género y el sexo. Argumentación en páginas 83 a 85.

36. El debate sobre el lenguaje igualitario debe encontrar espacios comunes que acojan posturas razonables y argumentadas de todas las partes y faciliten un diálogo sincero y encaminado al acuerdo, sin ridiculizar a quien defiende otras opiniones. Las posiciones más radicales corren el riesgo de descalificar a la colectividad en la que se insertan.

BIBLIOGRAFÍA

ALCÁNTARA IGLESIAS, Felipe (1998), "El otro lenguaje de la persuasión. Un enfoque pragmático hacia una retórica de lo no consciente", en VV. AA. *Quintiliano. Historia y actualidad de la retórica*, t. II, Logroño, Instituto de Estudios Riojanos, págs. 443-462.

ALONSO, Dámaso (1996), *Noción, emoción, acción y fantasía en los diminutivos*, Madrid, Gredos.

ALTMANN, Gerry T. M. (1999), *La ascensión de Babel*, Barcelona, Ariel.

ALVAR EZQUERRA, Manuel (1994), *Diccionario de voces de uso actual*, Madrid, Arco Libros.

ÁLVAREZ DE MIRANDA, Pedro (2018), *El género y la lengua*, Madrid, Turner.

ANULA, Alberto (1998), *El abecé de la psicolingüística*, Madrid, Arco Libros.

BARTHES, Roland (2009), *El susurro del lenguaje*, Barcelona, Paidós.

BELINCHÓN, Mercedes, IGOA, José Manuel, y RIVIÈRE, Ángel (1998), *Psicología del lenguaje. Investigación y teoría*, Madrid, Trotta.

BENGOECHEA, Mercedes, y CALERO, María Ángeles (2003), *Sexismo y redacción periodística*, Valladolid, Junta de Castilla y León.

BENGOECHEA, Mercedes (1999), "Nombra en femenino y masculino", en *La lengua y los medios de comunicación*, t. I, Madrid, Universidad Complutense de Madrid, págs. 267-281.

— (2000), "Historia (española) de unas sugerencias para evitar el androcentrismo lingüístico", *Discurso y Sociedad*, vol. 2, págs. 35-58.

— (2006), *En femenino y en masculino. Nombra.en.red*, Madrid, Instituto de la Mujer.

— (2015), *Cuerpos hablados, cuerpos negados y el fascinante devenir del género gramatical*, Alcalá de Henares, Universidad de Alcalá. Disponible en Internet.

BOLADO, Alfonso Carlos (dir.) (1988), *Diccionario del español actual*, Barcelona, Grijalbo.

BOLINGER, Dwight (1980), *Language. The Loaded Weapon*, Nueva York, Longman.

BONINO, Luis (1998), *Micromachismos: la violencia invisible en la pareja*. Disponible en Internet.

— (2002), "Los varones ante el problema de la igualdad con las mujeres", en C. Lomas (ed.), *¿Todos los hombres son iguales? Identidad masculina y cambios sociales*, Barcelona, Paidós.

CALERO, María Ángeles (1991), *La imagen de la mujer a través de la tradición paremiológica española (lengua y cultura)*, Barcelona, Universitat de Barcelona.

— (1999), *Sexismo lingüístico*, Madrid, Narcea.

CARBAJAL, Isabel (2002), "Traducción institucional y neologismos. El caso de 'género'", en *El español lengua de traducción*. Centro Virtual Cervantes, vol. I, págs. 377-393.

CASAS GÓMEZ, Miguel (1986), *La interdicción lingüística*, Cádiz, Universidad de Cádiz.

CASTAÑARES, Wenceslao (2014), *Historia del pensamiento semiótico*, vol. 1, Madrid, Trotta.

CATALÁ GONZÁLVEZ, Aguas Vivas, y GARCÍA PASCUAL, Enriqueta (1995), *Ideología sexista y lenguaje*, Barcelona, Galàxia y Octaedro.

— (2013), *¿Se puede ser feminista sin destrozar el lenguaje? Igualdad y sexismo en la comunicación*, Valencia, Universitat de València.

CELDRÁN, Pancracio (1995), *Inventario general de insultos*, Madrid, Ediciones del Prado.

— (2009), *Refranes de nuestra vida*, Barcelona, Viceversa.

CONSTENLA, Tereixa (2008), "El lenguaje sexista. ¿Hay que forzar el cambio?", *El País*, 14 de junio de 2008.

COROMINES, Joan, y PASCUAL, José Antonio (1991-1997), *Diccionario crítico etimológico castellano e hispánico*, Madrid, Gredos.

DEL MORAL, Rafael (2002), *Lenguas del mundo*, Madrid, Espasa-Calpe.

DERRIDA, Jacques (2010), *La Voix et le Phénomène*, París, Quadrige-Presses Universitaires de France (PUF). [Hay traducción al castellano: *La voz y el fenómeno*, Valencia, Pre-Textos, 1993, trad. de Patricio Peñalver.]

ECHEVERRÍA, Rafael (2008), *Ontología del lenguaje*, Buenos Aires, Granica.

ESCANDELL, M. Victoria (2007), *Introducción a la pragmática*, Barcelona, Ariel.

— (2018), *Reflexiones sobre el género como categoría gramatical. Cambio ecológico y tipología lingüística*. Disponible en Internet.

FAYE, Jean-Pierre (1974), *Los lenguajes totalitarios*, Madrid, Taurus.

FERNÁNDEZ CASETE, June, MARTÍNEZ ODRIOZOLA, Julia, FERNÁNDEZ GONZÁLEZ, M.ª Ángeles, y MOMOITIO SAN MARTÍN, Andrea (2018), *Uso inclusivo del castellano*, Universidad del País Vasco.

FIERRO BARDAJÍ, Alfredo (1992), "La conducta del silencio", en Carlos Castilla del Pino (ed.), *El silencio*, Madrid, Alianza.

FORGAS, Esther (1986), "Sexo y sociedad en el último DRAE", Universitas Tarraconensis, X, págs. 79-101.

GALPERÍN, Karina (2018), "El idioma es también un reflejo de los cambios sociales", *La Nación*, Buenos Aires, 28 de junio de 2018.

GARCÍA MESEGUER, Álvaro (1977), *Lenguaje y discriminación sexual*, Madrid, Edicusa.

— (1978), "Lenguaje y discriminación sexual", *El País*, 14 de abril de 1978.

— (1979), "El género y el sexo", *El País*, 18 de enero de 1979.

— (1996), *¿Es sexista la lengua española?*, Barcelona, Paidós.

— (1996a), "Lenguaje y discriminación sexual en la lengua española", en VV. AA., *Jornadas: Las mujeres y los medios de comunicación*, Dirección General de la Mujer, Madrid, Comunidad de Madrid.

— (2002), *Género y comunicación. Un análisis lingüístico*, conferencia en el Congreso Nacional sobre la Mujer y los Medios de Comunicación.

— (2003), "En torno a la palabra 'género'", Centro Virtual Cervantes, 16 y 24 de octubre de 2003. Disponible en Internet.

GARCÍA MOUTON, Pilar (2002), "Género como traducción de 'gender'. ¿Anglicismo incómodo?", en Rosa María Jiménez Catalán y Ana María Vigara Tauste (coords.), *"Género", sexo, discurso*, Madrid, Laberinto, págs. 133-150.

— (2004), "Sexismo lingüístico", *Abc*, 11 de octubre de 2004.

GARCÍA YEBRA, Valentín (2006), *Experiencias de un traductor*, Madrid, Gredos.

GIACALONE RAMAT, Anna, y RAMAT, Paolo (eds.) (1995), *Las lenguas indoeuropeas*, Madrid, Cátedra.

GRICE, H. Paul (1975), "Logic and Conversation", en Peter Cole y Jerry L. Morgan (eds.), *Syntax and Semantics. Speech Acts*, vol. 3, Cambridge (Massachusetts), Academic Press. [Hay traducción al castellano: "Lógica y conversación", en *La búsqueda del significado*, Madrid, Tecnos, 2005, trad. y comp. de Luis M. Valdés Villanueva.]

GRIJELMO, Álex (2000), *La seducción de las palabras*, Madrid, Taurus.

— (2012), *La información del silencio*, Madrid, Taurus.

GUTIÉRREZ CALVO, Manuel (1999), "Inferencias en la comprensión del lenguaje", en Manuel de Vega y Fernando Cueto (coords.), *Psicolingüística del español*, Madrid, Trotta.

GUTIÉRREZ ORDÓÑEZ, Salvador (2002), *De pragmática y semántica*, Madrid, Arco Libros.

HARARI, Yuval Noah (2015), *Sapiens. De animales a dioses*, Barcelona, Debate.

HUNT, R. Reed, y ELLIS, Henry C. (2007), *Fundamentos de psicología cognitiva*, México, Manual Moderno.

JUNYENT, Carme (octubre de 2013) entrevista en la revista *Vilaweb:* "Que s'acabi aquesta comèdia de desdoblar en masculí i femení".

KLEMPERER, Victor (2001), *LTI. La lengua del Tercer Reich. Apuntes de un filólogo*, Barcelona, Minúscula.

LAKOFF, Robin (1995), *El lenguaje y el lugar de la mujer*, Barcelona, Hacer, trad. de María Milagros Rivera.

LEDO-LEMOS, Francisco José (2003), *Femininum Genus. Un estudio sobre los orígenes del género gramatical femenino en las lenguas indoeuropeas*, Múnich, Lincom-Europa.

LLEDÓ CUNILL, Eulàlia, CALERO FERNÁNDEZ, María Ángeles, y FORGAS BERDET, Esther (2004), *De mujeres y diccionarios*, Madrid, Instituto de la Mujer.

LLEDÓ CUNILL, Eulàlia (1992), *El sexismo y el androcentrismo en la lengua. Análisis y propuestas de cambio*, Barcelona, Universitat Autònoma de Barcelona.

— (1999), *Cómo tratar bien a los malos tratos. Manual de estilo para los medios de comunicación*, Sevilla y Málaga, Instituto Andaluz de la Mujer.

— (2003), "Recomendaciones para el tratamiento de la violencia contra las mujeres en los medios informativos", en Mar Ramírez-Alvarado (coord.), *Medios de comunicación y violencia contra las mujeres*, Sevilla, Instituto Andaluz de la Mujer, págs. 217-226.

— (2012), *Cambio lingüístico y prensa*, Barcelona, Laertes.

— (2019), "La razón de las mujeres", en José María Merino y Álex Grijelmo (coords.), *Más de 555 millones podemos leer este libro sin traducción*, Madrid, Taurus, págs. 243-262.

LÓPEZ SERENA, Araceli (2011), "Usos lingüísticos sexistas y medios de comunicación. En torno al denostado masculino genérico", en Rosalba Mancinas Chávez (coord.), *La mujer en el espejo mediático. II Jor-*

nadas Universitarias: sexo, género y comunicación, Sevilla, Asociación Universitaria Comunicación y Cultura, págs. 92-112.

MARCOLONGO, Andrea (2017), *La lengua de los dioses*, Madrid, Taurus.

MARQUETA, Bárbara (2016), "El concepto de género en la teoría lingüística", en Miguel Ángel Cañete (coord.), *Algunas formas de violencia. Mujer, conflicto y género*, Zaragoza, Universidad de Zaragoza, págs. 167-192.

MÁRQUEZ GUERRERO, María (2016), *Bases epistemológicas del debate sobre el sexismo lingüístico*. Disponible en Internet.

MARTÍNEZ GARCÍA, José Antonio (2006), *Lección inaugural del curso 2006-2007 de la Universidad de Oviedo*, Oviedo, Universidad de Oviedo.

— (2008), *El lenguaje de género y el género lingüístico*, Oviedo, Universidad de Oviedo.

MARTÍNEZ KLEISER, Luis (1989) [1953], *Refranero general ideológico del español*, edición facsímil, Madrid, Hernando.

MENDÍVIL GIRÓ, José-Luis (2013), "No permita que el sexo de los árboles le impida ver el género del bosque", revista digital *Zaragoza Lingüística*, 20 de marzo de 2013.

MONTOLÍO DURÁN, Estrella (2018), *Comunicación igualitaria*, Barcelona, Prisma.

— (2019), *Tomar la palabra. Política, género y nuevas tecnologías en la comunicación*, Barcelona, Universitat de Barcelona.

MORENO CABRERA, Juan Carlos (1990), *Lenguas del mundo*, Madrid, Visor.

— (2011), *"Unifica, limpia y fija*. La RAE y los mitos del nacionalismo lingüístico español", en Silvia Senz Bueno y Montserrat Alberte, (eds.), *El dardo en la Academia. Esencia y vigencia de las academias de la lengua española*, Barcelona, Melusina, vol. I, págs. 157-314.

— (2012), *Acerca de la discriminación de la mujer y de los lingüistas en la sociedad. Reflexiones críticas*, Madrid, Universidad Autónoma de Madrid. Disponible en Internet.

MUNTANÉ, Isabel (2018), "El lenguaje es política", *El País*, edición impresa, 16 de agosto de 2018.

NIETZSCHE, Friedrich (1972), *Más allá del bien y del mal*, Madrid, Alianza, trad. de Andrés Sánchez Pascual.

PARDO BAZÁN, Emilia (1987), *Los pazos de Ulloa*, Madrid, Espasa-Calpe.

PÉREZ OLIVA, Milagros (2019), prólogo al libro de Estrella Montolío Durán, *Tomar la palabra. Política, género y nuevas tecnologías en la comunicación*, Barcelona, Universitat de Barcelona.

PINKER, Steven (2007), *El mundo de las palabras*, Barcelona, Paidós.

— (2019), *El sentido del estilo*, Madrid, Capitán Swing.

PONS, Lola (2018), "La vida empuja a la lengua. De señora a señoro", *elpais.com*, 10 de octubre de 2018.

REAL ACADEMIA ESPAÑOLA (2009), *Nueva gramática de la lengua española*, Madrid, Espasa.

REDONDO JIMÉNEZ, Maite (2004), *Abordaje de la violencia de género desde una unidad de planificación familiar*, Madrid, Consejo General de Colegios Oficiales de Psicólogos.

ROBERTS, Edward A., y PASTOR, Bárbara (1996), *Diccionario etimológico indoeuropeo de la lengua española*, Madrid, Alianza.

ROBINS, Robert Henry (2000), *Breve historia de la lingüística*, Madrid, Cátedra.

RODRÍGUEZ ADRADOS, Francisco, BERNABÉ, Alberto, y MENDOZA, Julia (1995-1998), *Manual de Lingüística Indoeuropea*, 3 vols., Madrid, Ediciones Clásicas.

RODRÍGUEZ ADRADOS, Francisco (1988), *Nuevos estudios de lingüística indoeuropea*, Madrid, CSIC.

— (2008), "Estudien gramática, señoras y señores", *Abc*, 6 de junio de 2008.

— (2019), *Historia de las lenguas de Europa*, Madrid, Gredos.

RODRÍGUEZ GONZÁLEZ, Félix (2008), *Diccionario gay-lésbico. Vocabulario general y argot de la homosexualidad*, Madrid, Gredos.

RODRÍGUEZ MUÑOZ, Susana (2019), *La Fundación del Español Urgente (Fundéu) (2005-2019). Norma e innovación para un buen uso del lenguaje periodístico*, Tesis Doctoral, Madrid, Universidad Complutense de Madrid.

ROSSET, Clément (2009), *Le choix des mots*, París, Les Éditions de Minuit. [Hay traducción al castellano: *La elección de las palabras*, Santiago de Chile, Hueders, 2010, trad. de Santiago Espinosa.]

RUSSELL, Bertrand (2010), *Historia de la filosofía occidental*, t. II, Madrid, Austral.

SAN JULIÁN SOLANA, Javier (2017), "Consideraciones glotológicas en torno al femenino genérico", *Verba Hispanica*, 25, 2017, págs. 117-131.

SANTAMARÍA, Luisa, y CASALS, María Jesús (2000), *La opinión periodística. Argumentos y géneros para la persuasión*, Madrid, Fragua.

SARLO, Beatriz (2018), "Alumnos, alumnas y *alumnes*", *elpais.com*, 12 de octubre de 2018.

SASTRE, Alfonso (1991), *Los hombres y sus sombras (Terrores y miserias del IV Reich)*, Bilbao, Hiru.

SECO, Manuel, ANDRÉS, Olimpia, y RAMOS, Gabino (1999), *Diccionario del español actual*, Madrid, Aguilar.

SENZ BUENO, Silvia, y ALBERTE, Montserrat (eds.) (2011), *El dardo en la Academia. Esencia y vigencia de las academias de la lengua española*, Barcelona, Melusina.

SPERBER, Dan, y WILSON, Deirdre (2005), "Resumen de 'Relevance: Communication and Cognition", en VV. AA., *La búsqueda del significado*, Madrid, Tecnos, trad. y comp. de Luis M. Valdés Villanueva.

STEINER, George (1982), *Lenguaje y silencio*, Barcelona, Gedisa.

— (1988), *Le sens du sens, Présences Réelles, Real Présences, Realpräsenz*, París, Librairie Philosophique J. Vrin. [Hay traducción al castellano: *Presencias reales. ¿Hay algo en lo que decimos?*, Barcelona, Destino, 1991, trad. de Juan Gabriel López Guix.]

— (2008), *Nostalgia del Absoluto*, Madrid, Siruela.

TÉLLEZ, José A. (2005), *La comprensión de los textos escritos y la psicología cognitiva*, Madrid, Dykinson.

TORRES DEL MORAL, Antonio (2017), "Redacción de la Constitución en clave no masculina", en *Revista de Derecho Político*, n.º 100, 2017, págs. 173-210.

VAN DIJK, Teun (2011), *Sociedad y discurso. Cómo influyen los contextos sociales sobre el texto y la conversación*, Barcelona, Gedisa.

VAUGELAS, Claude Favre de (1647), *Remarques sur la langue françoise, utiles à ceux qui veulent bien parler et bien écrire*, París, Vve. J. Camusat et P. Le Petit.

VILLAR, Francisco (1983), *Ergatividad, acusatividad y género en la familia lingüística indoeuropea*, Salamanca, Universidad de Salamanca.

— (1996), *Los indoeuropeos y los orígenes de Europa*, Madrid, Cátedra.

WILLIAMS, Bernard (2006), *Verdad y veracidad*, Barcelona, Ensayo Tusquets.

YOUNG, Peter (2002), *El nuevo paradigma de la PNL (Programación Neurolingüística). Metáforas y patrones para el cambio*, Barcelona, Urano.

GUÍAS Y RECOMENDACIONES PARA UN USO NO SEXISTA DE LA LENGUA:

AYALA CASTRO, M. Concepción, GUERRERO SALAZAR, Susana, y MEDINA GUERRA, Antonia M. (2004), *Guía para un uso igualitario del lenguaje administrativo*, Cádiz, Diputación de Cádiz.

— (2006), *Guía para un uso igualitario del lenguaje periodístico*, Málaga, Diputación de Málaga.

BRAVO SUESKUN, Carmen, y ANTÓN FERNÁNDEZ, Eva (2010), *Guía para un uso del lenguaje no sexista en las relaciones laborales y en el ámbito sindical*, Madrid, Secretaría confederal de la mujer de CCOO y Ministerio de Igualdad.

GARCÍA MAROTO, Paloma, y otros (2016), *Manual de lenguaje no sexista en la Universidad*, Unidad de Igualdad, Madrid, Universidad Politécnica de Madrid.

GUERRERO SALAZAR, Susana (2012), *Guía para un uso igualitario y no sexista del lenguaje y de la imagen en la Universidad*, Jaén, Universidad de Jaén.

Guía sindical de lenguaje no sexista, Secretaría de Igualdad, Unión General de Trabajadores, Madrid, 2008.

Guía de uso no sexista del vocabulario español, Unidad para la Igualdad entre mujeres y hombres, Murcia, Universidad de Murcia, 2011.

Guía de comunicación no sexista, Instituto Cervantes, Madrid, Aguilar, 2011.

Guía para la utilización de un lenguaje inclusivo en el Ayuntamiento de Madrid y sus organismos autónomos, Madrid, Ayuntamiento de Madrid, 2016.

Guía sobre comunicación socioambiental con perspectiva de género, Consejería de Medio Ambiente, Sevilla, Junta de Andalucía, sin fecha.

Guía de lenguaje no sexista, Unidad de Igualdad, Granada, Universidad de Granada, sin fecha.

Guía de lenguaje no sexista, Oficina de Igualdad, UNED, sin fecha.

Igualdad, lenguaje y Administración: propuestas para un uso no sexista del lenguaje, Conselleria de Bienestar Social, Valencia, Generalitat Valenciana, 2009.

MARIMÓN LLORCA, Carmen, y SANTAMARÍA PÉREZ, Isabel (2010), *Guía para un discurso igualitario en la Universidad*, Alicante, Universidad de Alicante.

MEDINA GUERRA, Antonia M. (coord.) (2002), *Manual de lenguaje administrativo no sexista*, Málaga, Asociación de estudios históricos sobre la mujer de la Universidad de Málaga y Área de la mujer del Ayuntamiento de Málaga.

AGRADECIMIENTOS

A Pilar Barbeito, a Elena Martínez Bavière y a Oriol Roca, editores y correctores de mis desatinos, por haberme salvado de más de un ridículo; y a Carmen Morán, compañera en *El País*, por tantos diálogos fructíferos sobre estos asuntos.

Descubre tu próxima lectura

Si quieres formar parte de nuestra comunidad,
regístrate en **libros.megustaleer.club**
y recibirás recomendaciones personalizadas

Penguin
Random House
Grupo Editorial

megustaleer

Este libro
se terminó de imprimir en
Móstoles, España,
en el mes de noviembre de 2019